집에 쌓여 있던 영어책을 전부 버렸다!

영알못도 아는

48개 영어 동사로 프리토킹 깨부수기

조찬웅 지음 | Kayla Mundstock 감수

책들의정원

우리는 이미 영어를 알고 있다

여러분은 몇 년 동안 영어공부를 해왔나요? 1년이 안 되었다는 분도 계실 거고 몇 년이 넘었다는 분도 계실 겁니다. 초등학교에서도 영어를 배우니, 그것까지 계산한다면 최소한 10년이 넘었다는 분도 있으실 테고요.

질문을 바꿔보겠습니다. 이 책을 펼치신 분들 중에 자신 있게 외국인과 영어로 프리토킹을 할 수 있는 분은 몇 분이나 될까요? 아마 몇 분 안 계실 겁니다. 이상한 이야기죠. 우리는 분명히 영어를 배웠는데 왜 영어를 모르는 걸까요? 자주 접하지 않아서일까요? 혹은 영어가 익숙하지 않아서일까요? 아니죠. 우리는 우리도 모르는 사이에 SNS에서, 영화에서, 광고에서 하루에도 수십 번 영어를 접하고 사용합니다. 그렇다면 왜 많은 사람들이 영어를 그렇게 오래 배우고 접하는데도 영어를 한마디도 하지 못할까요?

이유는 간단합니다. 자신이 영어를 이미 알고 있다는 사실을 모르기 때문입니다. 말이 조금 웃기죠. 나는 영어로 한마디도 하기 힘들어하는데 이미 영어를 안다니. 하지만 독자분께서는 분명히 영어를 알고 있습니다. 혹시 work라는 단어를 알고 계실까요? move는요? get은 어떨까요? 설마 모르신다고 하시진 않을 겁니다.

영어를 포함한 모든 언어에서 스피킹 실력을 가르는 척도는 단어를 어떻게 활용하느냐에 따라 달려 있습니다. 하나의 단어를 활용할 수 있는 방법은 무수히 많거든요. 예를 들어보겠습니다.

> A. I'm working for myself.
> B. My phone is not working.
> C. The plan has worked.

위의 모든 문장에 동사 'work'를 썼지만, 의미는 각각 다릅니다. A에서는 '일하다'라는 의미로 쓰였고 B에서는 '작동하다'라는 의미로 쓰였으며 C에서는 '성공했다'라는 의미로 쓰였죠. 앞으로 해야 할 영어 공부는 이런 동사를 먼저 배우는 것입니다. 앞에서도 확인하셨듯, 동사의 활용법만 알아도 기본적인 단어들로 영어 프리토킹을 할 수 있기 때문입니다.

이 책은 48개 동사로 이루어져 있습니다. 이 중에서 여러분이 모르거나 들어본 적 없는 단어는 없을 것이라고 자신합니다. 각 단어에는 대표적인 3가지 활용법이 있고 활용법에 따른 4가지 상황이 있습니다. 그러면 총 576가지 상황을 배울 수 있겠네요. 하지만 거기에서 그치지 않습니다. 576가지 상황은 어디까지나 이해를 돕기 위한 예시일 뿐이기 때문입니다. 실제로는 몇천 개, 몇만 개의 상황에서 48개 단어만으로 프리토킹을 할 수 있습니다. 그렇게 어렵게 생각하던 프리토킹을 내가 해낼 수 있다니, 그것도 이미 아는 단어들로! 정말 멋지지 않나요?

영어 실력이 눈에 띄게 느는 구간은 새로운 단어의 새로운 뜻을 배우는 순간이 아닌, 아는 단어의 새로운 뜻을 발견한 순간입니다. 다시 말씀드리지만 우리는 이미 영어를 알고 있습니다. 사용하는 법을 모를 뿐입니다. 이제 영어를 '사용'할 때가 되었습니다. 이 책을 펼친 모든 독자분들이 책을 덮는 순간 영어를 사용할 수 있게 될 거라고 믿습니다.

_조찬웅

당신을 위한 영어 학습법

My name is Kayla Mundstock and I'm from the United States. I've lived in Korea for over 10 years and have taught English for much of that time. I've taught kindergarten, middle school, and adult students. It was at the adult academy that I had the great pleasure of meeting Joe. While neither one of us majored in English, we both shared an enthusiasm for teaching in a way that was accessible to our students. We are both passionate about language learning and helping our adult students discover the joy of teaching themselves English.

Through our years of experience, we have found that while many Korean students have a good grasp of English grammar rules, they often struggle with forming basic sentences. We hoped to find a way to fill this gap in their knowledge. Joe has worked diligently to create his own English teaching method. I fully support this method and am thrilled to be a part of it. We believe the 48 basic verbs found in this book to be the building blocks of English fluency. You don't need to spend time abroad to become fluent in English. As long as you can study a little bit every day, you will see improvements. So whether it's your first or last time studying English, I hope this book helps you further your goals in English.

_Kayla Mundstock

안녕하세요. 저는 Kayla Mundstock입니다. 한국에 산 지는 10년이 넘었어요. 한국에 살면서 유치원생, 중학생, 성인 학생을 대상으로 오랜 시간 영어를 가르쳤습니다. Joe를 만난 건 성인을 대상으로 하는 한 영어학원에서였습니다. 둘 다 영어를 전공하지 않았지만, 영어에 쉽게 접근할 수 있는 방식으로 학생들을 가르치는 데에 열의가 남달랐어요. 저와 Joe는 영어학습에 무척 열정적입니다. 성인 학습자가 스스로 영어를 배우는 기쁨을 느낄 수 있도록 돕는 일을 하고 있어요.

Joe와 저는 수년간의 경험을 통해 한 가지 사실을 발견했습니다. 많은 한국 학생이 영어 문법 규칙은 잘 이해하고 있지만, 종종 아주 기본적인 문장을 만드는 데는 어려움을 겪고 있었다는 겁니다. 우리는 이 간극을 메울 수 있는 방법을 찾고 싶었습니다. Joe는 자신만의 영어학습법을 만들기 위해 진심 어린 노력을 기울였어요. 저는 이 방법을 전적으로 지지하고 그 과정에 함께하게 되어 정말 기쁩니다. 이 책에 등장하는 48개의 기본 동사는 영어를 능숙하게 말하기 위해 필요한 기본적인 요소입니다. 영어를 잘하기 위해 반드시 해외에 나가야만 하는 건 아니라고 생각해요. 매일 조금씩 영어를 공부한다면, 여러분의 영어 실력은 나날이 발전할 겁니다. 이제 막 영어를 시작한 사람에게도, 마지막 영어 공부라고 마음먹은 사람에게도 이 책이 영어 목표를 달성하는 데 도움이 되기를 바랍니다.

_**Kayla Mundstock**

이 책의 구성 및 100% 활용법

영어권 원어민들은 일상에서 생각보다 많은 단어를 사용하지 않아요. 하나의 단어를 무궁무진하게 활용할 수 있거든요! 지금부터 48개 동사를 어떻게 활용하는지 확인해 보세요.

각 단어의 발음기호도 짚고 넘어가세요!

아래의 QR코드를 통해서 러너블 페이지 (learnable.kr)에 접속하세요! 원어민 음원 파일을 무료로 다운로드 받을 수 있어요.

01 work [wɜrk]

🎧 FILE:1-work-1

내가 근무하면 '일하다', 기계가 일하면 '작동하다', 일이 잘되면 '성공하다'가 되는구나!

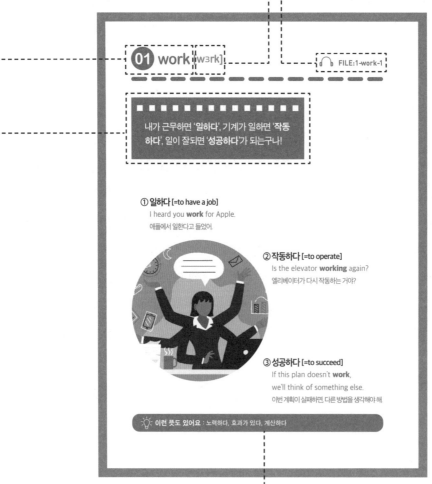

① **일하다** [=to have a job]
I heard you **work** for Apple.
애플에서 일한다고 들었어.

② **작동하다** [=to operate]
Is the elevator **working** again?
엘리베이터가 다시 작동하는 거야?

③ **성공하다** [=to succeed]
If this plan doesn't **work**,
we'll think of something else.
이번 계획이 실패하면, 다른 방법을 생각해야 해.

💡 **이런 뜻도 있어요 :** 노력하다, 효과가 있다, 계산하다

각 단어가 가진 대표적인 의미 세 가지를 한눈에 확인해 보세요.

단어가 가진 대표적인 의미 외에 실생활에서 다른 방식으로 활용되는 경우도 담았으니 놓치지 마세요!

상황에 따라 단어가 어떻게 활용되고 있는 지 네 가지 케이스를 통해 비교해 보세요.

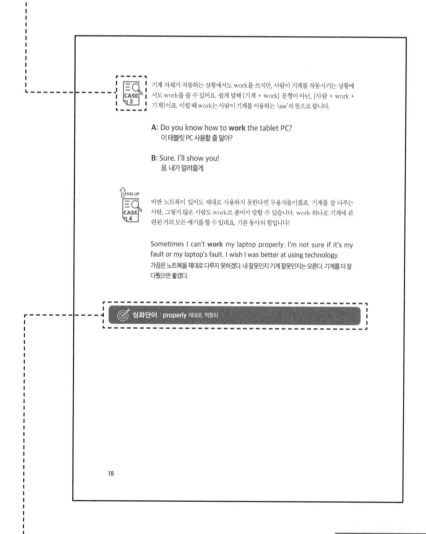

기계 자체가 작동하는 상황에서도 work를 쓰지만, 사람이 기계를 작동시키는 상황에서도 work를 쓸 수 있어요. 쉽게 말해 [기계 + work] 문형이 아닌, [사람 + work + 기계]이죠. 이럴 때 work는 사람이 기계를 이용하는 'use'의 뜻으로 씁니다.

A: Do you know how to **work** the tablet PC?
이 태블릿 PC 사용할 줄 알아?

B: Sure. I'll show you!
응. 내가 알려줄게.

비싼 노트북이 있어도 제대로 사용하지 못한다면 무용지물이겠죠. 기계를 잘 다루는 사람, 그렇지 않은 사람도 work로 풀어서 말할 수 있습니다. work 하나로 기계에 관련된 거의 모든 얘기를 할 수 있네요. 기본 동사의 힘입니다!

Sometimes I can't **work** my laptop properly. I'm not sure if it's my fault or my laptop's fault. I wish I was better at using technology.
가끔은 노트북을 제대로 다루지 못하겠다. 내 잘못인지 기계 잘못인지는 모른다. 기계를 더 잘 다뤘으면 좋겠다.

심화단어 : properly 제대로, 적절히

18

어려운 단어는 여기에서 다지고 가요!

부록 〈반드시 알아야 할 문장 뜻과 패턴〉 도 꼭 확인해 보세요!

[CONTENTS]

영알못도 아는

48개 영어 동사로 프리토킹 깨부수기

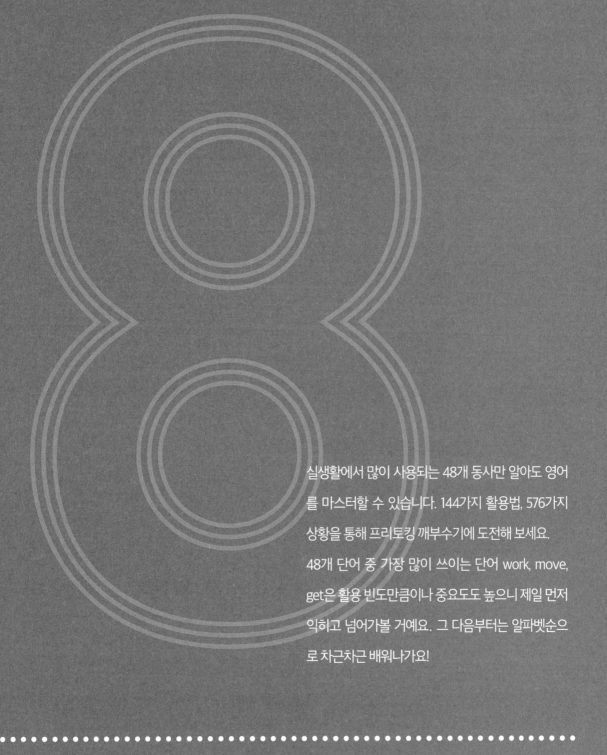

실생활에서 많이 사용되는 48개 동사만 알아도 영어를 마스터할 수 있습니다. 144가지 활용법, 576가지 상황을 통해 프리토킹 깨부수기에 도전해 보세요. 48개 단어 중 가장 많이 쓰이는 단어 work, move, get은 활용 빈도만큼이나 중요도도 높으니 제일 먼저 익히고 넘어가볼 거예요. 그 다음부터는 알파벳순으로 차근차근 배워나가요!

01 work [wɜrk]

내가 근무하면 '**일하다**', 기계가 일하면 '**작동하다**', 일이 잘되면 '**성공하다**'가 되는구나!

① 일하다 [=to have a job]
I heard you **work** for Apple.
애플에서 일한다고 들었어.

② 작동하다 [=to operate]
Is the elevator **working** again?
엘리베이터가 다시 작동하는 거야?

③ 성공하다 [=to succeed]
If this plan doesn't **work**,
we'll think of something else.
이번 계획이 실패하면, 다른 방법을 생각해야 해.

이런 뜻도 있어요 : 노력하다, 효과가 있다, 계산하다

work는 우리에게 익숙한 동사입니다. 일하는 엄마를 부르는 '워킹맘'이나 공유 오피스 이름인 '위워크'의 '워크'가 모두 '일한다'라는 뜻이죠. 모두 잘 아시듯이 work의 기본 의미는 '일하다'입니다. 일은 직업을 갖고 돈을 번다는 뜻이니, 그와 관련된 문장을 다양하게 만들 수 있죠. 예를 들어 "I work for Samsung."은 "나는 삼성에서 일한다"라는 뜻이고, 파트타임으로 일하는 상황이라면 "I work part-time."이라고 표현할 수 있습니다. work 동사를 쓸 때는 어떤 전치사와 함께하는지가 중요해요. 패션 업계에서 일한다면 "I work in fashion."이라고 하면 되고 마케터로 일한다면 "I work as a marketer."라고 하면 됩니다.

 그럼 조금 더 구체적인 상황을 들어볼까요? 동네를 걷다가 우연히 친구를 만났습니다. 근황이 궁금하겠죠? 이럴 때 [work + for + 회사명]을 써서 쉽게 표현할 수 있어요.

A: What company do you **work** for?
어느 회사에서 일해?

B: I **work** for Samsung.
삼성에 다녀.

 이번에는 문장에 [work + for + 회사명]을 넣어 볼게요. 직장생활을 하다 보면 우리 회사의 장단점이 보일 때가 있죠. 그렇다고 '장점'과 '단점'이란 단어를 쓰지 않아도 괜찮아요.

I **work** for Google. The dress code is very relaxed and we can take breaks whenever we want. However, we also have to **work** very hard.
나는 구글에서 일해. 복장 규정이 엄격하지 않고 쉬고 싶을 때 휴식을 취할 수 있어. 하지만 열심히 일해야 하는 것도 사실이야.

문득 궁금한 점이 생겼습니다. 회사명을 넣는 건 알겠는데, '공무원'이란 단어도 work 로 표현할 수 있을까요? 네, 충분히 가능합니다. 우리말 단어를 기본 동사로 쉽게 풀어 쓸 수 있거든요. 'work = 일하다'란 뜻만 기억해 주세요.

A: What are you planning on doing after you graduate?
졸업하고 나서 어떤 일을 할 계획이야?

B: I hope I can **work** for the government.
공무원이 되면 좋겠어.

이제 회사와 정부에서 일하는 상황이라면 자신 있게 work를 사용하면 됩니다. 그럼 자 기 사업을 운영하는 '자영업자'나 '프리랜서'도 work로 표현할 수 있을까요? 물론이 죠. '자신을 위해 일한다[=work for oneself]'라고 표현하면 됩니다.

I hope that I can **work** for myself someday. I think I would be a really fair and motivating boss. It's not an easy thing to do, but I will **work** hard to make my dream come true!
언젠가 내 사업을 하고 싶어. 나는 공정하고 동기부여를 잘하는 사장이 될 것 같거든. 쉽진 않 겠지만, 열심히 노력해서 꿈을 이룰 거야!

두 번째 활용

작동하다

🎧 FILE:1-work-3

영어에서는 사람뿐 아니라 기계도 일한다고 표현합니다. 여기에 work의 두 번째 뜻이 숨겨져 있어요. 우리말로는 '작동하다'라고 표현하는데, 기계가 사람처럼 일하는 장면을 떠올리면 이해하기 쉬울 겁니다. 우리는 '에어컨이 작동하지 않는다'라고 말합니다. 이때 에어컨에 마치 눈코입이 달렸다고 생각해 보세요. 그럼 영어로는 이렇게 말할 수 있어요. "My air conditioner is not working." 이렇듯 기본 동사의 참 의미를 이해하려면 우리말 사고방식에서 조금 벗어나는 게 좋습니다. 이제부터 기본 동사의 의미가 잡히지 않을 때는 '영어 렌즈'를 끼고 세상을 봅시다. 그럼 기계가 땀 흘리며 일하는 장면이 눈앞에 펼쳐질 거예요.

우리가 가장 쉽게 접할 수 있는 기계는 '스마트폰'이죠. 스마트폰 역시 work와 잘 어울립니다. 스마트폰이 제대로 작동하지 않는 상황을 살펴볼게요. 기계를 '껐다 켰다' 하는 뜻도 배워봅시다.

A: I can't get my smartphone to **work**.
스마트폰이 작동을 안 하네.

B: Have you tried turning it off and on again?
다시 껐다 켜봤어?

스마트폰의 짝꿍은 무선 이어폰이죠. 영어로는 'wireless earphones/earbuds, AirPods'으로 쓰는데요. 가끔씩 이어폰이 말을 안 들어서 속을 썩일 때가 있죠. 이런 상황에서도 work를 써서 말할 수 있습니다.

My AirPods stopped **working** the other day. I took them to the repair shop. They said they couldn't help me because my AirPods were too old.
며칠 전에 에어팟이 고장이 나서 서비스센터에 맡겼다. 센터에서는 내 에어팟이 너무 오래돼서 수리해 줄 수 없다고 했다.

기계 자체가 작동하는 상황에서도 work를 쓰지만, 사람이 기계를 작동시키는 상황에서도 work를 쓸 수 있어요. 쉽게 말해 [기계 + work] 문형이 아닌, [사람 + work + 기계]이죠. 이럴 때 work는 사람이 기계를 이용하는 'use'의 뜻으로 씁니다.

A: Do you know how to **work** the tablet PC?
이 태블릿 PC 사용할 줄 알아?

B: Sure. I'll show you!
응. 내가 알려줄게.

비싼 노트북이 있어도 제대로 사용하지 못한다면 무용지물이겠죠. 기계를 잘 다루는 사람, 그렇지 않은 사람도 work로 풀어서 말할 수 있습니다. work 하나로 기계에 관련된 거의 모든 얘기를 할 수 있네요. 기본 동사의 힘입니다!

Sometimes I can't **work** my laptop properly. I'm not sure if it's my fault or my laptop's fault. I wish I was better at using technology.
가끔은 노트북을 제대로 다루지 못하겠다. 내 잘못인지 기계 잘못인지는 모른다. 기계를 더 잘 다뤘으면 좋겠다.

 심화단어 : properly 제대로, 적절히

성공하다

🎧 FILE: 1-work-4

work에는 의외의 뜻이 숨겨져 있어요. 바로 '성공하다'입니다. work에 succeed라니? 두 단어를 연결하기 쉽지 않은데요. 하지만 성공을 사람에게만 국한하지 않으면 어느 정도 연결이 가능합니다. 어떤 계획[=plan]을 세우거나 아이디어[=idea]를 시도했는데, 그게 통해서 원하는 결과를 얻었다면 '성공'이라고 표현할 수 있습니다. 즉, 계획과 아이디어가 일하고 작동해서 결국엔 원하는 결과를 얻는 '성공'까지 다다른 거죠. 단순히 '일하다'로만 알고 있던 work에, 기계가 작동하거나 계획이 성공한다는 뜻도 있다니! 이렇듯 실전 영어에는 필요한 단어 수가 생각보다 많지 않습니다. 심지어 원어민도 일상 대화의 85% 이상을 기본 동사로 표현하니까요. 그러니 새로운 단어를 많이 외우는 것보다 아는 단어라도 새로운 뜻을 먼저 익히는 게 중요합니다. 이 책을 통해 천천히 알려 드릴게요. 그럼 최소 단어로 최대 문장을 말할 수 있게 될 것입니다!

매년 야심차게 다짐했던 다이어트 계획은 성공하기도 하고 실패하기도 하죠. 이런 계획의 성공을 원어민은 work로 표현합니다. [계획 + work] 문형을 관찰해 주세요.

I've decided to lose some weight. I'm going to try intermittent fasting. If this doesn't work, I don't know what I'll do!
살을 좀 빼기로 마음먹었다. 간헐적 단식을 시도할 예정이다. 이번 계획이 실패하면, 어떻게 해야 할지 모르겠다.

꼭 대단한 계획일 필요는 없어요. 서로 어울릴 것 같은 친구를 소개해 주는 계획도 work로 표현할 수 있습니다. 우리말 '성공하다' 대신 작전이 '통하다'라고 이해해도 좋아요.

A: How did your plan to set up your friends go?
친구들 소개해 주는 작전은 어떻게 됐어?

B: It worked! They're dating now.
통했어! 지금 걔들 사귀고 있거든!

돈을 절약하겠다는 아이디어나 생각도 work와 궁합이 맞습니다. 또한 [make + 아이디어 + work] 문형을 활용해 보세요. 아이디어[=idea]를 성공[=work]하게 만드는 [=make] 거니까요. 결국 그 계획/아이디어를 성공시킨다는 덩어리 표현이 됩니다.

I had an idea to save money, but I didn't know how to make it **work**. I talked to my dad about it and he gave me some good ideas. I think my plan will **work!**
돈을 절약하려는 아이디어가 있었는데, 어떻게 성공시킬지 몰랐어. 아빠에게 물어봤더니 좋은 아이디어를 주셨어. 내 계획이 성공할 것 같아!

성공한다는 뜻 work에 for + 사람을 더하면 '그 사람을 위해 성공하다'라는 뜻이 되는데요. 정리하면 [work + for + 사람]입니다. 이건 그 사람에게 '통하다, 먹히다, 맞는다'라는 뜻과 같아요. 그 사람에게 맞춰 성공한 거니까요. 아래 내용을 보면 쉽게 이해할 수 있을 거예요. 시장에서 내가 원하던 사이즈의 가방을 찾는 상황에서도 '성공하다 [=work]'가 가능한 이유입니다.

I've finally found a bag that **works** for me. Usually, bags are either too big or too small. But I found one that was the perfect size at a market yesterday.
드디어 내게 딱 맞는 가방을 찾았다. 보통 가방은 너무 크거나 너무 작다. 그런데 어제 시장에서 완벽한 사이즈의 가방을 찾았다.

 심화단어 : intermittent fasting 간헐적 단식 | either A or B = A 또는 B 둘 중 하나

02 move [muv]

새로운 장소로 '이사하고', 새로운 회사로 '이직하고', 새로운 나라로 '이민하다'를 모두 move로 쓰네!

① 이사하다 [=to move to a new place]
We're **moving** to Seoul next week.
다음 주에 서울로 이사해.

② 이직하다 [=to move to a new company]
I think it's time for me to **move** to a new company.
이직할 때가 된 것 같아.

③ 이민하다 [=to move to another country]
I've been considering **moving** to another country.
이민할까 고민하고 있어.

💡 **이런 뜻도 있어요** : 이동하다, 이전하다, 동거하다 등

move의 기본 뜻은 '이동하다'입니다. 저는 인천에서 태어났지만 유년기 대부분을 안산에서 보냈는데요. 가족이 인천에서 안산으로 '이동'했기 때문입니다. 앗, 여기서 어느 지역으로 이동했다는 표현이 우리말로 어색하지 않나요? 네, 우리말은 어색하게 들리지만, 영어에서는 [인천➞move➞안산]이 자연스럽게 들립니다. 쉽게 말해 '이동하다'를 자연스러운 우리말로 바꾸면 '이사하다'가 되죠. 예를 들어 "I moved to Seoul last month."는 지난달에 서울로 이사했다는 의미이고, "We're planning to move into a new apartment."는 신혼부부가 새로운 아파트로 이사할 계획이라는 뜻입니다. move 다음에 지명이나 건물을 붙여 '이사하다'로 사용하면 됩니다.

일상에서 자주 쓰는 '이사하다'의 뜻을 가진 move를 더 살펴보겠습니다. 새로운 직장을 얻어 다른 지역으로 이사해야 하는 상황이 생기는데요. 그때 [move + 지명]을 쓰면 자연스럽게 표현할 수 있습니다.

A: I heard your husband got a new job!
남편이 새 직장을 잡았다면서.

B: Yes, we have to **move** to Ilsan next week.
응, 다음 주에 일산으로 이사해야 해.

이번에는 아내와 함께 서울에서 부산으로 이사했다는 내용입니다. 둘 다 복잡한 도시이지만, 다른 분위기[=vibe]가 느껴지죠. 특히 부산은 해양도시인 만큼 바다가 가까이 있다는 특징이 있네요. 이렇게 복잡해 보이는 문장도 'move'와 기본 단어만으로도 충분히 표현할 수 있습니다.

Last year, my wife and I **moved** to Busan. It's still a big city, but it's a totally different vibe than Seoul. I do like being so close to the ocean, though.
작년에 아내와 나는 부산으로 이사했어. 큰 도시이지만 서울이랑은 분위기가 완전히 달라. 바다가 가까이에 있어서 좋기도 하고 다음은 내 집 마련의 꿈을 이룬 부부의 대화입니다. 에어컨 설치와 입주 청소를 마치고 이사 날짜를 기다리고 있는데요. [move into + 아파트] 조합으로 그 의미를 전할 수 있습니다. 건물 '안'으로 들어가는 뉘앙스의 'into'를 넣어주세요.

A: When are we **moving** into our new apartment?
우리 새 아파트에 언제 들어가기로 했지?

B: I think we're **moving** in next Friday! I'm so excited.
다음 주 금요일에! 정말 기대돼.

임시로 이사하는 상황에서도 move가 제격입니다. 인테리어 업체에 기존에 살던 아파트의 보수 공사와 인테리어를 맡겼는데요. 작업하는 동안 임시로 지낼 곳이 필요하겠죠. 이럴 때도 move가 잘 어울립니다.

I had to **move** into a new place temporarily while my old apartment is being renovated. The new building is much fancier than my old apartment. I hope my original apartment will also be very nice when the renovations are finished.
오래된 아파트를 인테리어 하는 동안 임시로 새로운 곳에 이사할 수밖에 없었다. 새 건물은 내가 살던 아파트보다 훨씬 잘 꾸며져 있었다. 내 아파트도 인테리어가 끝나 더 멋있어지면 좋겠다.

 심화단어 : **though** 그러나[=but] | **temporarily** 임시의, 일시적 | **renovated** 개조하다, 보수하다

두 번째 활용

이직하다

🎧 FILE:2-move-3

앞서 move의 기본 뜻이 '이동하다'라고 했습니다. 또한 뒤에 '지명과 건물'이 나와 그쪽으로 '이사하다'라는 의미로도 썼고요. 이번에는 '지명과 건물' 자리에 '회사'를 넣어보겠습니다. 회사로 이동한다는 것은 어떤 의미가 될까요? 네, 회사로 '이직하다'가 됩니다. 기존에 다니던 회사를 그만두고 새로운 회사로 이동하는 것이죠. 이동하는 곳이 '회사'가 되면 '이직하다'로 바뀝니다. 실전 영어는 단어 하나로 여러 가지 뜻을 쓸 수 있다는 특징이 있습니다. 이사하고 이직할 때 모두 move면 해결되니까요. 계속해서 이미 아는 단어[=move]에 '새로운 뜻'을 추가해 주세요. 그러면 아는 단어로 표현할 수 있는 상황의 수가 훨씬 늘어날 거예요.

주말에 친구를 만나 이런저런 얘기를 나눌 때마다 '이직' 키워드는 빠짐없이 등장합니다. SNS나 지인을 통해 친구의 이직 소식을 들은 상황입니다. 이때도 move가 딱입니다. 이전 회사에서 새로운 회사로 이동하니까요.

A: I heard you're **moving** to a new company.
이직한다고 들었어.

B: Yes, it's time for my next challenge!
응, 다음 도전을 할 때가 됐어!

요즘에는 평생직장의 개념이 사라졌습니다. 회사 동료들과 '이직' 관련 이야기를 서슴없이 나누기도 합니다. 이때 핵심 동사인 move만 알면 '6개월 뒤에 이직할 거야', 1년만 버틸 거야' 등을 쉽게 영어로 표현할 수 있습니다.

A: When are you going to **move** to Apple?
언제 Apple로 이직할 예정이야?

B: I think I will work here for six more months and then I'll try to **move**.
여기서 6개월 더 일하고 나서 이직할 것 같아.

'프로이직러'도 이직할 때마다 두려움과 설렘을 느낍니다. 변화는 늘 두렵지만, 새로운 모험이라고 생각하면 설레기도 하니까요. 이제 이직하다[=move to a new company]라는 표현은 익숙해졌으니, 함께 쓸 만한 표현에도 관심을 가져주세요.

Every time I've **moved** to a new company, I've felt scared and excited. Change is always hard, but I try to think of it as a new adventure. When we make changes, we can experience new things.
이직할 때마다 두렵고 설렌다. 변화는 늘 어렵지만, 변화를 새로운 모험이라 생각하려고 한다. 변화할 때마다 새로운 것을 경험할 수 있기 때문이다.

사내 연애[=office romance]로 결혼에 골인한 커플입니다. 함께 10년 동안 근무했고, 다음 주에 아내가 새로운 회사로 이직하네요. 든든한 지원군이었던 아내가 없는 회사는 어떨까요? 이런 생활 밀착형 주제도 move로 손쉽게 표현할 수 있어요.

My wife and I met at our company. We've worked together for 10 years. She will **move** to a new company next week and I'm a little nervous about the change.
아내와 나는 회사에서 처음 만났다. 우린 10년 동안 함께 근무했다. 아내가 다음 주에 이직하는데, 그 변화로 조금 긴장된다.

이민하다

move를 활용해 이사도 했고, 이직도 했습니다. 다른 이동이 또 남았을까요? 이번에는 한국을 떠나 새로운 도시와 나라로 이동할 차례입니다. 시야를 넓혀 호주로 이동해 보죠. 저는 30살에 호주 멜버른으로 워킹홀리데이를 다녀왔는데요. 그곳에서 워홀러, 유학생, 그리고 이민을 준비하는 분들에게 영어를 지도했습니다. 특히 이민을 준비하는 분들은 '목숨 걸고' 영어 공부를 하고 있었죠. 그분들의 목표는 하나였습니다. "I want to move to Australia." 호주로 이민을 가고 싶은 거죠. move 다음에 새로운 도시와 나라를 쓰면, 그곳으로 '이민하다'라는 뜻이 됩니다. 국경을 이동할 때는 '이사'라는 표현보다 '이민'이 어울리니까요. 내가 안다고 생각했던 move에 무려 3가지 뜻이 있었네요. 이사, 이직, 이민을 말할 때 move를 떠올려 주세요!

요즘에는 이민을 떠난 사람을 주변에서 쉽게 찾을 수 있습니다. 세상이 점차 글로벌해지고, 세계 곳곳에서 다양한 인재를 필요로 하기 때문이죠. 다음은 이탈리아로 이민을 떠난 형을 두고 나누는 대화입니다.

A: Did your brother really move to another country?
형이 정말로 다른 나라로 이민 갔어?

B: Yes, he lives in Italy now!
응, 지금 이탈리아에 살아!

저와 함께 영어를 공부한 학생 중에도 영어권 국가 캐나다로 이민을 떠난 분이 많았습니다. [move + to another country] 대신에 [move + to Canada]처럼 나라나 도시 이름이 바로 나와도 괜찮습니다. [move to Sydney], [move to California] 모두 가능해요.

A: Do you think you'll stay here forever?
여기서 평생 지낼 거야?

B: No. I think I'll move to Canada next year.
아니, 내년에 캐나다로 이민을 갈 거야.

물론 이민이 말처럼 쉽지만은 않습니다. 돈과 시간이 무척 많이 들고, 그 나라의 언어와 문화도 배워야 하니까요. 단순히 다른 나라의 환상[=fantasy]만으로는 쉽지 않은 결정입니다. 이렇게 감정이 들어간 내용도 'move'를 살려 얼마든지 표현할 수 있습니다.

I think a lot of people have a fantasy about **moving** to another country, but it's not easy. You have to learn the country's language, culture, and laws. If possible, I'd rather just live in my home country forever.
많은 사람들이 이민에 대한 환상이 있는 것 같아. 하지만 쉽지 않지. 그 나라의 언어, 문화 그리고 법까지 새로 배워야 하니까. 나는 될 수 있으면 고국에서 평생 살고 싶어.

한국에도 조금씩 이민 온 외국인이 늘고 있는데요. 처음부터 한국을 지정해서 이민을 계획한 외국인은 드물 거예요. '어렸을 때 한국에 이민을 갈 거라곤 상상도 못 했다'라는 말에서 핵심 키워드는 역시 move입니다.

When I was young, I never imagined that I would **move** to South Korea. I was pretty happy in America and only spoke English. It just goes to show you never know what will happen in the future.
어렸을 때 한국에 이민을 갈 거라곤 상상도 못 했다. 미국에서 지내는 데 꽤 만족했고 영어만 써도 됐다. 미래에 무슨 일이 생길지는 아무도 모른다는 사실을 잘 보여준다.

 심화단어 : I would rather + 동사 = ~하는 편이 낫다 | it goes show ~를 보여주다, ~를 알 수 있다

03 get [get]

일자리를 '구하고', 중고책을 '사고',
친구 집에 '도착하다'를 모두 get으로 써요!

① 얻다/받다 [=to obtain something]
My friend **got** a watch for her 16th birthday.
친구는 16세 생일 선물로 시계를 받았다.

② 사다 [=to buy something]
Let's **get** some shoes this weekend.
이번 주말에 신발을 사러 가자.

③ 도착하다 [=to arrive]
When did you **get** here?
여기 언제 도착했어?

💡 **이런 뜻도 있어요** : 이해하다, ~가 되다, 병에 걸리다 등

첫 번째 활용

얻다/받다

FILE:3-get-2

get의 첫 번째 뜻은 '얻다'와 '받다'입니다. 단순히 물건을 받거나 얻을 때만 사용하지 않습니다. 크게 2가지로 구분할 수 있어요. 노력 없이 무언가를 받을 때와 노력을 통해 무언가를 얻을 때입니다. 메시지, 이메일[=get an email] 등을 받을 때는 별다른 노력이 들어가지 않지만, 일자리를 얻고 환불을 받을 때는[=get a refund] 노력이 들어갑니다. 또한 '기회' 같은 추상적인 것도 'get'으로 표현할 수 있습니다. "If I get a chance, I want to go to Brazil. [=기회가 되면 브라질에 가고 싶다.]" 참고로 get의 뜻은 수십 가지가 훌쩍 넘어요. 그러니 일상 대화에서 흔히 접할 수 있는 뜻을 먼저 익힌 후에 새로운 뜻을 하나씩 추가하는 순서로 공부해 주세요!

노력해서 일자리를 얻은 상황입니다. 무언가를 어렵게 구하거나 따내는 뉘앙스로 'get'을 쓰면 좋습니다. 일자리는 그냥 쉽게 얻어지는 게 아니니까요. 문장에서 [get + a job]을 찾아볼까요?

A: How are things going these days?
요즘 어떻게 지내?

B: Well, I finally got a job!
드디어 일자리를 구했어.

무선 이어폰을 환불받기로 한 상황입니다. 환불은 수고로운 일이니 'get'을 쓸 수 있죠. [get a refund]를 묶어서 기억해 주세요.

My parents got me some earbuds for Christmas, but they didn't work properly. We decided to **get** a refund. Luckily, the process was very easy and now I can pick out better earbuds.
부모님이 크리스마스 선물로 무선 이어폰을 사줬는데, 제대로 작동이 안 됐다. 우리는 환불을 받기로 결심했다. 다행히도 환불 절차가 굉장히 쉬웠고, 이제는 더 좋은 이어폰을 고를 수 있게 되었다.

get **29**

기회가 되면 브라질로 여행을 가고 싶은 상황입니다. 영어에서 기회는 '얻는' 개념이라 [get a chance]를 쓸 수 있어요. 브라질 대신에 가고 싶은 도시와 나라를 넣어 나만의 문장을 완성해 보세요. "If I get a chance, I want to go to _____."

A: Do you have any plans to travel abroad?
해외여행 갈 계획 있어?

B: If I get a chance, I want to go to Brazil.
기회가 되면, 브라질에 가고 싶어.

전 직장 동료에게 이메일을 받은 상황입니다. '이메일을 받다'에 해당하는 덩어리 영어 표현은 [get + an email]이죠. 보낸 사람을 말하고 싶다면 뒤에 [from + 발신자]를 붙이면 됩니다. 단어와 표현에 그치면 실전 영어 실력이 늘 수 없어요. 항상 대화문과 일기 형식의 스토리가 있는 예문을 보며 종합적으로 익혀주세요!

Last week at work, I **got** an email from an ex-coworker. She asked me if I could help her find a new job. The truth is, she's not a very good worker so I don't think I'll be able to help her.
지난주에 회사에서 전 직장 동료에게 이메일을 받았다. 그녀가 내게 새 일자리를 찾는 데에 도움을 줄 수 있는지 물었다. 사실 그 동료는 일을 그렇게 잘하지 못해서 내가 도움을 줄 수 있을지 모르겠다.

 심화단어 : **earbuds** (무선)이어폰 | **abroad** 해외로, 해외에서

get의 두 번째 뜻은 '사다'입니다. get의 첫 번째 뜻 '얻다, 받다'에서 '돈을 지불하는' 뉘앙스만 추가하면 됩니다. 쉽게 말해 돈을 내고 물건이나 서비스를 구매하는 상황에서 쓰입니다. 일상 대화에서 '사다'의 'buy' 만큼이나 자주 사용하는데요. 오히려 친한 사이에서 나누는 가벼운 대화라면 'get'을 더 선호하기도 합니다. 또한 영화나 미드에서 꼭 나오는 질문이 있는데요. "이거 어디서 샀어?"입니다. 등장인물은 하나같이 "Where did you get this?"라고 물어보죠. 이외에 [get + 사람 + 물건]의 문형으로 누군가에게 물건을 '사주다'란 뜻으로도 씁니다. "I'm going to get him a car."는 그에게 차를 사준다는 의미가 되네요. '사다'의 'get'을 여러 예문 속에서 살펴볼게요. 그러면 입에서 'get'이 편하게 나올 거예요!

쇼핑몰에서 쇼핑을 하는 상황입니다. 우리가 "살 거 있어?"라고 물어보는 것처럼 영어에서도 "Are you going to get anything?"으로 물어볼 수 있습니다. '사다, 구매하다'의 get을 적극적으로 활용해 주세요!

A: Are you going to **get** anything at the mall this weekend?
이번 주말에 쇼핑몰에서 뭐 살 거야?

B: I think we're just going to look around.
그냥 둘러보려고 해.

중고서점에서 책을 구매한 상황입니다. 돈을 내고 책을 얻었다고 생각하니, get에 있는 '사다'의 뜻을 이해할 수 있죠. 구매할 수 있는 것은 'get'할 수 있네요! 앞으로 buy 대신 get을 먼저 떠올려 보세요!

I **got** some used books at a secondhand bookstore last weekend. I like buying used books because they're usually much cheaper than new books. I will probably resell them, too, after I'm done reading them.
지난 주말에 중고서점에서 중고책을 좀 샀다. 나는 중고책 사는 것을 좋아하는데, 중고책이 새 책보다 훨씬 저렴하기 때문이다. 다 읽고 나면 다시 팔 것 같다.

가게에서 장을 보는 상황입니다. '사다' 하면 가장 먼저 떠오르는 'buy' 대신에 'get'을 활용할 수 있어요. 더군다나 가까운 사람끼리 대화를 나누는 상황이니까요.

A: What do you need to **get** at the store today?
오늘 가게에서 사야 할 게 있어?

B: I need pasta, tomato sauce, garlic, and onions.
파스타, 토마토소스, 마늘, 그리고 양파를 사야 해. [=필요해.]

주기적으로 새 노트북을 사야[=get] 하는 상황입니다. 노트북은 가격이 비싼 편이라 구매 결정이 쉽지 않습니다. 전자기기를 마련하는 상황에서 'get'을 적극적으로 떠올려 보세요!

Some people say it's important to **get** a new laptop every few years. I really hate this because new laptops are so expensive but old laptops are basically worthless. Sometimes I feel like I'm wasting money, but I know that getting a new laptop is important.
몇 년에 한 번씩 새 노트북을 사는 게 중요하다고 말하는 사람도 있다. 나는 그게 정말 싫은데, 새 노트북은 무지 비싸고, 이전 노트북은 사실상 쓸모가 없기 때문이다. 돈을 낭비하는 것 같은 기분이 들기도 하지만, 새 노트북을 구매하는 게 중요하다는 것을 알고 있다.

 심화단어 : secondhand 중고의

세 번째 활용
도착하다

🎧 FILE:3-get-4

get의 세 번째 뜻은 '도착하다'입니다. 'arrive'와 비슷하게 어떤 장소나 위치에 도착하다라는 뜻으로 씁니다. 예를 들어 집에 도착하다는 [get + home]으로 쓰고, 사무실에 도착하다는 [get + to the office]로 쓰죠. 또한 기본 동사 3개를 이용해서 '도착하다'의 뜻을 나타낼 수 있는데요, 'get, arrive, reach'입니다. 의미는 같지만 [get + to 장소], [arrive + in/at 장소], [reach + 장소]로 각각 문형이 다르죠. 정리하면, get은 전치사 to를 쓰고, arrive는 in과 at을 쓰며, reach는 아무것도 쓰지 않습니다. 처음에는 복잡해 보이지만 한 번 정리해 놓으면 다시는 헷갈리지 않을 거예요. 앞으로 다양한 텍스트에서 '도착하다'의 get이 들어간 완성된 문장을 접하며 기억을 강화해 보세요.

집에 몇 시에 도착하는지 묻는 상황입니다. [get + to 장소]의 조합으로 '도착하다'의 의미를 'get'으로 전달했네요. 기본 동사만 잘 써도 다양한 대화를 이끌어낼 수 있어요.

A: What time can you get to my house?
우리 집에 몇 시에 도착할 수 있어?

B: Probably around 7.
아마 7시쯤.

친구에게 늦게 도착할 것 같다고 연락하는 상황입니다. '집에 도착하다'를 'get'을 사용해 [get + to her house]로 썼네요. '제시간'의 뉘앙스는 뒤에 'on time'을 붙이면 전해집니다.

Last week, I called my friend while driving because I didn't think I was going to **get** to her house on time. Since I was distracted by my phone, I didn't see the rabbit hop in front of my car. I had to slam on my breaks to avoid an accident and I quickly hung up my phone.
지난주에 운전하다가 친구에게 전화를 걸었다. 친구 집에 제시간에 도착하지 못할 것 같았다. 핸드폰에 정신이 팔려서 토끼가 차 앞에 뛰어오는 걸 보지 못했다. 사고를 피하기 위해 브레이크를 급하게 밟을 수밖에 없었다. 그리고 나서 재빨리 전화를 끊었다.

get **33**

이번에는 기차역에 제때 도착하는 상황입니다. 어떤 장소에 도착하든 get으로 표현할 수 있습니다. [get + to the train station]으로 'get' 다음에 함께 오는 전치사 'to'도 세트로 기억해 주세요.

A: Do you think we can **get** to the train station on time?
우리가 기차역에 제때 도착할 수 있을 것 같아?

B: Yes, I think we're going to make it.
응, 늦지 않게 도착할 것 같아.

갑작스럽게 주말에 출근해야 하는 상황입니다. '사무실에 도착하다'를 [get + to the office]로 표현합니다. [get to] 뒤에 다양한 장소가 오는 예문을 접할수록 '도착하다'의 'get'을 쓸 확률이 훨씬 높아질 거예요.

Last Saturday, my boss suddenly called an emergency meeting. I asked him what time we needed to **get** to the office and he said 10 am. I got ready in a hurry and made it just in time.
지난 토요일에 사장님이 갑자기 긴급회의를 소집했다. 사장님에게 몇 시까지 사무실에 도착해야 하는지 물었는데, 10시까지 오라고 했다. 서둘러 출근 준비를 해서 딱 맞게 도착했다.

 심화단어 : hop 깡충깡충 뛰다 | slam on my breaks 브레이크를 급하고 강하게 밟다
make it 도착하다 | just in time 때마침, 제때에

관광객을 '유치하고', 개미가 '꼬이고', 논란을 '불러일으키다'를 모두 attract로 써요!

① (사람 등을) 끌어모으다/유치하다 [=to cause people to come to a place]

The big yellow duck is **attracting** lots of visitors.

큰 노란 오리가 사람들을 끌어모으고 있다.

② (동물, 곤충 등을) 끌다/유인하다

[=to cause animals to come closer]

We bought snacks to **attract** the monkeys.

원숭이를 유인하려고 간식을 샀다.

③ (마음, 관심 등을) 끌다/모으다/불러일으키다

[=to cause a certain reaction or feeling]

Their shocking divorce **attracted** publicity.

그들의 충격적인 이혼 소식이 매스컴의 관심을 끌었다.

💡 **이런 뜻도 있어요** : 자석이나 중력이 끌어당기다, 반응을 일으키다 등

[사람 등을] 끌어모으다/유치하다

 FILE: 4-attract-2

attract의 첫 번째 뜻은 '사람 등을 끌어모으다, 유치하다'입니다. 어떻게 이런 의미를 갖게 되었을까요? attract의 핵심 의미는 '자석'입니다. 자석에 쇠와 철 가루가 붙는 장면이 바로 attract이죠. attract의 모든 의미는 여기서부터 출발합니다. 예를 들어 관광객을 끌어모으려는 박물관이라면 [attract + tourists]가 되고, 유능한 인재를 뽑으려는 회사라면 [attract + good employees]가 됩니다. attract는 그 밖에도 다양한 것을 끌어모을 수 있는데요. 첫 번째 뜻에서는 관광객과 직원 같은 '사람'을 모으는 데 집중해 보겠습니다. 참고로 매력적인 사람에게는 마음이 끌리기 마련이죠? 그래서 '매력적인'을 영어로 'attractive'라고 합니다. '자석과 매력'이란 키워드로 attract를 기억해 주세요!

도시에서 관광객을 유치하는 상황입니다. 마치 자석처럼 도시가 관광객을[=tourists] 끌어당긴다고[=attract] 볼 수 있죠. '유치하다'라는 단어에서 기본 동사 attract를 떠올리는 게 진짜 영어 실력입니다!

A: What can we build to **attract** more tourists?
더 많은 관광객을 유치하기[=끌어모으기] 위해 무엇을 지을 수 있을까?

B: I think we should make a large Ferris wheel like the London Eye.
'런던 아이'처럼 대형 대관람차를 만들어야 할 것 같아요

가게에서 손님을 끌어들이는 상황입니다. 각종 할인 행사를 통해 손님을 오게 만드는 거죠. [가게 + attract + 손님]의 문형으로 이해할 수 있겠네요.

One of my favorite makeup stores is always offering discounts to **attract** customers. They frequently have 40~50% off sales. They also have lots of buy one, get one free deals, which I love.
내가 가장 좋아하는 화장품 가게에서는 손님을 끌기 위해 항상 할인을 제공한다. 40~50% 할인 혜택을 자주 진행한다. 또한 1+1 프로모션도 자주 진행하는데, 내가 가장 좋아하는 할인 행사다.

회사에서 인재를 모으는 상황입니다. 분야에 따라 좋은 인재를[=good talent] 구하기가 쉽지 않을 수 있죠. 복지가 좋은 회사를 만들어 인재가 스스로 찾아오게[=attract] 할 수도 있지 않을까요?

A: It's so hard to **attract** good talent in this industry.
이 분야에서는 좋은 인재를 모으기가 굉장히 어려워.

B: Maybe if we offered more competitive salaries, we could hire more people.
우리 쪽에서 높은 연봉을 제공하면, 더 많은 사람을 고용할 수 있을 것 같아.

외국인 투자자를 유치하는 상황입니다. 정부가 자석처럼 외국인 투자자를[=foreign investors] 끌어당기는 장면을 그려보세요. 그럼 attract의 핵심 의미를 파악할 수 있을 거예요.

One struggle for most governments around the world is how to **attract** foreign investors. It's important to get investments from other countries. But it's not always easy to show that your country is better than any other.
전 세계의 정부 대부분이 힘들어하는 점은 외국인 투자자를 유치하는 방법이다. 다른 나라로 부터 투자를 받는 것은 중요하다. 그러나 자기 나라가 다른 나라보다 낫다는 점을 보여주는 것이 항상 쉬운 일은 아니다.

 심화단어 : frequently 자주, 흔히 | competitive 경쟁력 있는

 **FILE:4-attract-3**

(동물, 곤충 등을) 끌다/유인하다

attract의 두 번째 뜻은 (동물, 곤충 등을) '끌다, 유인하다'입니다. 이번에는 사람이 아닌 동물이나 곤충이 등장합니다. 이렇게 사람과 동물을 따로 분류해서 정리하는 이유는 영어에서는 응용하는 것이 생각만큼 쉽지 않기 때문입니다. attract를 '사람'과 관련된 예문으로 배운 학습자는 [attract + 사람]만 고집하게 됩니다. 반대로 attract를 '곤충'과 관련된 예문으로 익힌 학습자는 [attract + 곤충]밖에 쓸 수 없죠. 이렇게 한번 정리해두면 attract의 뉘앙스를 정확히 알게 되고 응용도 쉬워집니다. 예전에 attract를 사람 외의 존재에게 사용하는 것을 듣고 충격을 받은 기억이 나네요. 외국인 친구와 함께 부둣가에서 피시 앤 칩스를 먹고 있었습니다. 갈매기 한두 마리가 저희 주변을 서성이기 시작했죠. 마침 친구가 실수로 생선튀김 조각을 바닥에 흘렸습니다. 떨어진 음식을 먹지 못하니, 갈매기를 구경할 겸 음식을 근처로 던졌는데요. 10초도 안 돼서 갈매기 서른 마리가 모여들었습니다. 이 상황을 영어로 표현하면 "I think that has attracted birds."가 됩니다. 편안한 식사는 못 했지만, 그날 이후로 attract의 뉘앙스를 절대 잊지 않게 되었어요.

샌드위치에 개미가 꼬인 상황입니다. 박물관에서 관광객을 유치하듯이 샌드위치가 개미를 끌어모은 상황이죠. [attract + 개미] 조합을 머릿속에 담아두세요!

A: Oh no! I think our sandwiches have attracted ants.
이런! 우리 샌드위치에 개미가 꼬인 것 같아.

B: Gross! Let's get out of here.
우웩! 여기서 나가자.

음식이 새를 끌어들인 상황입니다. [attract + 새]의 조합으로 한강에 피크닉을 갔을 때 쓸 수 있는 표현이죠. attract는 사람뿐 아니라 새와도 잘 어울리네요.

A: Why are there so many birds here?
여기 왜 이렇게 새가 많지?

B: I think all the picnics attract birds.
피크닉이 새를 끌어들인 것 같아.

이번에는 캠핑을 하는 상황입니다. 캐나다에서는 캠핑 중에 곰을 마주칠 수도 있어서 조심해야 합니다. attract는 사람뿐만 아니라 동물과도 잘 어울리네요. [attract + 곰]을 배웠으니 앞으로 attract를 다양하게 쓸 수 있을 거예요.

When my family and I were camping, we had to be careful not to **attract** bears. We had to keep our food stored far away from us in trees. It was pretty scary, but luckily we didn't see any bears.

가족과 함께 캠핑을 했을 때 곰을 끌어들이지 않도록 조심해야 했다. 우리는 음식을 텐트와 멀리 떨어진 나무 근처에 보관했다. 좀 무섭긴 했지만, 다행히도 곰과 마주치지 않았다.

벌을 유인하는 상황입니다. 사람이 아닌 동물이나 곤충과 관련된 영어 문장을 말할 때 동사를 처리하기가 쉽지 않죠. 물론 예외는 있지만, 대부분의 동사를 사람과 비슷하게 쓸 수 있습니다. 단, 영어권 원어민이 실제로 쓰는 예문을 꼭 확인하고 써야 해요.

As the bee population has decreased, more people have tried to find ways to **attract** bees. Lots of people have planted flowers that bees like, and some people have even started raising bees at their homes. I hope we can save the bee population.

벌 개체 수가 감소하면서 더 많은 사람들이 벌을 유인할 방법을 찾고 있다. 벌이 좋아하는 꽃을 심는 사람도 많고, 집에서 벌을 기르기 시작한 사람도 있다. 우리가 벌 개체 수를 지킬 수 있기를 바란다.

 (마음, 관심 등을) 끌다/모으다/불러일으키다   FILE:4-attract-4

attract의 세 번째 뜻은 '마음, 관심 등을 끌다, 모으다, 불러일으키다'입니다. 앞서 [attract + 사람]과 [attract + 동물/곤충] 조합을 배웠던데요. 마지막으로 [attract + 마음/감정]이 기다리고 있습니다. attract의 핵심 의미가 '자석'이라고 했던 말을 기억하시나요? attract는 사람, 동물, 감정 등을 자석처럼 끌어당길 수 있죠. 예를 들어볼게요. 새롭게 출시된 상품이 관심을 끌고 있다면 [attract + interest]가 되고, 정치인의 발언이 비판을 불러일으켰다면 [attract + criticism]이 됩니다. 쉽게 말해 attract는 사람에게 어떤 반응을 끌고, 불러일으킨다는 뜻입니다. 이제 attract를 이해만 하고 넘어가는 기본 동사에서 자유자재로 쓸 수 있는 동사로 변할 준비를 마쳤습니다. 여러 상황에서 attract를 다양하게 활용해 보세요!

사업이 관심을 끌기 시작한 상황입니다. [attract + 관심]의 조합으로 소비자의 반응을 불러일으킨 것이죠. attract가 끌어당길 수 있는 게 참 다양하네요! 이게 실전 영어의 재미입니다!

A: I'm so excited that our business is starting to attract interest.
우리 사업이 관심을 끌기 시작해서 정말 설레.

B: Me, too! We'll be millionaires in no time.
나도! 머지않아 우리 떼돈을 벌 거야! [=백만장자가 될 거야]

주변의 관심을 자신에게 끄는 상황입니다. 언제나 대화의 주인공이 되고 싶어 하는 사람이 있죠. [attract + attention]을 쓰고, 관심의 방향을 자신에게[=to yourself] 돌렸네요.

A: Will you stop attracting attention to yourself?
자신에게 관심을 끄는 것 좀 그만할래?

B: Sorry, I just can't help it.
미안, 나도 어쩔 수 없어.

정치인이 비판을 불러일으킨 상황입니다. [attract + criticism]을 써서 대중으로부터 좋지 않은 감정을 끌어버렸네요. 비판[=criticism]도 역시 attract할 수 있는 대상이죠.

It can be easy for politicians to **attract** criticism. Everything they say or do is often criticized. It's one of the main reasons I don't want to get into politics.

정치인들은 비판을 불러일으키기 쉬울 수 있다. 정치인들이 하는 모든 말이나 행동은 종종 비판을 받기 때문이다. 이 점이 내가 정치에 관심을 두지 않는 주된 이유 중 하나다.

연예인이 논란을 불러일으키는 상황입니다. 홍보를 목적으로 하는 마케팅 전략이죠. [attract + controversy]를 사용합니다. 지금까지 attract할 수 있는 거의 모든 것을 알아봤습니다!

Sometimes celebrities like to **attract** controversy to promote their new movies. Even if people are gossiping about them, they're still showing interest in that actor and their work. I think it's a little silly, but it seems to work well for some celebrities.

가끔 연예인들은 새로운 영화를 홍보할 목적으로 논란을 불러일으키기를 선호한다. 설령 대중들이 연예인들에 대해 험담을 하더라도, 대중들은 그 배우와 작품에 관심을 보인다. 조금 유치한 것 같지만, 일부 연예인들에게는 이 방법이 잘 통하는 것 같다.

 심화단어 : **in no time** 즉시, 머지않아 | **politicians** 정치인 | **get into politics** 정치에 관심을 두다
controversy 논란

05 beat [bit]

사람을 '때리고', 경기를 '이기고', 타이핑이 '더 낫다'를 모두 beat로 써요!

① **때리다/두드리다** [=to strike a person or instrument repeatedly]

Do you have to **beat** the drum so loudly.

꼭 그렇게 크게 드럼을 두드려야 해?

② **이기다** [=to defeat someone]

I'm going to **beat** you this time!

이번에는 너를 꼭 이길 거야!

③ **더 낫다/능가하다** [=to be better than]

Typing definitely **beats** writing reports by hand.

보고서를 손으로 작성하는 것보다 타이핑이 훨씬 낫다.

💡 **이런 뜻도 있어요** : 통제하다, 피하다, 길을 내다 등

beat의 첫 번째 뜻은 '때리다, 두드리다'입니다. 안 좋은 의미로 사람과 동물을 때릴 수도 있고, 북과 드럼 같은 악기를 두드릴 수도 있어요. 참고로 hit에도 '때리다'란 뜻이 있는데요. beat와는 어떻게 다를까요? 영영사전 정의에서 차이를 확인할 수 있어요. hit는 단순히 한 번 두드리는 뜻이고, beat는 'to hit something repeatedly'로 무언가를 계속, 연속해서, 반복적으로 두드리는 뉘앙스입니다. 어릴 적에 텔레비전 화면이 나오지 않으면 텔레비전을 두드리던 일이 흔했습니다. 한 번 두드리지 않고 여러 번 두들기다 보면 화면이 돌아오곤 했죠. 두드리는 장면을 영어로 표현하면 "When I was growing up, it was really common to beat TVs."가 됩니다. 사람과 동물을 때릴 때는 [beat + 사람/동물] 문형으로 쓰면 됩니다. 좋지 않은 의미이지만 beat의 뉘앙스를 파악하기 위해 알아두면 좋겠죠.

사람을 때린 상황이네요. 한 번 치지[=hit] 않고 여러 번 때린[=beat] 뉘앙스입니다. 뒤에 'to death'를 붙이면 사망에 이르렀다는 뜻인데요. 다행히 앞에 'almost'가 있어서 '~할 뻔했다'란 뜻이 되었네요.

A: Did you hear what happened to Tony?
Tony에게 무슨 일 있었는지 들었어?

B: I heard he almost beat someone to death!
Tony가 어떤 사람을 때려죽일 뻔했다는데!

누군가 반려동물을 때린 상황입니다. 이런 올바르지 못한 행동을 멈추기 위해서라도 [beat + 동물] 문형을 잘 알고 있어야겠죠.

I really don't understand people who **beat** their pets. It is our job to protect and feed these animals. If you can't handle that, then you shouldn't have a pet!
나는 반려동물을 때리는 사람을 도저히 이해할 수 없다. 반려동물을 보호하고 먹이를 주는 게 우리의 일인데 말이다. 그걸 감당할 수 없다면, 반려동물을 길러서는 안 된다!

전자레인지를 두드리는 상황입니다. 전자레인지가 제대로 작동하지 않아 연속해서 때리는[=beat] 장면이죠. beat의 뉘앙스를 이해할 수 있는 적절한 예시입니다.

A: Why are you **beating** the microwave?
왜 전자레인지를 두드리고 있어?

B: It keeps turning itself off!
자꾸 저절로 꺼지네!

전자제품을 치는 상황에서 'hit, beat, smack'를 정리해 볼게요. hit는 일회적으로 한 번 세게 치고, beat는 반복해서 여러 번 치고, smack은 보통 손바닥으로 가볍게 '탁' 치는 뉘앙스입니다. 기본 의미를 알았으니 스토리에서 익혀주세요.

When I was growing up, it was really common to **beat** electronics. We would hit the TV if it wasn't working or smack the video game console. It's not as common these days, but it was kind of fun in the past.
어렸을 때 전자제품을 치는 일이 정말 흔했다. 텔레비전이 작동하지 않으면 크게 한 번 치거나, 비디오 게임기를 손바닥으로 치곤 했다. 요즘은 흔하지 않지만 과거에는 조금 재미있는 일이었다.

 심화단어 : electronics 전자제품

두 번째 활용
이기다

🎧 FILE:5-beat-3

beat의 두 번째 뜻은 '이기다'입니다. 바둑과 체스, 축구와 농구 같은 게임에서 상대를 이기는 것을 말해요. [beat + 사람 + in/at + 경기] 문형으로 씁니다. 친구와 체스를 두는 상황을 예로 들어보죠. 체스를 둘 때마다 내가 매번 이겨서 친구가 화를 냅니다. 영어로는 "She gets angry when I beat her at chess."로 써요. beat 다음에 이길 대상이[=her] 나오고, 어떤 종목인지를[=at chess] 마지막에 붙여주는 순서이죠. 맥락이 분명하다면 종목은 생략 가능합니다. 만약 친구가 "이번에는 널 꼭 이길 거야."라고 말을 한다면 "I'll beat you this time."으로 표현합니다. 참고로 '이기다'는 'win'으로 알고 있는 분이 많을 텐데요. win에도 '이기다'라는 뜻이 있지만, 뒤에 아무것도 오지 않거나 곧장 '종목'이 오는 문형으로[=win a game] 써야 합니다. 상대를 이긴다는 맥락에서는 [beat + 사람]이 적절해요.

CASE 1

누나와 포커를 할 때마다 항상 지는 상황입니다. 지는 대상이 'beat' 다음에 나와야 하니, [beat + me + at poker]를 뼈대로 놓고 문장에 살을 붙일 수 있죠.

A: My older sister always **beats** me at poker.
누나랑 포커를 하면 항상 내가 져. [=누나가 항상 나를 이겨]

B: You should come over to my place and practice with me.
우리 집에 와서 나랑 연습하는 게 좋겠다.

CASE 2

축구 경기를 이긴 상황입니다. 이번에는 스코어를 붙여서 구체적인 결과를 나타냈네요. 여기서 'them'은 상대팀을 말하고, '2-0'은 점수를 2 대 0으로 이겼다는 뜻이죠. 몇 대 몇 점수로 이겼을 때 사용하는 [=beat + 상대 + 점수] 문형을 적극 활용해 주세요!

A: How did your soccer game go yesterday?
어제 축구 경기는 어떻게 됐어?

B: Great! We **beat** them 2-0.
대단했어! 2 대 0으로 이겼어.

기록을 깬 상황입니다. 기록을 깼다는 뜻은 이전 기록을 이겼다고도 볼 수 있습니다. '이기다[=beat]'의 뜻이 확장되어 기록을 '깨뜨리다, 경신하다'가 되었네요.

When I was a kid, we used to have breath holding contests. Each time we competed, we tried to **beat** the previous record. It was such a fun way to spend our summers.

어렸을 때 누가 숨을 오래 참는지 시합을 했다. 매번 겨룰 때마다 이전 기록을 깨려고 노력했다. 여름을 보내는 정말 재미있는 방법이었다.

교통 체증을 피하는 상황입니다. 영어에서 'traffic'은 교통량을 말하는데요. 그럼 [beat the traffic]은 어떤 의미일까요? '교통량을 이기다'라고 하면 어색하지만, 교통량을 이겨서 '피하다'가 되면 자연스럽게 들립니다. 교통 체증은 피하는 게[=avoid the traffic] 곧 이기는 것이니까요. 동사의 뜻을 유연하게 생각해 주세요!

I really appreciate bosses who let you leave early so that you can **beat** the traffic. I hate that most people finish work at the same time so traffic is always crowded then. My previous company let us leave after lunch on Fridays so that we could enjoy our weekend.

교통 체증을 피하도록 일찍 퇴근하게 해주는 사장님들에게 정말 고맙다. 대부분의 사람이 동시에 퇴근해서 항상 교통이 혼잡한 게 싫다. 전 직장에서는 주말을 즐길 수 있도록 금요일마다 점심시간 이후에 퇴근을 시켜줬다.

 심화단어 : go 진행되다 | compete 겨루다, 경쟁하다 | at the same time 동시에

beat의 세 번째 뜻은 '더 낫다, 능가하다'입니다. 앞서 배웠던 'beat'의 '이기다'란 뜻과 관련이 있는데요. 상대를 이긴다는 것은 '더 낫다, 능가하다'로 해석할 수 있기 때문이죠. 다만 대상에는 사람이 아닌 다양한 것이 올 수 있습니다. 발리에 여행을 떠난 한국 사람을 예로 들어보죠. 인도네시아 음식, 이탈리아 음식 등을 일주일 내내 먹다 보니 한식이 그리운 상황입니다. 가까스로 한식당에 찾아가 김치볶음밥을 주문했는데요. 숟가락에 볶음밥과 계란 프라이를 올린 뒤 입에 넣자마자 한마디 뱉습니다. "You can't beat Korean food." "한식이 최고다, 한식보다 더 나은 것은 없다"라는 뜻입니다. 앞에 can't가 붙었으니 한식보다 더 나을 수는 없다는 것이죠. 이번에는 새 집을 알아보는 상황에서 어울리는 'beat'를 보겠습니다. 출퇴근과 여러 취미 생활로 바빠 집에서는 잠만 자는 사람이 있는데요. 그는 무엇보다 집의 위치를 가장 중요하게 생각합니다. 이럴 때는 "Nothing beats location."이라고 합니다. '위치가 좋은 것보다 나은 것은 없다, 위치가 최고다'란 뜻이죠. 실전 영어에서 자주 쓰는 'beat'이니 꼭 알아두세요!

크리스마스 시즌이 다가온 상황입니다. 1년 중 가장 기다렸던 순간인데요. 크리스마스보다 더 나은 날은 없다고 말할 때도 'beat'를 사용합니다.

A: Nothing **beats** the Christmas season, huh?
크리스마스 시즌보다 나은 건 없지 않아?

B: I know! Everything just feels so magical.
맞아! 모든 게 마법처럼 느껴져.

청소 서비스를 이용하는 상황입니다. 매번 이용할 순 없지만, 전문가의 도움을 받으면 도움이 되죠. 청소 서비스를 이용하는 것이[=hiring a cleaning service] 내가 직접 청소하는 것보다 더 낫다고[=beat] 하네요.

My friend once recommended that I hire a cleaning service to clean my room. I was a little embarrassed to ask for help, but I decided to give it a shot. Hiring a cleaning service sure **beats** doing it myself.
친구가 예전에 방을 청소해 주는 서비스를 이용해 보라고 추천해 줬다. 청소 도움을 요청하는 게 조금 민망했는데, 한번 이용해 보기로 했다. 청소 서비스를 이용하는 게 혼자 청소하는 것보다 확실히 낫다.

휴양지의 해변에서 종일 쉬는 상황입니다. 백화점에서 쇼핑하고, 관광지를 둘러보는 것도 좋지만 해변에서 하루를 보내는 게[=a day at the beach] 가장 좋을 때가 있죠. 가장 좋은 상황을 표현하고 싶을 때 'beat'를 떠올려 주세요!

A: You can't **beat** a day at the beach.
해변에서 하루를 보내는 게 최고야.

B: I agree. There's nothing better.
맞아. 그것보다 더 나은 게 없어.

서울에서 가장 좋아하는 고깃집을 말하는 상황입니다. 맛이 훌륭하고 가성비가 뛰어나며 서비스가 좋은 식당은 이길 수 없겠죠? 이런 상황 표현도 'beat'가 가장 잘 어울려요!

My favorite restaurant in Seoul is called President's Samkyeobsal. In my opinion, they serve the most delicious samkyeobsal in Korea. No other restaurant can **beat** their price or service.
서울에서 내가 가장 좋아하는 식당은 대통령 삼겹살이다. 내 생각에는 그 고깃집이 한국에서 가장 맛있는 삼겹살을 판다. 어떤 다른 식당도 대통령 삼겹살 식당의 가격이나 서비스를 이길 수 없다.

 심화단어 : once 예전에, 언젠가 | **give it a shot** 한번 시도를 해보다 | **myself** (도움 없이) 혼자 **serve** (음식을) 제공하다

48

06 break [breɪk]

접시가 '깨지고', 뼈가 '부러지고', 습관을 '고치다'를 모두 break으로 써요!

① 깨다/고장 나다

[=to separate something into parts, to cause something to stop working]

My son **broke** my favorite lamp.

아들이 내가 가장 좋아하는 등을 깨뜨렸다.

② (뼈가) 부러지다

[=to cause a bone to separate into two or more pieces]

If you fall, you'll **break** your arm!

넘어지면 팔이 부러질 거야!

③ 습관, 버릇을 고치다/버리다

[=to stop doing something that is a habit]

I'm really struggling to **break** this habit.

이 습관을 버리려고 기를 쓰고 있어.

💡 **이런 뜻도 있어요** : 안 좋은 소식을 알리다, 기록을 깨다 등

깨다/고장 나다

 FILE:6-break-2

break의 첫 번째 뜻은 '깨다, 고장 나다'입니다. 손에 들고 있던 접시를 바닥에 떨어뜨리면 접시가 깨지겠죠. 하나였던 접시가 여러 조각으로 부서지는 장면이 'break'입니다. 기계를 떨어뜨릴 때도 마찬가지인데요. 연결되어 있던 작은 부품이 조각으로 흩어지면서 기계가 제대로 돌아가지 않겠죠. 그래서 break에는 '깨다'와 '고장 나다'란 2가지 의미가 있습니다. 혹시 병맥주를 냉동실에 넣어 본 적 있나요? 미지근한 병맥주를 차갑게 마시려고 저녁을 준비하는 동안 잠깐 넣어두었는데요. 깜빡하고 하루가 지났습니다. 다음날 냉동실을 열어 보니 병이 깨져 있더군요. 이런 상황을 영어로는 기본 동사 break를 활용해 "I accidentally broke a bottle of beer."로 표현합니다.

 머그잔[=mug]을 깬 상황입니다. 하나의 덩어리였던 컵이 조각조각 깨지는 상황에서 주저 없이 break를 떠올려 주세요. 결정적 뉘앙스는 '조각조각'입니다!

A: I can't believe I **broke** my mug last night.
어젯밤에 내 머그잔을 깨 버렸어.

B: Didn't you just buy it?
그거 얼마 전에 사지 않았어?

 가족과 함께 식사를 할 때 접시를 나르다가 깨트린 상황입니다. 컵보다 큰 접시를 깬 내용이네요. 컵, 접시 모두 break와 잘 어울립니다.

One time, I **broke** my mom's favorite serving dish. We got it out to serve Thanksgiving dinner. Unfortunately, I tripped over the dishwasher door, dropped the plate, and it shattered into pieces.
이전에 엄마가 아끼는 큰 접시를 깬 적이 있다. 추수감사절 저녁을 나르려고 큰 접시를 꺼냈다. 운이 없게 식기세척기 문에 걸려 넘어져 접시를 떨어뜨렸고, 접시는 산산조각이 나 버렸다.

[break + 카메라]의 조합은 '깨지다'보다는 '고장 나다'란 의미입니다. 깨져서 고장이 난 상황이되 초점은 '고장'에 맞춰서 이해해 주세요.

A: I'm so sorry, but I think I **broke** your camera.
정말 미안한데, 내가 네 카메라를 고장 낸 것 같아.

B: That's okay, it was an old one anyway.
괜찮아. 어차피 오래된 거였어.

컴퓨터를 하다가 갑자기 화면이 안 보일 때가 있죠. 컴퓨터가 제대로 작동하지 않고 고장이 난[=break] 상황입니다. 알고 보니 다른 이유가 있었네요.

One day at work, I thought I **broke** my computer. The screens suddenly went black and I couldn't get them to turn back on. It turned out they had just gotten unplugged accidentally and weren't broken at all.
하루는 근무 중에 컴퓨터가 고장 난 것 같았다. 화면이 갑자기 검은색으로 변했고, 다시 켜지지 않았다. 알고 보니 회사에서 실수로 전기 플러그를 뽑은 거였다. 컴퓨터는 멀쩡했다.

 심화단어 : **one time** 한때, 어느 한 시기 | **trip over** ~에 발이 걸려 넘어지다 | **shatter** 산산조각 나다
unplug 플러그를 뽑다 | **accidentally** 사고로, 실수로

(뼈가) 부러지다

break의 두 번째 뜻은 '(뼈가) 부러지다'입니다. 물건이 깨지듯 뼈도 부러질 수 있는데요. 이 뜻은 의미보다 쓰는 '문형'에 주의해야 합니다. 내가 일부러 뼈를 부러뜨리지 않았어도 영어로는 "I broke my leg."처럼 내가 내 발목을 직접 부러뜨렸다고 표현합니다. "My leg was broken."보다 "I broke my leg."가 훨씬 빈도수가 높고, 미국 원어민에게도 자연스럽게 들리는 표현입니다. 뼈가 있는 신체 부위라면 어떤 단어가 와도 어울립니다. a bone[=뼈], an arm[=팔], a nose[=코], a wrist[=손목], an ankle[=발목]등과 함께 사용해 보세요. 물론 뼈가 부러지는 일은 없길 바랍니다!

특정 신체 부위를 말하지 않고 뼈[=a bone]와 함께 썼습니다. 이제부터 어려운 한자어 '골절'이 나와도 당황하지 않고 [break + a bone]을 떠올려 주세요. 어려운 우리말을 쉬운 영어로 바꾸는 과정이 실전 영어의 즐거움입니다!

A: Have you ever **broken** a bone?
뼈가 부러진 적 있어?

B: Yes, I've **broken** my arm and my leg.
응, 팔과 다리가 부러진 적 있어.

코에 붕대를 감고 있는 친구에게 어쩌다가 코뼈가 부러졌는지 묻는 상황입니다. 모르는 사람과 시비가 붙어 주먹다짐이 벌어졌다네요. 싸웠다는 표현은 [get into a fight]로 씁니다.

A: How did you **break** your nose?
어쩌다가 코가 부러졌어?

B: I got into a big fight last weekend.
지난 주말에 크게 싸웠어.

학창 시절에 깁스를 하면 인기를 끌었던 기억이 납니다. 뭔가 멋져 보이는 인상을 줬던 것도 같고요. 뼈가 부러지면 딸려 오는 표현인 get a cast[=깁스를 하다]를 묶어서 기억해 주세요.

In middle school, it was really cool to **break** a bone. That's because you got a cast and everyone would sign it. It was an easy way to feel popular.

중학교 때는 뼈가 부러지면 멋지다고 생각했다. 뼈가 부러지면 깁스를 해야 하고, 친구들이 깁스에 뭔가를 쓸 수 있기 때문이다. 인기를 실감할 수 있는 쉬운 방법이었다.

어렸을 때 동생들과 밖에서 놀다 보면 사고가 많이 생기는데요. 뼈 하나 부러지는 것은 일도 아닙니다. 위험하게 놀다가 결국 손목이 부러진 상황입니다. break와 더할 나위 없이 잘 어울리는 상황입니다.

When I was a child, my brothers and I often played outside. One day, my middle brother pushed my youngest brother down a hill in a toy car. He rolled over and over again and ended up **breaking** his wrist.

어렸을 때 동생들과 함께 밖에서 자주 놀았다. 하루는 둘째 동생이 막냇동생을 장난감 자동차에 태워 언덕 아래로 밀어버렸다. 막냇동생은 계속 굴러떨어지다가 결국 손목이 부러지고 말았다.

 심화단어 : get into a fight 싸우다 | over and over again 계속, 반복해서 | end up 결국 ~하다

습관, 버릇을 고치다/버리다 🎧 FILE:6-break-4

break의 세 번째 뜻은 '습관과 버릇을 고치다'입니다. 물건을 깨고 뼈가 부러지듯, 단단하게 굳어진 습관을 없앤다고 생각하면 이해하기 쉬울 거예요. 당연히 몸에 해롭거나 좋지 않은 습관을 고치는 맥락입니다. 저는 저녁에 늦게 자는 습관이 있는데요. 20대 때는 아무리 늦게 자도 다음 날 활동하는 데 큰 지장을 주지 않았어요. 하지만 30대가 되니 무려 이틀 동안 지장을 주는 것 같습니다. 저녁에 늦게 자는 습관을 고치고 싶을 때는 "It's not good to stay up late, so I need to break the habit."으로 표현합니다. 이런 습관을 고치고 버리고 없애고 싶은 거죠. 다양한 영어 예문을 보면서 안 좋은 습관을 하나씩 고쳐봅시다.

안 좋은 습관을 말하면 대표적으로 '과음'이 떠오릅니다. 가볍게 한두 잔 마시는 것은 괜찮지만, 지나치면 생활에 지장을 줄 수 있으니까요. 이런 습관을 고치고 싶을 때 쓰는 표현으로는 break가 제격입니다.

A: How can I stop drinking so much?
어떻게 하면 과음을 멈출 수 있을까?

B: I think not drinking at all is the best way to break that habit.
술을 일절 안 마시는 게 과음 습관을 고치는 데 최선인 것 같아.

많은 사람들이 잠들기 전에 몇 시간 동안 스마트폰을 보는 습관이 있을 거예요. 눈에도 안 좋고 수면의 질에도 영향을 주죠. 이렇게 습관에 대한 내용을 영어로 대화할 때 break를 꼭 사용해 보세요.

A: I stare at my phone for hours before I go to bed.
잠들기 전에 몇 시간 동안 스마트폰을 봐.

B: You need to figure out a way to break that habit!
그 습관을 고칠 방법을 찾아야겠다.

밤새도록 비디오 게임을 하는 습관이 좋지 않은 것을 알지만, 고칠 방법을 몰라 계속 게임하는 경우도 있습니다. 이럴 때는 안 좋은 습관을 다른 좋은 습관으로 교체하는 [=replace A with B] 방법을 적용해 보세요.

When I was in college, I used to play video games all night long. I felt guilty sometimes but I didn't know how to **break** that habit. Finally, I replaced it with reading and my sleep has been much better.
대학교 때 밤새도록 비디오 게임을 하곤 했다. 가끔씩 죄책감이 들었지만, 이런 습관을 고칠 방법을 몰랐다. 마침내 비디오 게임 대신 책을 읽기 시작했고, 잠도 훨씬 더 잘 자게 되었다.

한번 굳어진 습관은 쉽게 고쳐지지 않죠. 혼자서 고치는 대신 주변 사람의 도움을 받는 방법도 있습니다. 고치고 싶은 습관을 알려서, 안 좋은 습관이 나올 때마다 내게 다시 알려주는[=remind] 방법입니다.

My dad told me that the best way to **break** a bad habit is to tell others about it. That way, they will remind you that you need to change your behavior. At first, it can feel embarrassing but it works really well in the end.
아버지가 말씀하시길 습관을 고치는 최선의 방법은 다른 사람에게 말하는 것이라고 했다. 그러면 사람들이 내가 행동을 바꿔야 한다는 사실을 알려줄 것이기 때문이다. 처음에는 창피한 기분이 들 수 있는데, 결국에 정말 효과가 있다고 한다.

심화단어 : not at all 전혀 ~하지 않는 | figure out 찾아내다, 알아내다 | all night long 밤새
replace A with B = A를 B로 바꾸다 | that way 그렇게 하면
at first 처음에는(나중에는 예상과 다름)

07 bring [brɪŋ]

와인을 '가져오고', 친구를 '데려오고', 여기 '왜 왔어?'를 모두 bring으로 써요!

① 물건을 가져오다/가져가다 [=take something to someone]

We're asking everyone to **bring** a dessert.

모두에게 디저트를 가져오라고 부탁했다.

② 사람을 데려오다

[=to take someone somewhere]

Can I **bring** my friend to the game?

게임에 친구를 데려와도 될까?

② (이유 묻기) 무슨 일로 왔어?

[=to cause someone to come to a place]

What **brings** you here?

어떻게 오셨어요? [=무슨 일로 오셨어요?]

💡 **이런 뜻도 있어요** : 야기하다, 기소하다 등

첫 번째 활용
물건을 가져오다/가져가다  FILE:7-bring-2

bring의 첫 번째 뜻은 '물건을 가져오다'입니다. bring의 핵심 의미는 현재 있던 곳에서 다른 곳으로 [=from one place to another] 이동하는 점입니다. 그때 물건을 가지고 이동하면 '가져오다, 가져가다' 가 되고, 사람을 데리고 이동하면 '데려오다, 데려가다'가 되지요. bring을 쓰기에 적절한 상황을 소개해 드릴게요. 얼마 전에 외국인 친구의 홈 파티에 초대받았는데요. 빈손으로 가긴 무안해서 '와인' 한 병을 가져가기로 했습니다. 물론 친구에게 와인을 들고 가겠다고 얘기했고요. 영어로 다음과 같이 말했습니다. "I'll bring a bottle of wine when I come to your party." 와인이라는 '물건'을 가지고, 제가 있던 곳에서 친구 집으로 '이동'하겠다는 뜻입니다. [bring = 물건 + 이동]으로 이해하면 실전에서 bring을 사용할 수 있을 거예요!

크리스마스 파티에 선물을 가져가야 할지 묻는 상황입니다. 말하는 사람이 파티로 이동하고, 그때 선물을 들고 가니 bring이 어울리죠.

A: Do I need to **bring** a present to the Christmas party?
크리스마스 파티에 선물을 가져가야 해?

B: No, we won't be exchanging gifts this year.
아니, 올해는 선물을 교환하지 않을 거야.

헬스장에 갈아입을 옷을 가져오는 상황입니다. 말하는 사람이 헬스장으로 이동하고, 그때 갈아입을 옷을[=a change of clothes] 가져오니 bring이 적절하네요.

A: Don't forget to **bring** a change of clothes to the gym.
잊지 말고 헬스장에 갈아입을 옷 가져와.

B: Thanks! I almost forgot about that.
고마워! 하마터면 잊을 뻔했어.

bring **57**

우산을 가져오는 걸 깜빡한 상황입니다. 집에서 이동해 다른 장소로 우산을 가져와야 하니 'bring'이 어울리죠. [bring = 물건 + 이동]의 공식을 기억해 주세요.

I visited London last year, but I forgot to **bring** my umbrella. Luckily, I was able to buy one at the airport. Of course, it was way too expensive but it worked well.

작년에 영국에 갔는데, 깜빡하고 우산을 챙기지 못했다. 다행히도 공항에서 우산을 살 수 있었다. 물론 우산 가격은 엄청 비쌌지만, 잘 작동했다.

베이비 샤워 파티로 케이크를 준비하는 상황입니다. 내가 케이크를 가지고 파티로 이동하니 [bring the cake]를 쓸 수 있죠. 특히 대화하는 사람 사이에 서로 가져올 때는 'bring'을 쓴다는 걸 떠올려 주세요.

My best friend had a baby shower last weekend. She asked me to **bring** the cake. Unfortunately, I forgot to bake one so I just bought one at the store on my way.

친한 친구가 지난 주말에 베이비 샤워 파티를 했다. 친구는 내게 케이크를 가져오라고 부탁했다. 아쉽게도 케이크 굽는 것을 깜먹었다. 그래서 파티에 가는 길에 가게에서 케이크를 샀다.

 심화단어 : a change of clothes 갈아입을 옷 | **on my way** 가는 길에

사람을 데려오다

FILE:7-bring-3

bring의 두 번째 뜻은 '사람을 데려오다'입니다. bring의 첫 번째 뜻에서 물건 대신 '사람'을 넣어주면 됩니다. 기본적으로 사람을 데리고 이동하면 되지요. 그런데 기본 동사 take에도 '사람을 데려가다'라는 뜻이 있는데요. 대부분 우리말 '데려오다[=bring]'와 '데려가다[=take]'로 구분할 수 있지만, 그렇지 않은 상황도 있습니다. 예를 들어 친구에게 내가 식당에 데려간다고 말할 때는 "I'll take you to the restaurant."로 쓰죠. 하지만 그 식당 주인에게 "내가 친구를 데려갈게요."라고 말할 때는 "I'll bring my friend."라고 합니다. 둘 다 친구를 '데려간다'라고 했는데 take와 bring을 모두 쓸 수 있네요. 핵심은 내가 대화를 하는 사람 쪽으로 이동할 때는 bring을 쓴다는 것입니다. 대화하는 사람과 같은 장소를 말할 때도 마찬가지이고요. 내가 친구를 데리고 식당 주인이 있는 쪽으로 이동하니 bring이 어울리고, 그냥 친구를 식당에 데려갈 때는 take가 적절하죠. 사람을 데려오고, 데려가는 다양한 예시를 살펴보겠습니다!

점심에 친구를 데려오는 상황입니다. 새로운 식당으로 데리고 가는 상황이 아닌, 서로가 모이는 장소로 데려오는 상황이니 'bring'이 적절합니다.

A: Are you bringing anyone to lunch?
점심에 누구 데려올 거야?

B: Yes, I asked my best friend to join us.
응, 절친한테 함께 하자고 부탁했어.

저녁 식사에 초대받은 상황입니다. 만나는 사람이[=a date] 있으면 식사 자리에 데려오라고[=bring] 하네요. [bring + 물건]이 아닌 [bring + 사람]도 적극 활용하세요. 추가로, 예문에서의 a date는 데이트하는 사람을 의미합니다.

I met my professor for dinner a few months ago. She invited me and a few other former students. She said we could bring a date, but I was single.
몇 달 전에 교수님을 만나서 저녁을 먹었다. 교수님은 나와 다른 제자들을 초대했다. 교수님은 만나는 사람이 있으면 데려오라고 했는데, 나는 싱글이었다.

파티에 가져올 물건을 물어보는 상황입니다. 특별히 준비하지 않고 몸만 오라고 하네요. 빈손으로 와도 된다는 뜻으로 bring yourself[=자기 자신을 데려와라]라고 표현했죠. 센스 있는 표현입니다!

A: What do I need to **bring** to your party?
파티에 뭘 가져가면 될까?

B: You just need to **bring** yourself.
그냥 몸만 와도 돼. [=빈손으로 와도 돼.]

친구들과 떠난 여행에 사귀는 사람을 데려온 상황입니다. [bring + 사람] 조합으로 함께 대화하는 곳이나 함께 이동할 곳으로 데려올 때 사용하면 헷갈리지 않을 거예요.

My friends and I spend a few days together every summer. Last year, one of my friends **brought** her boyfriend. It was so awkward that we made a rule not to invite anyone else on our trips.
매년 여름이면 친구들과 함께 며칠 동안 시간을 보낸다. 작년에는 친구 중 한 명이 남자친구를 데려왔다. (함께 보내는 게) 너무 어색해서 결국 여행 중에는 아무도 데려오지 않는 규칙을 정했다.

 심화단어 : awkward 어색한

세 번째 활용

(이유 묻기) 무슨 일로 왔어?

 FILE:7-bring-4

---

bring의 세 번째 뜻은 '(이유 묻기) 무슨 일로 왔어?'입니다. bring의 세 번째 뜻은 어떤 장소에 온 '이유'를 물을 때 사용합니다. 이유를 물을 때는 why가 먼저 떠오를 텐데요. 물론 why를 쓸 수도 있지만, why는 상황에 따라 공격적으로 들릴 여지가 있습니다. 너무 직접적이라서 따져 묻는 뉘앙스를 풍기죠. 예를 들어 한국에 사는 외국인에게 한국에 온 이유를 묻는 상황입니다. "Why are you here?"라고 물으면 상대방의 표정이 찡그려지지 않을까요? '너 여기 왜 왔어?'라고 따져 묻는 듯한 느낌입니다. 이런 상황을 오해 없이 묻고 싶을 때는 "What brings you here?"를 쓰면 됩니다. 직역하면 '무엇이[=what] / 데려왔나요[=brings] / 당신을[=you] / 여기에[=here]'로 볼 수 있죠. 호텔 로비에서도 "What brings you here?"를 들을 수 있고, 은행 안내 데스크에서도 "What brings you here?"를 들을 수 있습니다. 심지어 병원에서도 "What brings you here?"가 자주 들리고요. 전부 호텔, 은행, 병원에 온 이유와 목적을 묻는 영어 문장이죠. 딱 한 문장만 외우면 비슷한 상황에서 오해 없이 듣고 말할 수 있을 거예요. "What brings you here?"

 술집에 온 이유를 묻는 상황입니다. why를 bring으로 바꾸면 훨씬 정중하고 부드럽게 들립니다. here 대신에 [to this bar]를 쓴 점도 눈여겨보세요.

A: What brings you to this bar?
여기 바에는 어떻게 오셨어요?

B: The exterior looked really interesting.
건물 외부가 정말 흥미로워 보였어요.

 살사 수업을 들으러 간 상황입니다. why로 물으면 따져 묻는 듯한 느낌이 들지 모르니 bring으로 묻는 것이 좋겠죠. 우리말로 "어떻게 오셨어요?"와 비슷합니다.

I went to a salsa class last night. The teacher asked me, "What **brings** you here?" I told him that I wanted to learn how to dance.
어젯밤에 살사 수업에 갔다. 선생님이 "여기 무슨 일로 오셨어요?"라고 물었다. 선생님에게 살사 추는 법을 배우고 싶다고 말했다.

별을 보러 오지에 간 상황입니다. 인적이 드문 곳이니 여기까지 온 이유를 물어봤네요. bring에 [to this remote location] 덩어리 표현을 더해 문장을 구성했습니다.

A: What **brings** you to this remote location?
여기 오지에는 무슨 일로 오셨어요?

B: I'm going to do some stargazing this weekend.
주말에 별을 볼 계획이에요

처음 직업을 선택한 이유를 생각하는 상황입니다. 이번에는 [bring + 장소]가 아닌 [bring + 직업]을 썼죠. bring을 응용한 문장입니다. 내가 왜 이 직업을 선택하게 됐는지 '이유'를 고민할 때도 bring을 쓸 수 있네요.

I often wonder what **brought** me to my current job. I had many plans in my life but I never expected to end up here. Whatever **brought** me here, I'm very thankful for it.
나는 종종 내가 왜 현재 직업을 갖게 됐는지 궁금하다. 내 인생에 많은 계획들이 있었는데, 지금 이 자리에 오게 될 줄은 생각도 못 했다. 날 여기로 데려온 게 뭐든 간에, 정말 감사하게 생각한다.

 심화단어 : exterior 건물의 외면, 외부 | remote 외진, 외딴 | do stargazing 별을 보다

가구를 '조립하고', 근육을 '키우고', 사업을 '꾸리다'를 모두 build 하나면 완성!

① 만들다/조립하다 [=to make something by putting together parts]

We're going to start **building** our house next month.

우리는 다음 달에 집을 짓기 시작할 거야.

② 키우다/늘리다

[=to increase the amount of something]

I lost a lot of weight so now I'm working on **building** my muscles.

체중 감량을 많이 해서 이제는 근육 키우는 데 집중하고 있어.

② 개발하다/차리다/쌓다

[=to develop or form something gradually]

It's important to **build** a unique brand.

고유한 브랜드를 개발하는 게 중요해.

💡 **이런 뜻도 있어요** : 형성하다, 꾸리다 등

만들다/조립하다

FILE:8-build-2

build의 기본 뜻은 '만들다'입니다. '만들다'는 'make'로 알고 있는데, build와 어떤 차이가 있을까요? 처음으로 build의 뉘앙스를 깨달은 순간은 새집으로 이사하던 때입니다. 이케아에서 의자, 선반, 책 꽂이 등을 사서 혼자 조립하고 있었죠. 완성된 그림만 보고 부품과 나사를 끼워 맞추다가 결국 조립 에 실패했습니다. 다시 설명서를 꼼꼼히 읽던 중에 단어 'build'를 발견했습니다. '가구를 조립하는데 왜 build를 쓰지? build는 집을 짓는다는 뜻으로 외운 단어인데……?' 영영사전을 보니 'put together parts'란 정의가 적혀 있더군요. build는 그냥 만드는 것이 아닌 부품, 재료 등 여러 조각을 합쳐 만든 다는 숨겨진 뉘앙스가 있었습니다. 지금부터 build할 수 있는 다양한 예시를 보며 기본 동사의 감각 을 길러 볼게요.

영화 〈겨울왕국〉의 대표곡 〈Do You Want to Build a Snowman?〉을 기억하시나요? 여기에도 build가 숨어 있었네요. 눈의 조각, 덩어리를 뭉쳐서 만든 눈사람 역시 build 와 찰떡입니다.

A: Can we build a snowman?
우리 눈사람 만들어도 돼요?

B: Yes, just make sure you dress warmly.
그럼, 옷을 꼭 따뜻하게 입고!

눈[=snow]도 되는데 불[=fire]은 안 될 이유가 있나요? 요새 캠핑족이 늘고 있는데요. 캠핑에서 불을 피우는 말도 build를 쓸 수 있습니다. 나무 조각을 주섬주섬 모으는 장 면을 떠올리면 이해하기 쉬울 거예요.

A: Does anyone know how to build a fire?
혹시 불 피우는 법 아는 사람?

B: I do! I was a boy scout.
나 할 줄 알아. 보이 스카우트 출신이거든.

64

다음으로 제가 처음 build의 뉘앙스를 배웠던 '가구를 조립하다'의 build인데요. 직접 조립해야 하는 번거로움이 있지만, 가격이 비교적 저렴하고 내가 쓸 가구를 내 손으로 만드는 재미가 있습니다.

I like to buy IKEA furniture because it's very affordable. The only catch is that you have to **build** it yourself. But I think it's fun to **build** your own furniture by yourself.

이케아에서 가구를 사는 걸 좋아하는 편이다. 굉장히 합리적인 가격이기 때문이다. 유일한 단점이 있다면 직접 조립해야 한다는 것이다. 하지만 내 가구를 스스로 조립하면 재미있을 것 같다.

자동차 한 대를 만드는 데 필요한 부품 개수는 자그마치 1만~3만여 개에 달합니다. 이렇게 수많은 부품을 조립하는 상황에서도 build를 얼마든지 쓸 수 있죠. 부품의 수는 중요하지 않고, 무언가를 조립해서 만드는 것이 build의 결정적 뉘앙스네요!

My grandpa worked at a Ford factory. They **built** thousands of cars every year. He was so proud that he worked there.

할아버지는 자동차 포드 공장에서 일했다. 포드 공장은 매년 수천 대의 차를 조립했다. 할아버지는 그곳에서 일했다는 데 굉장한 자부심을 느꼈다.

 심화단어 : affordable (가격이) 적당한, 합리적인 **| proud** 자랑스러운

두 번째 활용
키우다 / 늘리다

🎧 FILE: 8-build-3

build의 두 번째 뜻은 '키우다, 늘리다'입니다. 무엇을 늘리고 키우는지를 알면 build를 자유자재로 쓸 수 있는데요. 크게 두 가지 '무엇'이 들어가죠. 첫째, 사람의 근육처럼 만질 수 있는 물리적인 것입니다. 둘째, 평판처럼 만질 수 없는 추상적인 것이죠. 하나씩 예를 들어봅시다. 유산소 운동은 하지 않고 근육만 키우는 친구를 두고 하는 말입니다. "I think my friend spends too much time building muscles." 다음으로 자신감을 얻으려면 시간이 오래 걸릴 수 있죠. "It can take a long time to build confidence." 이렇게 두 가지를 분류해서 기억하면 build를 쉽게 이해할 수 있을 거예요. 그래야 실전에서 필요할 때 적절히 꺼내 쓸 수 있습니다. 한국 학습자가 쓰기 어려운 추상적인 build 위주로 예시를 준비했습니다.

아이의 성격은 육아에서 빠질 수 없는 토픽입니다. 아이의 자신감을 키우는 방법에 관한 대화문인데요. [build + 자신감] 조합을 눈여겨 보세요. 기본 동사만으로도 추상적인 표현을 얼마든지 만들 수 있습니다.

A: How do you build your daughter's confidence?
딸아이 자신감은 어떻게 키워?

B: I try not to embarrass her in public.
사람들이 있는 데서는 딸아이에게 창피를 주지 않으려고 해.

가족과 친구에게 지지를 얻는 최고의 방법은 무엇일까요? 말이 아닌 행동을 통해서 목표를 이루는 과정을 보여주는 것이 아닐까요? 물론 처음에는 지지하는 마음이 작을 거예요. 하지만 작은 성취를 본다면 지지하는 마음이 점점 커지지 않을까요? 영어에서는 그런 지지를 build로 표현할 수 있습니다.

I think the best way to **build** support is through actions. It's really easy to make promises and say you will accomplish something. But when people see you reaching your goals, they're more likely to support you.
내가 생각하는 지지를 얻는 최고의 방법은 행동을 통해서 얻는 것이다. 약속을 하고 무언가 해내겠다고 말하는 것은 정말 쉽다. 하지만 사람들이 네가 목표를 달성하는 것을 보면, 너를 지지할 가능성이 더 높아진다.

앞서 추상적인 것만 말했으니, 이번에는 물리적인 '근육'을 다뤄보겠습니다. 헬스장에서 운동하며 몸을 만드는 장면을 떠올려 볼까요? 3개월 동안 근육을 키우고 나서 오랜만에 친구를 만난 상황입니다.

A: Wow! You look great!
와우! 너 진짜 멋지다!

B: Thanks, I've been **building** muscles for the past few months.
고마워. 지난 몇 달 동안 근육을 좀 키우고 있어.

회사 운영진과 구성원 간에 신뢰가 쌓이기란 쉽지 않습니다. 하지만 서로 신뢰를 쌓아가는 조직만이 살아남을 수 있죠. 그래야 공동의 목표를 달성할 확률이 높아질 거예요. 신뢰도 build로 표현할 수 있습니다.

It's really important for bosses to **build** trust with their employees. When employees trust their boss, they're more likely to follow their instructions. If you don't have trust, you won't have a good working relationship.
회사 운영진과 구성원이 신뢰를 쌓는 것은 대단히 중요하다. 구성원이 운영진을 믿으면 운영진의 지시를 따를 확률이 높아지기 때문이다. 믿음이 없다면, 좋은 업무 관계를 맺을 수 없을 것이다.

 심화단어 : embarrass 당황스럽게 하다 | in public 사람들이 있는 데서
accomplish 해내다, 성취하다 | be likely to ~할 가능성이 있다
instructions 지시, 설명, 설명서

세 번째 활용

개발하다/차리다/쌓다

 FILE:8-build-4

build를 써서 조립도 했고, 키우거나 늘리기도 했습니다. 마지막은 커리어를 쌓고 사업을 꾸리는 build입니다. 우리말 해석은 차이가 나지만, build의 다른 뜻과 유사한 면이 있습니다. 조립하듯 쌓고, 늘리면서 개발할 수 있으니까요. 이것이 기본 동사에 접근하는 유연한 태도입니다. 기본 동사를 공부할 때는 단어별 새로운 뜻을 각개격파하듯 접근하는 대신, 여러 개별 뜻을 익히는 과정에서 하나의 의미를 길러내는 방법이 효과적입니다. 여러 뜻을 관통하는 하나의 핵심 의미를 찾는 거죠. build와 어울리는 단어를 배우고, 그 단어가 들어간 예문을 읽다 보면 '나만의 build 감각'이 생길 거예요. 이제 마지막 build를 정복해 볼까요?

 회사를 그만두고 개인 사업을 시작하는 사람이 늘고 있습니다. 자신이 조직 생활에 더 잘 맞는지, 혼자 일하는 생활에 더 만족하는지를 알아야겠죠. 개인 사업을 차리는 게 더 잘 맞을 것 같은 친구와 대화하는 상황입니다.

A: I'd like to **build** my own business.
내 사업을 차리고 싶어.

B: I think you'd be great at that.
너라면 잘할 것 같은데?

 전문직은 보통 한 분야에서 오래 일하죠. 그렇게 수십 년간 차곡차곡 커리어를 쌓아가는 상황이라면 [build + career] 조합이 제격입니다. 작은 로펌에서 대형 로펌으로 커리어를 쌓은 변호사의 이야기를 들어보죠.

I've been **building** my career over the past two decades. I started in a small, government-run law firm and worked my way up to one of the largest law firms in the country. I'm very proud of myself and all the hard work I've done.
나는 지난 20년에 걸쳐 커리어를 쌓아오고 있다. 정부에서 운영하는 작은 로펌에서 시작해 현재 국내에서 가장 큰 로펌까지 올라왔다. 나 자신과 지금까지 했던 노력이 너무 자랑스럽다.

68

평판이나 명성은 하루아침에 생기지 않죠. 시간이 지나면서 쌓고 또 쌓여 형성됩니다. 과거에는 사업에서 성공하려면 '무자비함'이 필요하다고 했는데요. 그렇게 쌓인 평판을 build로 풀어보겠습니다.

A: He's **built** a reputation for ruthlessness over the years.
그는 수년간 무자비하다는 평판을 쌓아왔어.

B: That's an important quality in business.
무자비함은 비즈니스에서 중요한 자질이지.

 이전 대화문에서 부정적인 평판을 다뤘으니, 이번에는 긍정적인 평판으로 마무리를 지을게요. 정치적 성향을 떠나 최초의 흑인 대통령 오바마는 뛰어난 리더라는 명성을 얻었습니다.

Former president Obama **built** a reputation as a great leader. He was a great speaker and tried to lead fairly. I think being president of a country is one of the hardest jobs ever.
오바마 전 대통령은 뛰어난 리더라는 명성을 얻었다. 그는 달변가였고 공정하게 이끌려고 노력했다. 한 나라의 대통령은 세상에서 가장 힘든 일 가운데 하나인 것 같다.

 심화단어 : be great at something ~를 잘하는 | decades 수십 년
work one's way up 노력하며 서서히 나아가다 | reputation 평판
ruthlessness 무자비함, 인정사정없는 | former 과거의, 이전의

09 carry [ˈkæri]

장바구니를 '나르고', 현금을 '가지고 다니고',
상품을 '취급하다'를 모두 carry로 써요!

① 들다/나르다 [=to move sh/sb while holding it]
Can you **carry** my backpack up the mountain?
내 가방을 들고 산에 올라갈 수 있어?

② 휴대하다/가지고 다니다
[=to have something with you or on your body]
I don't **carry** cash with me anymore.
더는 현금을 가지고 다니지 않아.

③ (물건, 브랜드를) 취급하다
[=to have goods for sale]
This shop only **carries** vegan products.
이 가게는 비건 상품만 취급해.

💡 **이런 뜻도 있어요** : 병을 옮기다, 책임을 떠맡다 등

carry의 첫 번째 뜻은 '들다, 나르다'입니다. 특히 마트에서 장을 본 물건을[=a bag of groceries] 집에 들고 오는 상황과 이삿짐센터에서 박스를[=a heavy box] 나르는 상황에서 carry가 잘 어울리는데요. 결정적 뉘앙스는 무언가를 들고 다른 장소로 이동하는 것입니다. 제자리에 있으면 carry가 어울리지 않으니까요. 또한 carry는 물건뿐 아니라 사람도 들 수 있습니다. 조카와 놀아주는 삼촌을 떠올려 볼까요? 처음에는 걸어서 놀이터에 갔다가도 돌아올 때는 결국 지친 조카를 안고 오게 되는데요. 역시 조카를 안은 채로 이동하니 carry가 적절합니다. 들고 움직이는 뉘앙스를 다양한 텍스트에 적용하며 carry와 친해집시다!

재킷, 가방같이 가벼운 옷과 소지품을 carry할 수 있죠. 상대에게 부탁하는 패턴으로 [Would you mind~?]가 있는데요. 무언가 들어 달라고 정중히 부탁할 때 carry와 함께 사용해 주세요.

A: Would you mind carrying my jacket for me?
제 재킷을 들어 주시겠어요?

B: Not at all!
물론이죠!

자연 관광지에 가면 쓰레기를 버리지 않고 그대로 들고나오는 게 에티켓이죠. 특히 산, 계곡, 협곡에서는 더욱 그렇고요. 그랜드 캐니언에서 쓰레기를 들고나오는 상황에서도 carry가 꼭 맞습니다.

A: You have to carry your trash out of the Grand Canyon.
그랜드 캐니언에서 나올 때는 쓰레기를 들고나와야 해.

B: Hm, maybe I don't want to go on this hike with you.
음, 아무래도 너랑 같이 이번 하이킹은 안 가는 편이 좋을 것 같아.

[carry + 사람] 조합을 볼게요. 처음에는 에너지가 넘치는 상태로 산책에 나선 조카들이지만 돌아올 때는 녹초가 되어 버립니다. 어쩔 수 없이 삼촌은 조카를 끙끙 안고 오겠죠. 이런 상황에서 carry만한 기본 동사가 없습니다.

Usually, when I go for a walk with my nieces, I end up **carrying** at least one of them. They get tired halfway through so I pick them. They're small so I don't mind for now.
보통 조카들과 함께 산책하러 가면 결국 최소 한 명은 안고 걷게 된다. 조카들이 중간에 지쳐서 내가 안아 줄 아이를 고른다. 조카들이 작아서 지금까지는 괜찮다.

미국 사람들은 보통 집에서 마트까지 차를 끌고 갑니다. 미국이 한국에 비해 땅이 넓기 때문입니다. 그러다 보니 한 번 장을 볼 때 상당히 많은 양을 구매하는 편입니다. 상상 이상으로 한 번에 많은 장을 보는 미국 사람들은 농담처럼 서로를 놀린다고 합니다. 차에서 장을 본 물건을 꺼내 집으로 나르는 모습에서 carry를 떠올리지 않을 수 없죠.

A really common joke in the US is that people always try to **carry** too many grocery bags from their car into their house. In the US, most people buy a lot of groceries at one time from the store. Instead of making many small trips back and forth, they try to make one big trip.
미국에서 흔한 농담 중 하나는 미국 사람들은 항상 차에서 엄청나게 많은 장바구니를 꺼내 집으로 나르느라 애쓴다는 것이다. 미국 사람 대부분은 한 번에 장을 많이 본다. 마트까지 여러 번 왔다 갔다 하는 대신, 한 번에 장을 보려고 한다.

두 번째 활용
휴대하다/가지고 다니다

🎧 FILE:9-carry-3

---

carry의 두 번째 뜻은 '휴대하다, 가지고 다니다'입니다. 여러분은 어디에 가든지 가방에 꼭 넣고 다니는 물건이 있나요? 저는 태국 치앙마이에서 3개월 정도 지낸 적이 있는데요. 그때 제 필수품은 작은 우산과 모기 퇴치제였습니다. 당시 우기여서 예고 없이 비가 내렸고, 모기는 24시간 내내 들끓었거든요. 그래서 항상 가방 왼쪽 주머니에는 우산을 넣고, 오른쪽 주머니에는 모기 퇴치제를 넣고 다녔습니다. 이렇게 물건을 가지고 다닌다'고 할 때 carry를 사용합니다. 더욱 쉽게 표현하면 [have + move = carry]라고 할 수 있죠. 물건을 가지고[=have] 다니는[=move] 거니까요. 또한 스마트폰을 휴대하고, 립스틱을 가지고 다니는 상황도 carry를 사용합니다.

휴지와 물티슈를 늘 가지고 다니는 상황을 표현한다면 기본 동사 carry가 제격입니다. 언제든 쓸 수 있는 휴지는 핸드백[=a purse]이나 에코백에 넣고 다니는 필수품이죠.

A: Do you have a tissue?
휴지 있어?

B: Yes, I always **carry** some in my purse.
응, 항상 휴지를 핸드백에 넣고 다녀.

여행이 아닌 일상에서도 항상 카메라를 몸에 지니고 다니는 상황입니다. 돌아다니는 상황을 강조하려면 carry 다음에 around를 붙이면 됩니다. 또한 [with + 사람]을 곁들여 몸에 지니는 뉘앙스도 추가할 수 있습니다. 물론 생략해도 완벽한 문장입니다.

A: Why are you **carrying** that camera around with you?
왜 항상 그 카메라를 가지고 다녀?

B: I want to get some shots of my everyday life.
일상을 사진으로 남기고 싶거든.

carry **73**

보조 배터리를 가지고 다니는 상황입니다. 사무실 밖에서 일하는 사람에게는 필수 제품이죠. 지금 가방을 열어 항상 들고 다니는 물건을 봐주세요. carry를 써서 말해볼까요? "I always carry _____ with me."

I always **carry** a spare battery pack with me. Usually, my battery will last all day, but sometimes I use my phone more than normal. On those days, I'm glad I have an extra battery charger.

나는 항상 보조 배터리를 가지고 다닌다. 보통 배터리가 하루는 가지만, 가끔 핸드폰을 평소보다 더 자주 사용할때가 있다. 그럴 때는 보조 배터리가 있어서 다행이라고 생각한다.

미국의 총기 규제 이슈는 어제오늘 일이 아닌데요. 일부 지역에서는 총을 소지하는 것을 넘어 총을 들고 가게 안에 들어가는 것까지도 합법이라고 합니다. 이렇게 개인 총을 휴대하는 상황을 [carry + a gun]이라고 표현합니다.

In some places in the US, it's legal to **carry** a gun into stores. You don't even have to tell people you have it. Those people say they **carry** guns for protection.

미국 일부 지역에서는 총을 들고 가게에 들어가는 것이 합법이다. 심지어 총을 소지하고 있다고 알릴 필요도 없다. 그들은 자신을 보호하기 위해 총을 가지고 다닌다고 주장한다.

 심화단어 : a purse 지갑, 손가방, 핸드백 | a spare battery 보조 배터리
last 지속되다 | extra battery 보조 배터리 | legal 합법적인

carry의 세 번째 뜻은 '물건, 브랜드를 취급하다'입니다. 앞서 배웠던 carry의 의미를 떠올려 볼까요? 물건을 나르고, 물건을 휴대한다는 뜻이었죠. 물건을 나르고 휴대하는 행동을 개인이 아닌 가게가 한다고 생각해 봅시다. 마치 이마트가 물건을 나르고, 홈플러스가 물건을 휴대하는 상황인 것처럼요. 이런 상황은 가게에서 그 물건을 '취급하고' 있다는 뜻으로 볼 수 있습니다. 그 물건을 '판매하고' 있다는 뜻이니까요. 예를 들어 요즘 편의점은 다양한 와인 종류를 갖추고 있는데요. 이런 상황을 동사 carry로 표현하면, "Convenience stores carry a good selection of wines."가 됩니다. 편의점에서 좋은 와인을 취급하고[=carry] 있다는 뜻이죠. 음식 제품뿐만 아니라 옷, 특정 브랜드도 carry할 수 있습니다. 마트나 가게에 갈 때마다 carry를 한번씩 떠올려 주세요!

 CASE 1

'팔다' 하면 가장 먼저 'sell'이 떠오르는데요. 물론 이 표현도 맞지만, 덜 직접적인 단어로도 그 의미를 그대로 전달할 수 있습니다. 물건을 취급하는[=carry] 것이 곧 물건을 파는 거니까요.

A: Do you know any stores that **carry** hiking boots?
등산화 파는 가게를 알아?

B: Yes, there's a hiking store in my neighborhood!
응, 우리 동네에 등산용품 가게가 있어.

 CASE 2

외국 손님이 많은 이태원에 가면 큰 사이즈의 옷을 취급하는 가게가 많습니다. 한국인을 대상으로만 판매하는 가게는 대부분 큰 사이즈의 옷을[=larger sizes] 취급하지 않으니까요. 이런 상황에서도 carry를 쓸 수 있죠.

A: Do you **carry** any larger sizes?
큰 사이즈 옷도 있나요? [=취급하나요?]

B: No, I think our shirts only go up to an XL.
아니요, 셔츠 사이즈는 XL까지만 있어요

마트에서 즐겨 사던 제품이 갑자기 사라진 상황입니다. 마트에서 더 이상 그 브랜드의 제품을 취급하지 않기 때문인데요, 이럴 때 carry를 쓰면 그 의미를 오해 없이 전달할 수 있습니다.

My regular grocery store stopped **carrying** my favorite brand of ice cream. I've tried other brands but they're just not good enough. Maybe I'll have to find it at another store.

자주 가던 마트에서 내가 가장 좋아하는 아이스크림 브랜드를 더는 취급하지 않는다고 한다. 다른 브랜드의 아이스크림도 먹어봤는데 조금 부족하다. 다른 가게에서 그 브랜드의 아이스크림을 찾아봐야겠다.

한국에 사는 외국인의 불평 중 하나는 신발 사이즈입니다. 한국에서는 자기 사이즈에 맞는 신발을 찾기가 어렵다고 하는데요, 특히 여성용 신발은 최대 250까지 나와서, 대신 남성용 신발을 산다고 합니다.

It's really hard for me to find shoes in Korea. Most stores only **carry** women's shoes up to a size 250. I can wear men's sneakers, but I can't find any boots or high heels.

한국에서 신발을 구매하기가 정말 어렵다. 대부분의 가게에서는 여성용 신발을 250까지만 취급한다. 대신 남성용 운동화를 신을 순 있지만, 부츠나 하이힐은 찾아볼 수 없다.

 심화단어 : up to 최대 ~까지

10 close [kloʊz]

영업을 '끝내고', 목이 '막히고', 우산을 '접다'
를 모두 close로 써요!

① 문을 닫다/영업이 끝나다 [=to stop the services or activities]
What time does the cafe **close**?
그 카페는 몇 시에 닫아?

② (신체 부위를) 닫다
[=to bring together the parts or edges of something open]
She **closed** her eyes while she sang.
그녀는 노래하는 동안 눈을 감았다.

③ (물건을) 닫다
[=to bring together the parts of something so they're no longer open]
Close the box of cereal if you're done with it.
다 먹었으면 시리얼 상자를 닫으렴.

💡 **이런 뜻도 있어요** : 회의를 끝내다, 주가가 마감하다, 간격을 좁히다 등

문을 닫다/영업이 끝나다 🎧 FILE:10-close-2

close의 첫 번째 뜻은 '문을 닫다, 영업이 끝나다'입니다. 우리에게 가장 익숙한 close는 '문을 닫다[=close the door]'일 텐데요, 실전에서는 단순히 열린 문을 닫으라는 의미로만 쓰지 않습니다. 동네 식당이 영업시간보다 일찍 마감하는 상황에서도 'close'를 쓰고, 자주 가던 카페가 폐업하는 상황에서도 'close'를 쓸 수 있습니다. 영업이 끝난 건지, 아예 문을 닫은 건지는 close로 구분할 수 없고, 맥락을 통해 파악해야 하죠. 여행에서 쓰면 유용한 문장을 소개합니다. 유럽 일부 지역에서는 카페 영업을 3시까지만 하는 곳도 있는데요, 바리스타에게 "오늘 카페 몇 시까지 해요?"를 'close'를 사용해 쉽게 물어보면 됩니다. "When do you close today?" 더는 카페가 일찍 문 닫을까 봐 걱정하지 않아도 되겠죠?

학교가 일찍 문을 닫는 상황입니다. 눈이 많이 와서 수업을 일찍 마치는 가능성과 학생 수가 부족해 폐교를 결정할 가능성이 있죠. 어떤 뜻인지는 맥락이 결정합니다. 학교와 close를 연결해 주세요!

A: Did you hear that school is **closing** early today?
오늘 학교가 일찍 마친다는 소식 들었어?

B: Yes, my kids are super excited.
응, 아이들이 정말 신났어.

도시에 상징적인 건물이었던 극장이 close를 결정한 상황입니다. 사람들의 발길이 끊겨 문을 닫은 맥락이라면 폐업이 맞겠죠. 쉬운 단어도 맥락을 확인해야 오해 없이 대화할 수 있어요.

A: I can't believe they **closed** this old theater!
이 오래된 극장이 문을 닫다니 믿기지가 않아!

B: I think people stopped going during the pandemic.
팬데믹 동안에 사람들의 발길이 끊겼던 것 같아.

가끔 온라인으로 업무를 볼 수 없어 은행에 직접 찾아가야 할 때가 있습니다. 그런데 은행은 문을 일찍 닫죠. 은행 영업이 끝나는 시간도 'close'로 표현할 수 있어요.

I hate how early the bank **closes**. You pretty much have to go during office hours, but not every company allows their employees to go out during the day. When I worked as a teacher, I was never allowed to leave the school.

은행 문이 일찍 닫는 게 정말 싫다. 거의 회사 업무 시간에 가야 하는데, 모든 회사가 낮에 외출을 허락해 주지는 않는다. 선생님으로 일했을 때는 학교 밖을 절대 나갈 수 없었다.

갑자기 눈이 많이 내려 공항이 폐쇄된 상황입니다. 우리나라 제주국제공항도 가끔 비슷한 일이 벌어져 혼란스러울 때가 있죠. 공항이 폐쇄 조치를 내린, 영어로 설명하기 어려울 것 같은 상황도 기본 동사 'close' 하나로 충분히 의미를 전할 수 있어요.

I can't imagine how much chaos **closing** an airport would cause. I know in some places with a lot of snow, they sometimes have to **close** their airports. That sounds like it would be a nightmare!

공항이 폐쇄되면 얼마나 혼란스러울지 상상이 안 된다. 눈이 많이 오는 일부 지역에서는 공항을 폐쇄하기도 한다고 알고 있다. 아주 끔찍한 일이 벌어질 것 같다.

 심화단어 : allow 허락하다, 허용하다 **| pretty much** 거의[=almost]

close의 두 번째 뜻은 '신체 부위를 닫다'입니다. 영어에서는 마치 방문을 닫는 것처럼 사람의 눈도 닫는다고 표현하는데요. 우리말로는 '눈을 감다[=close your eyes]'가 되겠네요. 입과 함께 써도 어울립니다. 예쁘고 잘생긴 사람을 보면 입이 벌어지는데요. 입이 벌어진 친구를 놀리며 '입을 다물어[=close your mouth]'라고 쓸 수 있지요. 여기서 끝이 아닙니다! 신기하게도 close를 목구멍[=throat]과도 함께 쓸 수 있어요. 특정 음식에 알레르기 반응으로 목이 막히는 경우죠. 아래에 준비한 다양한 예문에서 close를 찾아주세요. 지금까지 대수롭지 않게 여겼던 기본 동사 close가 다르게 보이기 시작할 거예요. 아는 단어가 다르게 보인다는 것은 영어 실력이 늘고 있다는 확실한 신호입니다.

아름다운 여성을 보고 자기도 모르게 입을 벌리고 있는 상황입니다. 함께 있던 친구가 입을 다물고 그만 쳐다보라고 하네요. '다물다'라는 영어 단어를 찾는 대신 '입을 다물다[=close your mouth]'라는 하나의 덩어리 표현을 기억해 주세요!

A: **Close** your mouth and stop staring.
입을 다물고 그만 쳐다보지 그래.

B: I'm sorry, she's just so beautiful!
미안, 저분이 진짜 아름다워서!

눈만 감으면 어디서든 바로 잠드는 사람이 있죠. 쉽게 잠에 들지 못하는 저는 그런 사람이 정말 부러운데요. '눈을 감다'를 [close + one's eyes]로 표현해 주세요!

I'm really jealous of people who can just **close** their eyes and fall asleep. It usually takes me about an hour to get to sleep. I wonder what it would be like to fall asleep right away.
눈만 감으면 바로 잠드는 사람이 정말 부럽다. 나는 보통 잠드는 데 1시간 정도 걸린다. 바로 잠드는 게 어떤 느낌일지 궁금하다.

주먹을 꽉 쥐는 상황에서도 'close'를 쓸 수 있습니다. '주먹을 쥐다'에 해당하는 표현을 [make a fist]로 표현할 수도 있는데요. 둘 다 비슷한 의미로 쓰지만, make는 처음 주먹 모양을 쥐는 동작이 강조됩니다. 반면 close는 이미 주먹 모양을 쥐고 있는 상황에서 더 세게 쥐는 걸 강조하는 표현입니다.

A: Why did you close your fist?
왜 주먹을 꽉 쥐고 있었어?

B: I thought that guy over there looked kind of threatening.
저쪽에 있는 사람들이 조금 위협적으로 보이더라고

알레르기 반응을 일으켜 순간 목구멍이 막힌 상황입니다. 평소에는 열려 있던 목구멍이 문제가 생겨 막힐 수도 있죠. 생소한 조합처럼 보이지만, 'close'를 써서 쉽게 표현할 수 있어요.

One time, my student had an allergic reaction to strawberries. Her throat started to **close** and it became difficult for her to breathe. Luckily we were able to quickly give her her medicine.
한번은 학생이 딸기에 알레르기 반응을 보인 적이 있다. 목이 막히기 시작하더니 숨을 쉬기 어려워졌다. 다행히도 학생에게 알레르기 약을 줄 수 있었다.

 심화단어 : jealous 부러운, 질투하는 | fist 주먹 | threatening 위협적인

(물건을) 닫다

FILE: 10-close-4

close의 세 번째 뜻은 '물건을 닫다'입니다. 뜻은 쉽지만 close의 사전적 정의를 안다고 해서 close를 꼭 쓸 수 있는 것은 아니죠. 어렸을 때부터 자연스럽게 일상에서 영어에 노출된 상황이 아니라면, 성인이 된 우리의 공부 방법은 달라져야 하니까요. 닫을 수 있는[=close] '물건'이 무엇인지를 하나씩 찾아가며 정리해야 합니다. 시험을 앞두고 책을 덮어야 하는 상황에서 [close your books]를 접하고, 낮에 햇볕이 강해서 커튼을 쳐야 하는 상황에서 [close the curtains]를 만나는 거죠. 해석이 된다고 넘어가지 않고, "책과 커튼에는 close를 쓸 수 있구나"라고 꼭 정리해 주세요! 저는 이런 과정을 close와 어울리는 '단어 보물 찾기'라고 생각해요. 보물을 하나씩 찾아가다 보면 어느 순간 내 입에서 'close' 가 편하게 나올 거예요.

우리말로 '책을 펴고 덮다'라는 표현을 영어로는 '책을 열고[=open] 닫는다[=close]'라고 표현합니다. 마치 물건의 뚜껑을 닫듯이 책을 덮는 장면을 떠올려 주세요.

A: Can we use our books on the test?
시험 볼 때 책을 사용할 수 있나요?

B: No, please **close** your books and put them in your bag.
아니요, 책을 덮고 가방에 넣어주세요.

커튼을 쳐달라고 부탁하는 상황입니다. '커튼'과 'close'도 잘 어울리는 한 쌍이죠. 커튼과 close의 개별 단어도 중요하지만, 커튼을 close할 수 있다는 사실과 쓰는 문형을 아는 게 훨씬 중요해요. '커튼을 치다![=close the curtains!]'

A: Can you **close** the curtains, please?
커튼 좀 쳐줄 수 있어?

B: Why can't you do it?
왜 네가 안 하고?

젖은 우산을 대중교통을 이용하느라 어쩔 수 없이 접어야 하는 상황입니다. 빗물이 뚝 뚝 떨어지는 우산을 힘겹게 접는[=close] 장면을 떠올려 보세요. 그럼 [close a wet umbrella]가 더 와닿을 거예요.

I think **closing** a wet umbrella is one of the worst feelings ever. I hate taking a wet umbrella on the subway or bus because it drips water everywhere. I'm really glad so many places offer plastic bags for your umbrella.

젖은 우산을 접는 것은 최악의 기분이 드는 일 중 하나다. 지하철이나 버스에서 젖은 우산을 들고 타면 물이 사방에 떨어지기 때문에 그것도 싫다. 여러 군데에서 우산을 넣을 비닐봉지를 줘서 정말 다행이다.

동생이 시리얼을 먹고 나서 상자를 제대로 닫지 않은 상황입니다. 공기 중에 오래 두면 맛이 변질되고 식감이 달라지죠. 열려 있는 박스, 종이봉투 등을 닫을 때도 'close'를 활용합니다.

My brother always forgets to **close** the box of cereal after he's done eating. It makes the cereal go stale and sometimes our dog eats it. I wish he would remember to **close** the box.

동생은 매번 시리얼을 먹고 나서 상자를 닫는 것을 까먹는다. 그러면 시리얼의 상태가 안 좋아 지고, 가끔 그걸 강아지가 먹기도 한다. 시리얼 상자를 닫는 것을 기억했으면 좋겠다.

 심화단어 : drip 뚝뚝 떨어지다 **| stale** 신선하지 않은, 퀴퀴한

결혼식에 '오고', 커리어가 '중요하고', 영화가
'나오다'를 모두 come으로 써요!

① 오다 [=to move or travel toward a place]

There's a truck **coming!**

트럭이 오고 있어!

② 우선하다/중요하다

[=to take up a certain position based on priority]

My career **comes** before my relationships.

내 커리어를 관계보다 우선시한다.

③ (특정 색상, 사이즈로) 나오다 /
(책, 영화, 제품 등이) 나오다

[=to be released or take place]

TVs these days **come** in all shapes and sizes.

요새 텔레비전은 온갖 모양과 크기로 나온다.

💡 **이런 뜻도 있어요** : 일어나다, ~가 되다 등

come의 첫 번째 뜻은 '오다'입니다. 사람이 올 수도 있고, 자동차 같은 물건이 올 수도 있죠. 올 수 있는 대상은 무궁무진합니다. 언뜻 보기에는 쉬워 보이지만, 실제 사용하려면 헷갈리는 부분이 있는데요, 우리말의 '가다'와 '오다'가 영어의 'go'와 'come'과 항상 같지는 않기 때문입니다. 우리말은 '가다'가 자연스러운데 영어로는 'come'을 써야 할 때가 있거든요. 구분하는 방법은 간단합니다. 대화를 주고받는 사람끼리 오고 가는 상황이라면 우리말에 상관없이 'come'을 씁니다. 친구에게 오후에 너희 집에 놀러 가도 되느냐고 묻는 상황을 예로 들어보죠. '가다'를 보고 'go'가 떠오르지만, 둘 사이에서 오고 가는 상황이니 'come'을 써야 합니다. 영어로는 "Can I come to your place this afternoon?"이라고 하죠. 또한 약속 시간에 늦은 친구에게 어디인지 전화로 묻는 상황인데요, 친구는 "가고 있어"라고 합니다. 우리말로는 '가다'여도 둘 사이에 오고 가는 상황이니 "I'm coming.[=I'm on my way.]"이라고 써야 합니다. 이제 실전 영어 예문에서 come을 살펴봅시다.

 다음 달에 내 결혼식에 올 수 있느냐고 묻는 상황입니다. 서로에게 오고 가는 상황이니 'come'이 적절한 표현입니다. 영어를 영어로 받아들이는 첫 단추는 영어 단어를 영어로 받아들이는 것입니다. 아래 come처럼요!

A: Are you able to come to my wedding next month?
다음 달에 내 결혼식에 올 수 있어?

B: Of course! I wouldn't miss it.
물론이지! 결혼식은 놓칠 수 없지.

 화장실 하수구에 문제가 생겨 고쳐줄 사람[=a handyman]이 필요한 상황입니다. 도와줄 사람이 집으로 와야 하니 come이 어울리겠죠. 사람을 부르는 상황에서도 유용하네요.

A few months ago, the shower drain in my bathroom was clogged. Usually, my roommate and I can fix it easily but nothing was working. My roommate told me that someone would **come** over and try to fix it.
몇 달 전에 화장실 샤워 하수구가 막혔다. 보통 룸메이트와 내가 쉽게 고칠 수 있는데, 이번에는 소용이 없었다. 룸메이트는 (도와줄) 사람을 집으로 불러서 고쳐야할 것 같다고 말했다.

이번에 배울 come은 '공간의 이동'을 나타내는 '오다'와는 다릅니다. 과거 시점부터 지금 있는 곳까지 오게 된 '시간의 이동'을 나타내죠. 아들이 고등학교를 입학했던 시점부터 대학교에서 열정을 찾을 때까지 그동안 노력했던 시간을 강조하기 위해 쓰는 'come'입니다. 보통 긍정적인 맥락에서 사용합니다.

A: Look at how far your son has **come** since high school.
네 아들이 고등학교 이후로 얼마큼 해 왔는지를 봐.

B: I'm so glad he found his passion in college.
아들이 대학교에서 열정을 발견해서 너무 기뻐.

다음은 처음 연애를 시작해서 아이를 낳고 자리를 잡기까지의 부부의 이야기입니다. 이런 시간의 과정을 기본 동사 'come'으로 표현했습니다. 무언가를 성취하고, 이뤘을 때 자주 사용할 수 있죠. come을 공간의 이동만이 아닌, 시간의 이동으로도 쓴다는 사실을 꼭 알아두세요!

When my husband and I first started dating, we were both students. Now we're both working professionals and have a baby. We've **come** so far since those early days living in the dorms.
남편과 내가 처음 연애했을 때는 우리 둘 다 학생이었다. 지금은 둘 다 전문직으로 일하고 아이가 있다. 기숙사에서 살았던 초기 시절 이후로 이만큼 멀리 오게 되었다.

 심화단어 : **a drain** 하수구 | **a dorm** 기숙사[=a dormitory]

우선하다/중요하다

come의 두 번째 뜻은 '우선하다, 중요하다'입니다. '오다'로 알고 있는 'come'에 어떻게 이런 뜻이 생겼을까요? 우리는 여러 가지 옵션 중에 가장 우선으로 여기고 중요하게 생각하는 것을 먼저 선택하기 마련입니다. 예를 들면 일, 연애, 가족 중 지금 내게 가장 중요한 게 무엇일까요? 상황에 따라 연애일 수도 일이 될 수도 있습니다. 연애라면 "Relationships come first."가 되고, 일이라면 "Career comes first."가 됩니다. 이렇듯 중요하게 생각하는 것이 '먼저 온다'는 개념에서 come의 뜻이 나왔습니다. 꼭 'come' 다음에 'first'를 붙이지 않아도 괜찮은데요. come을 활용해 '우선하다, 중요하다'를 표현하는 다양한 형태를 배워보겠습니다.

회사에서는 중요하게 생각하는 여러 가지 가치가 있습니다. 이익, 안전, 복지 등이 있을 텐데, 보통은 그 가운데 '안전'을 가장 중요하게 여기기 마련입니다. 이럴 때 안전을 우선시한다고 [=come] 말할 수 있습니다.

A: Safety should always come before profits.
안전을 이익보다 항상 우선시해야 돼.

B: I couldn't agree more.
전적으로 동감해.

여자친구가 내 인생에서 '가장 먼저[=come]'라고 고백하는 상황입니다. 연인과 대화할 때도 'come'으로 쉽고 근사하게 메시지를 전할 수 있네요.

I've been dating my girlfriend for a few months. Last week I told her that she comes first in my life. She was really shocked and just said, "Thanks."
여자친구와 데이트한 지 몇 개월이 지났다. 지난주에 여자친구에게 '내 인생에서 네가 제일 먼저'라고 했다. 여자친구는 깜짝 놀랐고 그냥 '고맙다'라고만 했다.

다른 어떤 것보다 일을 중요하게 생각하는 상황입니다. 'before'를 넣어 come의 뉘앙스를 더욱 강조하는 효과를 낼 수 있네요. 다른 것보다 job이 앞선다는 뜻이죠.

A: This job **comes** before anything else.
이 일이 다른 어떤 것보다 중요해.

B: I used to think that way when I was in my 20s, too.
나도 20대 때는 그렇게 생각했어.

나이가 들면서 가족의 소중함을 깨닫게 되는 상황입니다. 삶의 특정 시기에는 가족보다 일에 집중할 때도 있는데요. 시간이 지나면서 일보다 가족을 우선으로 생각하게 되었다는 내용이네요. 이런 맥락에서 come은 important의 뜻을 가집니다.

As I've gotten older, I've learned that family should **come** before everything else. If I make a million dollars, but I lose my family, what's the point? Sometimes I've missed opportunities in my career to be with my family.
나이가 들면서 가족을 가장 중요하게 여겨야 한다는 사실을 알게 됐다. 내가 백만 달러를 벌어도 가족을 잃는다면 무슨 의미가 있을까? 그래서 가끔은 가족과 함께 있기 위해 커리어에서 기회를 놓칠 때도 있다.

 심화단어 : **used to** (과거에) 하곤 했다

(특정 색상, 사이즈로) 나오다 / (책, 영화, 제품 등이) 나오다  FILE: 11-come-4

come의 세 번째 뜻은 '나오다'입니다. 이번에 배울 come은 in과 out을 함께 쓰는데요. [come + in]을 쓰면 물건이 특정 색상이나 사이즈로 나온다는 뜻이 되고, [come + out]을 쓰면 책, 영화, 제품 등이 시장에 나온다는 뜻이 됩니다. 하나씩 자주 나오는 상황을 예로 들어 보겠습니다. 먼저 [come in + 색상/사이즈] 문형을 보시죠. 해외에서 쇼핑하다가 마음에 드는 티셔츠를 발견했습니다. 빨간색만 진열되어 있어서 점원에게 다른 색상이 있느냐고[="Do you have this in a different color?"] 물어보는데요. 점원이 이 티셔츠는 여러 색상으로 나온다고 말합니다. 영어로는 "This comes in different colors."라고 하죠. 옷이 나오는데[=come] 여러 색상인 것이죠[=in different colors]. 다음 [come + out]은 판매를 목적으로 시장에 출시하는 뜻입니다. 물건에 따라 우리말이 변하는데요. 책은 출간하고 영화는 개봉하며 앨범은 발매됩니다. 신제품이 자주 나오는 전자기기는 출시하고요. [come + in/out]만 써도 다수의 문장을 만들 수 있네요!

CASE 1

드레스가 보라색으로도 나오는지 묻는 상황입니다. [come in + 색깔] 조합으로 색깔 자리에 원하는 색이름을 넣으면 됩니다. come in + red, green, purple 등 색을 얼마든지 넣을 수 있네요.

A: Does this dress come in purple?
이 드레스가 보라색으로도 나오나요?

B: Let me check in the back.
창고에서 확인해 볼게요

CASE 2

더 큰 사이즈의 수영복을 찾는 상황입니다. 이번에는 [come in + 사이즈] 조합으로 사이즈 자리에 원하는 크기를 넣으면 됩니다. [come in + a small size, a large size] 등 필요한 크기를 얼마든지 넣어주세요.

I tried to buy a swimsuit last weekend, but I couldn't find my size. I asked the saleswoman if the swimsuits **came** in a larger size. She said that I could find a wider variety of sizes on their website.
지난 주말에 수영복을 사려고 했는데, 내게 맞는 사이즈를 못 찾았다. 점원에게 수영복이 더 큰 사이즈로 나오는지 물어봤다. 점원은 웹사이트에 가면 다양한 사이즈를 찾을 수 있을 거라고 했다.

기사가 신문에 실리는 상황입니다. 기사[=article]도 하나의 상품처럼 나올 수 있는데 요. 시장에 나오고 세상에 공개되는 상황에서 [come out] 조합을 쓸 수 있죠.

A: When will your article **come** out?
네가 쓴 기사는 언제 나와?

B: They said it will be in the Sunday edition of the paper.
일요일판 신문에 실릴 예정이래.

독창적인 영화가 개봉되길[=come out] 바라는 상황입니다. 국제 관객을 만족시키기 위해 영화를 제작하다 보니 대부분의 영화가 비슷해지는 현상이 보이죠. 영화가 세상 에 나온다는 말을 [come out]으로 쓸 수 있네요.

It seems like it's been a while since a really good movie **came** out. Nowadays, most films are very similar because they're being shown to international audiences. I hope we get to see a unique movie soon.
정말 괜찮다고 생각한 영화는 나온 지 좀 된 것 같다. 요즘에 나오는 영화 대부분은 국제 관객 들이 보기 때문에 매우 비슷하다. 독창적인 영화를 볼 수 있으면 좋겠다.

 심화단어 : **a variety of** 여러 가지의 | **get to** + 동사 = ~할 수 있다, ~할 기회를 얻다

12 cut [kʌt]

손이 '베이고', 가격을 '내리고', 음악을 '끄다'
를 모두 cut으로 써요!

① **(신체 부위를) 베다** [=to make a wound with a sharp edged object]
I **cut** myself while shaving.
면도하다가 베었어.

③ **줄이다/삭감하다**
[=to reduce the size, amount,
or quantity of something]
I hope they will **cut** interest rates soon.
(은행/정부에서) 금리를 곧 낮추길 바란다.

③ **멈추다/그만두다** [=to stop something]
Cut the engine, I think I heard something!
엔진을 꺼봐. 뭔가 이상한 소리를 들은 것 같아!

💡 **이런 뜻도 있어요** : 깎다, 자르다, 삭제하다 등

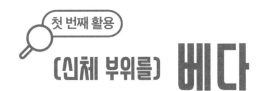

(신체 부위를) 베다

🎧 FILE:12-cut-2

---

cut의 첫 번째 뜻은 '베다'입니다. 물건이나 음식을 '자르다'로 알고 있던 기본 동사 cut을 신체 부위에도 쓸 수 있는데요. 날이 있는 물건으로 상처가 나게 되는 상황을 말하죠. 저는 매일 아침마다 면도를 하는데요. 면도기가 미끄러지는 바람에 면도날에 턱이 베일 때가 있어요. 이런 상황을 영어로 옮기면 "I cut myself while shaving."이 됩니다. 구체적으로 턱을 언급하지 않아도 베였다는 의미를 전달할 수 있어요. 요리하다가 손가락을 베인 상황에서도 cut을 쓰고, 그네를 타다가 넘어져 머리가 조금 찢어진 상황에서도 cut을 쓸 수 있습니다. cut과 신체 부위를 함께 쓰는 조합을 관찰해 보세요! cut은 반드시 알아야 하는 생존 영어 동사입니다.

주방은 칼과 불을 다루는 위험한 공간입니다. 그러다 보니 손이 베이는 사고가 적잖이 일어나죠. 채소를 썰다가 손가락이 베인 상황을 말하고 싶다면 cut을 떠올려 주세요. cut 다음에 손가락[=finger]이라는 구체적인 부위를 써서 'it'으로 표현했네요.

A: Why do you have a bandaid on your finger?
왜 손가락에 반창고를 붙였어?

B: I cut it while I was chopping vegetables last night.
어젯밤에 채소를 썰다가 손가락을 베었어.

강아지에게 줄 뼈다귀를 자르다가 사고가 난 상황입니다. 뼈다귀를 자르는 게 쉽지 않죠. 결국 칼에 손이 베이고 말았습니다. 이런 상황에서 cut을 자연스럽게 떠올려야 합니다.

When I was in high school, I gave my dog a bone. The bone was too big so I decided to chop it into smaller pieces. Unfortunately, the knife missed the dog bone and I **cut** my hand.
고등학교 때 강아지에게 뼈다귀를 줬다. 뼈다귀가 너무 커서 작은 조각으로 자를 작정이었다. 안타깝게도 칼이 뼈다귀를 빗나가 손을 베었다.

그네를 타다가 머리를 다친 상황입니다. 영어로는 [cut my head open]으로 표현했는데요. open을 붙이면 상처 때문에 붙어 있던 살이 열리는[=open] 뉘앙스까지 생생하게 더해집니다.

A: What happened to your head?
머리가 왜 그래? [=머리에 무슨 일이 있었던 거야?]

B: I fell off a swing and **cut** it open.
그네 타다가 떨어져서 머리가 찢어졌어.

할아버지가 별장에서 장작을 패는 상황입니다. 실제로 일어나서는 안 되겠지만, 실수로 도끼가 미끄러져 다리를 베였다는 내용이네요. 도끼처럼 크고 강한 도구부터 주방에서 쓰는 작은 과도까지 모두 'cut'을 쓸 수 있어요.

One day, my grandpa was chopping wood for his fireplace. The ax slipped and he **cut** his leg. Luckily, it wasn't that deep so he just got stitches at the hospital.
하루는 할아버지가 벽난로에 쓸 장작을 패고 있었다. 도끼가 미끄러져 다리를 베었다. 다행히도 깊게 베이지 않아서 병원에서 몇 바늘 꿰맸다.

🎯 **심화단어** : bandaid 일회용 반창고 | **chop** (음식 재료를) 토막으로 썰다
one day 하루는[=막연히 지칭하는 어떤 날] | **get stitches** 꿰매다

줄이다/삭감하다

🎧 FILE:12-cut-3

cut의 두 번째 뜻은 '줄이다, 삭감하다'입니다. cut으로 음식을 자르는 것처럼 가격 또한 잘라, 숫자가 줄어든다고 생각할 수 있습니다. 보통 비용, 지출, 예산 등 숫자와 관련된 내용이 주로 나옵니다. 사실 우리에게 '줄이다' 하면 가장 먼저 떠오르는 단어는 'reduce'입니다. 물론, 자연스러운 표현이고 실전에서 자주 나오는 단어입니다. 하지만 이보다 더 쉬운 단어가 cut인데 실제로는 활용을 못하는 경우가 많습니다. 가격을 깎고 예산을 삭감하듯 cut을 하면 숫자가 줄어들기 마련입니다. cut을 '줄이다'라고 받아들이는 순간, 그동안 미처 보지 못했던 쉬운 표현이 보이기 시작할 거예요. 실전 영어는 아는 단어의 새로운 뜻을 배울 때 실력이 점프하니까요!

마트에서 세일하는 상황에서 cut을 만날 수 있습니다. 가격을 내렸다는 말을 [cut prices]로 표현했어요. 높은 가격을 잘라[=cut] 낮은 가격으로 만든 셈이죠.

A: Did you see the sale at Emart?
이마트에서 세일하는 거 봤어?

B: Yes, they've cut prices on all their vegetables.
응, 모든 채소 가격을 내렸어.

학교의 형편이 어려워져 운영에 차질이 생긴 상황입니다. 가장 먼저 비용을 줄일[=cut expenses] 방법을 찾고 있죠. 어쩔 수 없이 원어민 교사를 해고하는 방법을 선택했네요.

At a school I was working at a few years ago, they tried to figure out a way to **cut** expenses. They decided to fire all the native English teachers except for me. It was a really terrible situation for everyone.
몇 년 전에 근무했던 학교에서 비용을 줄일 방법을 찾으려고 애썼다. 학교에서는 나를 제외한 모든 영어 원어민 교사를 해고했다. 모두에게 정말 끔찍한 상황이었다.

회사에서는 매년 다음 해 예산을 미리 계획하는데요. 보아하니 예산이 줄어든[=cut our budget] 상황입니다. 줄어든 폭이 무려 절반[=in half]이나 되네요. 안 좋은 소식이네요.

A: We're going to have to **cut** our budget in half.
우리 예산을 절반으로 삭감할 예정이야.

B: You know that means layoffs.
알다시피 그건 해고를 의미하지.

정부 차원에서 쓰는 비용을 줄일 때도 'cut'을 사용할 수 있습니다. 쉬운 단어는 구어체라 이런 맥락에는 어울리지 않는다고 생각할 수 있는데요. 오해입니다. 쉬운 단어로도 충분히 딱딱한 내용을 정확히 전달할 수 있습니다.

In order to **cut** costs, the government stopped serving free lunches at school. This ended up being a terrible idea because a lot of kids couldn't afford to eat. Parents stopped sending their kids to school because they weren't being fed.
정부는 비용을 줄이기 위해서 학교에서 무료로 제공하는 점심을 중단하기로 했다. 이는 결국 끔찍한 생각이 되었다. 많이 아이들이 점심을 사 먹을 형편이 되지 않았기 때문이다. 부모들은 학교에서 식사를 주지 않자 아이들을 학교에 보내지 않았다.

 심화단어 : **fire** 해고하다 | **budget** 예산, 예상 비용 | **layoffs** 해고 | **feed** 먹을 것을 주다

세 번째 활용
멈추다/그만두다

🎧 FILE:12-cut-4

---

cut의 세 번째 뜻은 '멈추다, 그만두다'입니다. 연속된 동작을 잘라내[=cut] 행동을 멈추게[=stop] 만드는 거죠. 쉽게 말해 'cut'을 'stop'의 의미로 사용합니다. 보통 남이 하고 있는 행동을 그만두라고 말할 때 씁니다. 실제 제가 겪은 상황을 예로 들게요. 친구들과 함께 해변에 놀러 가 산책을 하고 있었는데요, 한 친구가 스마트폰으로 음악을 크게 틀어 주변 사람들의 눈살을 찌푸리게 만들었습니다. 제가 짜증 섞인 말투로 "음악 좀 꺼!"라고 했는데요. 이 말을 영어로 생동감 있게 바꾸면 "Cut the music!"이 됩니다. 무엇이든 하던 걸 멈추게 하는 표현으로 비교적 친한 사이에서 씁니다.

누구에게도 들키지 않게 깜짝파티를 준비하는 상황입니다. 눈치 없는 친구가 불을 켜서 다급하게 '불을 끄라고[=cut the lights]' 말하고 있네요. 불을 끄는 turn off의 의미를 달랑 cut 하나로 썼습니다.

A: **Cut** the lights, someone might see us!
불을 꺼. 누가 우릴 볼지도 몰라!

B: That would ruin everything.
그럼 모든 게 엉망이 될 거야.

음악 때문에 집중하기 어려운 상황입니다. 음악을 꺼 달라고[=cut the music] 부탁하고 있네요. cut을 쓰면 볼륨을 줄이는 게 아닌, 아예 음악을 꺼 달라는 뜻이 되죠.

A: Can you **cut** the music?
음악 좀 꺼줄 수 있어?

B: Why? I really like it!
왜? 내가 정말 좋아하는 음악인데!

미국에서는 낯선 사람과 눈이 마주치면 웃어주고, 가볍게 스몰토크를 하는 문화가 있습니다. 그렇다고 모든 미국 사람이 그런 문화를 좋아하진 않겠죠. 스몰토크를 그만했으면[=cut the small talk] 좋겠다는 내용이네요.

When I lived in America, I wished people would **cut** the small talk. I hated having meaningless conversations with strangers. But nowadays, I kind of miss those interactions.

미국에 살았을 때 사람들이 스몰토크를 그만했으면 좋겠다고 생각했다. 모르는 사람들과 나누는 의미 없는 대화는 질색이었다. 그런데 요즘 들어 그런 관계를 맺는 방식이 조금 그립기도 하다.

미국 학교에서는 그해 수석으로 졸업하는 학생에게 졸업식에서 연설할 기회를 줍니다. 하지만 운이 없게도 어떤 사건으로 인해 연설을 중단해야[=cut my speech short] 할 수밖에 없었네요. '중단'이란 키워드가 보이면 'cut'을 떠올려 주세요!

I gave a speech at graduation because I was the valedictorian. Unfortunately, I had to **cut** my speech short when the fire alarm went off. I was so upset but luckily it was a false alarm.

졸업식에서 졸업생 대표로 연설을 했다. 운이 없게도 연설을 중간에 멈출 수밖에 없었다. 화재 경보기가 울렸기 때문이다. 너무 화가 났지만, 다행히도 잘못 울린 경보였다.

🎯 **심화단어** : **ruin** 망치다 | **interaction** 사람과 관계를 맺는 모든 방식[=상호작용]
valedictorian (졸업식에서 고별사를 하는) 수석 졸업생 | **go off** (경보기, 알람 등이) 울리다

13 do [du]

일을 '잘하고', 여기저기 '알아보고', 영상을
'촬영하다'를 모두 do로 써요!

① **잘하다/못하다** [=to perform well]
The company is **doing** well.
회사 운영이 잘되고 있어.

② **숙제하다/조사하다**
[=to complete or finish something]
Make sure you **do** your homework
before you buy a car.
자동차를 사기 전에 꼭 조사해 봐.

③ **다양한 의미의 do** [=to perform an action]
We had to **do** a video for our science class.
과학 수업에 쓸 영상을 촬영해야 했다.

💡 **이런 뜻도 있어요** : 일하다, 계산하다, 충분하다 등

 잘하다/못하다

🎧 FILE:13-do-2

do의 첫 번째 뜻은 '잘하다, 못하다'입니다. 그냥 '하다'가 아닌 '잘'과 '못'을 붙여서 기억해야 하는 이유가 있는데요. '하다'라는 뜻은 범위가 무척 넓어 어떤 상황에서 'do'가 어울릴지를 파악하기 어렵기 때문입니다. 그러니 이제부터 '잘하다[=do well]'와 '못하다[=do poorly]'를 do의 첫 번째 의미로 기억해 주세요. 기본 동사 do의 뜻을 좁혀서 다시 출발해 보는 겁니다. 예를 들어 학교에서 공부를 잘하는 사람에게는 [do well]이 어울리고, 회사에서 일을 잘하는 사람에게는 [do well at work]가 알맞습니다. 꼭 사람에게만 쓰는 건 아닙니다. 회사의 운영이 잘되어 매출이 오를 때는 'The company is doing well.'이라 쓰고, 식물이 잘 자랄 때는 'The plants are doing well.'이라고 쓸 수 있습니다. 이제 do가 다르게 보이지 않나요? 상황 설명과 함께 do를 배워보시죠.

새로 옮긴 회사에서 적응을 잘하고 있는 상황입니다. 맥락에 따라 동료와 잘 어울리거나, 성과를 인정받거나, 승진까지 바라보고 있는 어감을 [do well at work]에 담을 수 있습니다. [do well]만 잘 써도 다양한 상황을 표현할 수 있습니다.

A: How's your daughter doing with the new job?
딸이 새로운 일을 하는 건 어때?

B: She's doing well at work.
회사에서 잘하고 있어.

수학을 어려워했던 아이가 가정교사의 도움을 받아 성적이 오른 상황입니다. 학교에서 공부를 잘할 때는 [do well in school]을 쓰고, 수업 시간에 공부를 잘할 때는 [do well in class]로 쓰네요. 뒤에 공간을 바꿔가며 다양하게 응용할 수 있습니다.

My son was struggling with math so my husband and I decided to get him a tutor. We were so happy to see him doing well in class. He even got a perfect score on his last test.
아들이 수학을 어려워해서 남편과 나는 아이에게 가정교사를 붙여 주기로 했다. 성적이 좋아지는 걸 보니 무척 기뻤다. 마지막 시험에서는 심지어 만점을 받았다.

인사 고과에서 좋지 못한 점수를 받은 상황입니다. 특별히 잘못한 일이 없어도 평소의 근무 태도가 좋지 않으면 낮은 점수를 받을 수 있죠. 이렇게 복잡한 내용도 [do poorly]로 표현할 수 있습니다. 회사라는 맥락이 깔려 있을 때는 [at work]를 생략할 수 있어요.

A: How **did** your performance review go?
인사 고과는 어떻게 됐어?

B: Not well. Our manager said I've been **doing** poorly.
별로예요. 매니저님이 내가 일을 너무 못하고 있대.

 봄에 갑자기 기온이 내려갔지만 비가 많이 내린 덕분에 식물이 잘 자랐네요. 식물이 잘 자랄 때도 [do well]을 활용할 수 있죠. 식물을 '주어'로 써서 [do well]에 도전해 보세요!

This spring, we suddenly got a lot of rain. The weather has been cooler, but my plants are **doing** well with all this rain. I'm sure I will have lots of flowers blooming soon.
올봄에 갑자기 비가 많이 왔다. 날씨가 서늘하긴 했지만, 비 덕분에 식물이 잘 자랐다. 조만간 식물에서 꽃이 피는 것을 볼 수 있을 것 같다.

 심화단어 : struggle 힘겹다, 고전하다 | **tutor** 가정교사, 개인 지도 교사 | **performance** 인사 고과

do의 두 번째 뜻은 '숙제하다, 조사하다'입니다. do를 배울 때 가장 먼저 배우는 예문이 [do homework]여서 이미 익숙한데요. 우리말 숙제[=homework]를 하다[=do]에 딱 들어맞고 의미도 직관적이어서 어렵지 않죠. 하지만 이 표현을 '학생'뿐 아니라 '어른'도 사용할 수 있다는 것. 알고 계셨나요? 어른에게 '숙제'란 무언가를 결정하기 전에 '조사하거나 알아보는 것'을 말합니다. 예를 들어 저는 항공권을 구매할 때 시간을 충분히 두고 조사하는 편인데요. 시기와 항공사에 따라 가격이 달라지기 때문이죠. 영어로는 "I do a lot of homework before buying a plane ticket."이라고 합니다. 항공권을 구매하기 전에 숙제를 하듯이 조사하는[=research] 것이죠. 학생과 성인이 모두 할 수 있는 [do homework]의 뜻을 더 알아보겠습니다.

아빠가 아이에게 오늘 숙제를 다했느냐고 묻는 상황입니다. 'homework'의 짝꿍 동사는 'do'입니다. 또한 자녀에게 말하는 상황이니 학교에서 내준 숙제를 말하네요. 아이가 있다면 오늘은 영어로 한번 물어보는 건 어떨까요?

A: Have you **done** your homework for today?
오늘 숙제 다 했어?

B: Not yet, but I'll get started soon.
아니 아직, 곧 시작할 거야.

부모가 아이의 숙제를 도와주면[=do their homework] 좋은 관계를 형성할 수 있다고 합니다. 귀찮은 일일 수도 있지만, 깊은 교감을 할 수 있다는 장점이 있네요. 숙제와 함께 나오는 다른 영어 표현도 눈여겨보세요.

I think it's important for parents to help their kids **do** their homework. Although it can be tiresome, it's a good bonding experience and shows your kids that you're interested in their lives. I think setting aside time every day to help your kids is a good idea.
부모가 아이의 숙제를 도와주는 게 중요하다고 생각한다. 귀찮을 수도 있지만, 유대감을 경험하고 부모가 아이의 삶에 관심이 있다는 걸 보여주는 기회가 된다. 매일 아이를 도와주는 시간을 떼어 놓는 것은 좋은 생각인 것 같다.

면접 중에 면접관에게 칭찬을 듣는 상황입니다. 면접을 준비하는 과정에서 입사하고 싶은 회사에 대해 조사를 많이 했기 때문이죠[=do a lot of homework]. 조사 대상을 말하려면 'on'을 붙이면 됩니다.

A: Wow, you really **did** a lot of homework on our company.
와우, 우리 회사에 대해 조사를 정말 많이 했네요

B: Yes, I really wanted to get this job.
네, 이 직장을 꼭 잡고 싶었거든요

이민을 결정하기 전에는 조사해야 할 것들이 많죠. 일, 음식, 거주 환경 등 고려해야 할 요소들이 한두 가지가 아닌데요. 결정을 앞두고 사전에 조사를 해야 하는 상황을 말할 때는 [do a lot of homework]가 잘 어울립니다.

Before I decided to move to Korea, I had to **do** a lot of homework. I needed to know what the living conditions and my job responsibilities would be. Even though I researched a lot, there were still plenty of surprises waiting for me.
한국에 가기로 결정하기 전에, 한국에 대해 많이 조사해 봐야 했다. 한국의 생활 여건과 책임 질 일들에 대해 알아야만 했다. 많이 조사했음에도 여전히 예상치 못한 많은 일들이 기다리고 있었다.

 심화단어 : tiresome 귀찮은, 성가신 | set aside (돈, 시간 등을) 따로 떼어 두다 | plenty of 많은

다양한 의미의 do

do의 세 번째 뜻은 다양한 의미의 '하다'입니다. do의 의미를 세세하게 구분하면 스무 가지가 넘는데요. 모든 뜻을 한 번에 외우는 것은 효과적이지 않습니다. 또한 do가 들어간 덩어리 표현만 기억하거나, 스토리를 빼고 문장만 달달 외워서는 do를 제대로 배울 수 없죠. 이번에는 네 가지 상황에서 do가 어떻게 쓰이는지 정리했는데요. 빈도수가 높은 상황을 추렸으니, 스토리와 함께 각 상황에서 쓰이는 'do'를 배워봅시다. 머리, 설거지, 식사, 영상과 함께 쓰는 'do'입니다. do와 연결하면 어떤 의미로 확장될지를 예상하며 읽어보세요. 그러면 아마 머리에 쏙쏙 들어올 거예요. 앞으로 영어를 공부할 때 'do'처럼 쉬운 단어에 관심을 두세요. 눈으로 해석은 쉬운데 입에선 안 나오는 단어가 내게 가장 필요한 단어입니다. do처럼요!

결혼식에서 머리 스타일을 어떻게 할지 고민하는 상황입니다. 미용실에서 머리를 꾸미는 것도 [do one's hair]로 쓰고, 혼자 집에서 거울 보고 머리를 만지는 것도 [do one's hair]로 쓸 수 있습니다. 첫 번째 배울 do는 [do one's hair]입니다!

A: How are you doing your hair for the wedding?
결혼식에서 머리를 어떻게 할 거야?

B: I think I'm going to put it up.
머리를 올릴 것 같아.

집안일 중에 설거지를 좋아한다는 내용인데요. '설거지하다'에 해당하는 덩어리 영어 표현은 [do the dishes]입니다. 물론 '닦다'의 'wash'도 가능합니다.

I secretly like **doing** the dishes. Of all the house chores one can **do**, I think it's my favorite. There's something so nice about cleaning dishes after you've used them.
내가 설거지를 좋아하는 건 아무도 모를 거다. 모든 집안일을 통틀어 설거지가 제일 좋다. 사용한 그릇들을 닦고 나면 뭔가 기분이 좋아진다.

친구와 저녁식사 약속을 정하는 상황입니다. '저녁을 먹다'라는 표현으로는 [eat dinner, have dinner]가 있는데요. 이번에는 [do dinner]를 쓸 수 있는 상황입니다. 아래 대화에선 저녁 약속을 잡거나 저녁 먹으면서 함께 시간을 보내자는 어감이 들어 있죠. 이런 미묘한 차이를 나타낼 때 do를 쓸 수 있네요!

A: Can you **do** dinner this Friday?
이번 주 금요일에 저녁 먹을 수 있어?

B: Sure. I **don't** have any plans after work.
그럼. 퇴근하고 별다른 약속은 없어.

회사에서 영상을 촬영하는 새로운 업무를 맡은 상황입니다. '영상을 촬영하다'는 do로 쉽게 표현할 수 있는데요. [make a video]는 영상의 기획, 촬영, 편집까지의 과정이 강조되는 반면, [do a video]는 가볍게 영상을 찍는 행위가 더 강조됩니다. 스마트폰으로 1분 영상을 찍을 때는 [do a video]가 어울립니다.

A few weeks ago, my company asked us to start making videos. I really **didn't** want to **do** a video, but I thought I should give it a shot. After I finished recording it, I felt kind of proud of my work.
몇 주 전에 회사에서 우리에게 영상을 만들어보라고 했다. 나는 영상을 찍는 게 정말 싫었는데, 한번 시도해 보기로 했다. 촬영을 끝내고 나서, 내 일에 조금 뿌듯한 느낌이 들었다.

14 drop [dræp]

핸드폰을 '떨어뜨리고', 터미널에 '내려주고', 요가를 '그만두다'를 모두 drop으로 써요!

① 떨어뜨리다 [=to allow something to fall]

I **dropped** my phone into the ocean.
핸드폰을 바다에 떨어뜨렸어.

② 갖다주다/내려주다 [=to take someone/ something somewhere and leave them there]

I can **drop** you at terminal 1.
1번 터미널에 내려줄 수 있어.

② 중단하다/취소하다
[=to stop doing something]

Drop everything and pack your bags!
모든 일을 중단하고 가방을 싸!

💡 **이런 뜻도 있어요** : 빼다, 낮추다, 약해지다 등

떨어뜨리다

🎧 FILE:14-drop-2

drop의 첫 번째 뜻은 '떨어뜨리다'입니다. 손에 쥐고 있던 물건을 어디에 떨어뜨렸을 때 기본 동사 drop을 떠올려 주세요. drop에는 2가지 뉘앙스가 담겨 있는데요. 첫째는 의도하지 않고 떨어뜨리는 뉘앙스이고, 둘째는 의도하고 떨어뜨리는 뉘앙스입니다. 예를 들어 실수로 핸드폰을 바다에 떨어뜨린 것[=drop the phone into the ocean]은 의도하지 않은 것인 반면, 장난으로 동생 머리 위에 계란을 떨어뜨린 것은 의도했다 할 수 있습니다. 맥락에 따라 2가지 뉘앙스를 적절히 적용하면 됩니다. 음악 DJ에게 쓰는 'Drop the beat!'도 리듬이나 박자를 무대에 떨어뜨린다는 뜻으로 이해할 수 있겠네요.

동생 머리 위에 계란을 떨어뜨리는[=drop an egg on his head] 장난을 쳤네요. 계란이 머리 위로 떨어지는 장면에서 'drop'을 떠올릴 수 있습니다. 의도하고 떨어뜨린 뉘앙스도 챙겨가세요.

A: Have you ever pranked someone?
누군가에게 장난쳐 본 적 있어?

B: I once dropped an egg on my brother's head.
동생 머리 위에 계란을 떨어뜨린 적이 있어.

누구나 실수로 그릇을 떨어뜨린 경험이 있지 않나요? 바닥에 카펫이 깔려 있다면 깨질 확률이 낮을 겁니다. 모르고 그릇을 떨어뜨린 상황을 표현할 때 drop을 사용해 주세요.

When I was a kid, I once **dropped** a bowl on the floor. Luckily, the floor was carpeted so it didn't break. My mom still yelled at me to be careful.
어렸을 때 그릇을 바닥에 떨어뜨린 적이 있다. 다행히도 바닥에 카펫이 깔려 있어서 그릇이 깨지지 않았다. 그런데도 엄마는 내게 조심하라고 소리를 질렀다.

크루아상 빵은 잘 부서져서 바닥에 흘리기 쉽습니다. 빵 부스러기를 떨어뜨린 상황을 표현할 때도 drop을 활용할 수 있습니다. 온 바닥에 떨어뜨렸을 때는 all over the floor를 붙이면 됩니다. 줍는 것은 pick up입니다.

A: You've **dropped** crumbs all over the floor.
온 바닥에 빵 부스러기를 흘렸어.

B: Sorry. I'll pick them up when I'm done eating.
미안. 다 먹고 주울게. [=치울게]

강아지로부터 급하게 도망치다가 가방을 담장 너머에 떨어뜨린 상황입니다. 단순히 drop의 뜻을 외우기보다 이런 생생한 상황을 연결해서 drop을 기억해 주세요. 단어에 스토리가 있어야 기억에 오래 남습니다. 스토리 안에서 단어를 익히는 습관을 가져 보세요.

One time, my friend and I were running away from a dog. I had to **drop** my bag over a fence and just keep running. Fortunately, I was able to pick it up the next day.
한번은 친구와 내가 강아지한테서 도망치고 있었다. 가방을 담장 너머로 던지고[=떨어뜨리고] 계속 뛸 수밖에 없었다. 다행히도 다음 날에 가방을 다시 찾을 수 있었다.

 심화단어 : prank 장난치다 | yell 소리치다 | crumb 부스러기 | fence 울타리

갖다주다 / 내려주다

 FILE: 14-drop-3

drop의 두 번째 뜻은 '갖다주다, 내려주다'입니다. 물건은 갖다주고, 사람은 내려주는 거죠. 물건과 사람에 모두 쓸 수 있는 실용적인 기본 동사입니다. 물건을 특정 장소에 의도하고 떨어뜨리면 물건을 가져다주는 의미로 확장되고, 사람을 특정 장소에 의도하고 떨어뜨리면 사람을 내려주는 의미로 확장됩니다. 제 경험을 예로 들어볼게요. 예전에 안 쓰던 책상을 중고로 판매한 적이 있는데요. 구매자 집이 제가 사는 곳에서 멀지 않아 책상을 놓고[=drop my desk] 왔습니다. 또 다른 예로 공항에 갈 때 주차비가 부담스러워 가족에게 차로 데리러 달라고[=drop me (off) at the airport] 부탁한 적이 있는데요. 이때는 저를 공항에 내려준다는 의미로 쓰입니다. drop의 두 번째 뜻이 담긴 여러 예문을 보며 drop에 익숙해지기 바랍니다.

미국에서는 친구 집에 놀러 갈 때 차로 이동하는 편이에요. 땅덩어리가 워낙 넓기도 하고, 대중교통이 우리나라처럼 보편화되지 않았기 때문이죠. 그래서 차로 데리러 가고 내려주는 일이 흔해요. 참고로, drop에 off를 넣어서 쓰기도 합니다.

A: Can you **drop** me off at Suzie's tomorrow?
내일 Suzie 집에 내려 줄 수 있어?

B: Only if you finish all your homework tonight.
오늘 밤에 숙제를 다 마치면 해 줄게.

아이가 있는 부부 사이에서 흔히 나누는 대화입니다. 특히 아이를 학교까지 태워주는 모습은 북미 영화에 빠지지 않고 등장하는 장면이죠. 사람을 특정 장소에 내려줄 때 drop을 활용해서 표현합니다.

A: Can you **drop** the kids off at school this morning?
오늘 아침에 아이를 학교에 내려줄 수 있어?

B: Sure. No problem.
그럼. 괜찮아.

이번에는 사람이 아닌 '물건'을 drop하는 상황입니다. 엄마의 심부름으로 출근길에 택배를 부치고 오는 내용인데요. 택배뿐만 아니라 세탁소에 빨래를 맡길 때도 drop을 쓸수 있습니다. 물건을 '떨어뜨리고[=drop]' 온다는 공통점이 보이시나요?

My mom asked me to **drop** some packages at the post office on my way to work on Monday. It was a little out of my way, but I was happy to help. My mom always helps me whenever I ask.
엄마가 내게 월요일 출근길에 우체국에 들러 택배를 부쳐 달라고 부탁했다. 조금 돌아가는 길이었지만, 도움을 줄 수 있어 기뻤다. 엄마는 내가 부탁하면 항상 날 도와주기 때문이다.

중고거래에서 판매자에게 책을 직접 갖다 주는 상황입니다. 책과 같은 물건을 특정 장소에 두고 올 때는 drop이 제격이죠.

Yesterday, I had to **drop** some books off at a lady's house. She had bought the books from me online. She couldn't meet in person, though, so I had to **drop** the books off myself.
어제 한 여성의 집에 책을 갖다 줘야만 했다. 그분은 온라인에서 내게 책을 샀다. 직접 만날 수 없어서, 내가 직접 책을 갖다 줄 수밖에 없었다.

 심화단어 : packages 택배 | in person 직접, 대면으로

중단하다 / 취소하다

 FILE: 14-drop-4

drop의 세 번째 뜻은 '중단하다, 취소하다'입니다. 무언가 하고 있던 일을 중간에 멈춘다는 뜻입니다. 사전에 계획하고 멈추기보다는 비교적 갑작스럽게 그만둘 때 사용합니다. 붙잡고 있던 생각이나 주제를 바닥에 떨어뜨리는[=drop] 장면을 상상해 주세요. 그럼 '그만두다'의 뉘앙스가 잘 와닿을 거예요. 예를 들어 회의에서 같은 주제를 두고 2시간 넘게 이야기하는 상황을 가정해 보죠. 아무리 의견을 나눠도 답이 나오지 않아, 그 주제에 대해서는 그만 이야기하자고 일단락 지었습니다. 이 상황을 영어로 표현하면 "Let's just drop the subject."가 됩니다. 마치 얘기하고 있던 주제를 떨어뜨리듯이 [=drop] 그만 말하자는[=stop talking] 뜻이네요. 무언가 멈추고 중단하고 취소할 때 drop을 떠올려 주세요!

 더 이상 요가 수업을 듣지 않겠다는 상황입니다. 계속 다니고 있던 요가를 중간에 그만둔다는 뜻에서 'drop'을 쓸 수 있습니다. 행동을 멈출 때도 drop을 떠올려 주세요.

A: I have to **drop** yoga next month.
다음 달에는 요가를 그만두려고

B: Oh, no! Why is that?
어머! 무슨 일 있어?

 머릿속에 완벽한 직장에 대한 욕심을 가지고 있는 사람입니다. 그러다 보니 거듭 퇴사를 하게 되는데요. 완벽한 직장에 대한 생각을 버리라고[=drop the idea] 친구가 조언하고 있습니다.

A: I'm thinking about quitting my job again.
다시 퇴사를 고민하고 있어.

B: You need to **drop** the idea of a perfect job and learn to be content.
완벽한 직장에 대한 생각은 그만두고 만족하는 법을 배워 봐.

연구실에서 진행 중인 프로젝트를 도중에 그만둬야 하는 상황입니다. 학교에서 갑작스레 재정 지원을 끊어버렸네요. 기관에서 진행하는 프로젝트도 'drop'할 수 있다는 사실을 기억해 주세요.

When I was working in a lab, my professor came in to check on us. Her expression was very serious and she told us she had some bad news. The university decided they needed to **drop** our project.

연구실에서 일했을 때 교수님이 우리를 확인하려고 찾아왔다. 교수님의 표정은 정말 심각했고, 안 좋은 소식이 있다고 말했다. 대학에서 우리가 맡은 프로젝트를 중단시키기로 결정했다는 소식이었다.

끝으로 학교를 중간에 그만두는 상황에서도 drop을 쓸 수 있습니다. 우리말로 '중퇴하다'라고 하는데요. 이 표현은 drop에 out을 붙여 [drop + out] 형태로 쓰입니다. 구체적인 장소를 언급하려면 of를 붙여 [drop out of + 장소]로 쓰면 됩니다. 사람을 나타내는 중퇴자는 a dropout으로 drop과 out을 붙여서 말합니다.

My sister went to school for three years until she decided to **drop** out of college. I think she should've just graduated, but she's much happier now. She's found a good job and makes decent money now.

동생은 3년 동안 학교를 다니다가 자퇴를 결심했다. 나는 동생이 졸업을 했어야 됐다고 생각하는데, 동생은 지금 더 만족해하고 있다. 동생은 좋은 직업을 구했고 돈도 적당히 벌고 있다.

심화단어 : **content** (자기가 가진 것에) 만족한 | **check on** (이상이 없는지) 확인하다, 살펴보다
should have p.p ~했어야 했다(후회하는 뉘앙스)
decent (최선은 아니지만) 좋은, 괜찮은[=good enough]

15 fall [fɔl]

계단에서 '넘어지고', 물가가 '떨어지고',
갑자기 '아프다'를 모두 fall로 써요!

① 넘어지다/떨어지다 [=to lose balance and hit the ground]

He **fell** down the stairs and hurt his back.

그는 계단에서 넘어져서 허리를 다쳤다.

② (양, 질, 수, 강도 등이) 떨어지다
[=to decrease]

Demand for tutors has **fallen** dramatically.

가정교사에 대한 수요가 극적으로 떨어지고 있다.

③ (갑자기) ~가 되다 [=to become]

Shortly before Christmas she **fell** sick.

크리스마스 직전에 갑자기 아팠다.

💡 **이런 뜻도 있어요** : 줄다, 내려가다, 속하다 등

넘어지다/떨어지다

🎧 FILE:15-fall-2

fall의 첫 번째 뜻은 '넘어지다, 떨어지다'입니다. 기본적으로 사람과 물건이 위에서 아래로 떨어지는 동작을 나타내죠. fall은 실제 대화에서 혼자 쓰이지 않고 전치사와 함께 쓰인다는 점이 특징입니다. '빙판에서 넘어졌다'는 [fall + on the ice]로 'on'을 쓰고, '관람차에서 떨어졌다'는 [fall + off the Ferris Wheel]로 'off'를 써야 하죠. '구덩이에 빠졌다'는 [fall + into a hole]로, '침대에서 떨어지다'는 [fall + out of the bed]로 각각 into와 out of를 함께 씁니다. fall을 이해하는 데 그치지 않고 프리토킹까지 연결하려면, 전치사와 함께 묶어서 기억해야 합니다. 그래야 '아는 단어'에서 '쓰는 단어'로 바뀝니다.

아이들은 놀다 보면 자주 바닥에 넘어지죠. 특히 빙판이라면 넘어지는 일은 피할 수 없고요. [fall + on the ice] 문형으로, fall과 빙판 사이에 'on'을 넣어주세요!

A: Why does your son have a bandage on his hand?
너희 아들은 왜 손에 붕대를 하고 있어?

B: Oh, he fell on the ice yesterday.
오, 어제 빙판에서 넘어졌어.

관람차에서 십 대 아이가 떨어졌다는 끔찍한 소식입니다. 위에서 아래로 떨어진다는 뜻의 'fall'이 떠오를 텐데요. 관람차에 탄 상태를 'on'으로 쓰니, 떨어졌다는 'on'의 반대인 'off'를 써서 [fall + off the Ferris Wheel] 문형으로 표현합니다.

A: Did you hear a teenager fell off the Ferris Wheel last weekend?
지난주에 한 십 대 아이가 관람차에서 떨어졌다는 소식 들었어?

B: That sounds terrible!
끔찍하다!

숲에서 놀다가 구덩이에 빠진 상황입니다. 아래로 떨어져 구덩이에 갇혔으니 [fall + into a hole] 형태로 사용합니다. 공간을 나타내는 'in'과 방향을 나타내는 'to'를 합쳐, 'into'로 썼네요.

One day, I was playing with my brothers in the woods. I wasn't paying attention to where I was going and **fell** into a hole. They quickly ran and got my parents and they rescued me.

하루는 동생들과 함께 숲에서 놀고 있었다. 나는 걷는 곳을 신경 쓰지 않다가 구덩이에 빠지고 말았다. 동생들이 재빨리 뛰어서 부모님을 데려왔고, 나를 구해줬다.

이번에는 사람이 자동차 아래로 넘어진 상황입니다. 맥락에 따라 '자동차에 깔렸다'라고 볼 수 있는데요. 전치사 'under'를 활용해 [fall + under a car] 형태로 나타냅니다.

There is an amazing story of a mother's strength. The story goes that a child **falls** under a car and the mother lifts the car to save them. It just goes to show how amazing human beings are.

엄마의 힘에 관한 놀라운 이야기가 있다. 한 아이가 자동차 밑에 깔리는데, 엄마가 그 차를 들어 아이를 구한다. 인간이 얼마나 놀라운 존재인지를 알려주는 이야기이다.

 심화단어 : human beings 인간

(양, 질, 수, 강도 등이) 떨어지다

FILE: 15-fall-3

fall의 두 번째 뜻은 '양, 질, 수, 강도 등이 떨어지다'입니다. 이번 fall은 의미의 범위가 워낙 넓어 구체적인 예시와 함께 기억하는 것이 좋습니다. 기온이 떨어졌다는 말은 [temperatures + fall]로 표현하고, 물가가 떨어졌다는 말은 [prices + fall]로 씁니다. 그냥 '떨어지다'라고만 외우면 읽고 들을 수는 있지만, 말하고 쓸 수는 없습니다. 또한 fall이 들어간 문장 하나만 따로 외우는 것도 효과가 떨어지는데요. 항상 2문장 이상의 대화문, 3문장 이상의 일기를 통해 익혀야 합니다. 이 책을 여러 케이스로 구성한 이유가 여기에 있습니다. 다양한 텍스트를 보며 fall이 어떻게 사용되는지 확인해 보세요.

수치가 떨어지는 것도 'fall'로 표현할 수 있습니다. 거듭 강조하지만, 기온 [=temperatures]을 알고, 떨어지다[=fall]를 알아도 두 단어를 연결하지 못하면 소용이 없습니다. 참고로 'fall' 대신 'drop'도 가능합니다.

A: I heard temperatures will fall this weekend.
이번 주말에 기온이 떨어진대.

B: Make sure to bundle up!
옷을 꼭 껴입어야겠다!

이런 일이 벌어지면 안 되겠지만, 급여가 떨어지는 상황을 말해야 할 때도 있습니다. 급여도 'fall'과 함께 쓸 수 있네요. 기본 동사만 제대로 알아도 일상 대화의 대부분을 표현할 수 있습니다!

A: What will you do if salaries keep falling?
급여가 계속 떨어지면 어떻게 할 거야?

B: I'll quit and find a new job.
그만두고 새로운 직장을 구해야지.

수요와 공급을 영어로 [demand and supply]라고 하죠. 수요와 공급이 떨어지는 상황도 'fall'로 표현할 수 있습니다. 특히 오르고 떨어진다는 표현은 [rise and fall]로 묶어서 사용하니 기억해 주세요!

It's amazing how quickly demand can rise and **fall** sometimes. When I was a kid, iPods were a must-have item. Now everyone just listens to music on their smartphones.

때때로 수요가 빠르게 증가하고 떨어질 수 있다는 것이 놀랍다. 어렸을 때는 아이팟이 필수품이었다. 하지만 지금은 다들 스마트폰으로 음악을 듣는다.

 물가[=prices]가 떨어지는 상황도 'fall'로 표현합니다. 또한 '오르다, 내리다'를 더욱 쉽게 표현하면 [go up, go down]도 가능합니다. 경제 이야기도 기본 동사로 충분히 설명할 수 있습니다.

These days, prices have gone up everywhere. I've been dreaming of the day when prices will **fall**. The whole point of capitalism is that prices will **fall** when demand is low, right?

요새 물가가 안 오른 곳이 없다. 물가가 떨어지는 날을 기대하고 있다. 수요가 줄면 가격이 떨어지는 게 자본주의의 핵심이니까.

 심화단어 : bundle up 옷을 껴입다 | must-have 꼭 필요한 | capitalism 자본주의 demand 수요

 FILE:15-fall-4

fall의 세 번째 뜻은 '~가 되다'입니다. 영어에서는 각종 기본 동사를 'become'의 의미로도 쓰는데요. 이런 동사를 '연결 동사[=linking verbs]'라고 합니다. 의미는 '~가 되다'로 'become'과 같지만 기본 동사에 따라 약간의 뉘앙스가 추가되는데요. fall에는 '갑작스러운[=suddenly]'이라는 뉘앙스가 들어갑니다. 하지만 때론 문장에서 사용되는 fall이 기본 동사인지 연결 동사인지 헷갈릴 때가 있어요. 이럴 때 기본 동사 fall과 구분하는 팁이 있습니다. fall이 '떨어지다'에 가깝게 해석되지 않는다면 대부분 'become'의 뜻으로 쓰였다고 이해해도 무방합니다. 여기에 [fall + 형용사] 형태로 쓰였다면 99% 연결 동사라고 할 수 있습니다. 이미 우리에게 익숙한 '잠들다[=fall asleep]'에서도 fall은 세 번째 뜻인 '연결 동사'로 쓰였네요!

'잠자리에 들다'에 해당하는 표현은 [go to bed/go to sleep]입니다. [fall + asleep]은 '잠든 상태가 되다'에 가깝죠. 그래서 운전 중에 나도 모르게 잠드는 상황에서는 [fall + sleep]이 적절합니다. 이때 'fall'은 'become'의 의미로 사용됩니다.

A: Are you sure you won't **fall** asleep while you're driving home?
집까지 운전하는 동안 졸지 않을 수 있겠어?

B: Yes, I'll be fine.
그럼, 괜찮을 거야.

아들이 갑자기 몸이 안 좋아진 상황입니다. 아픈 '상태'를 강조할 때는 [be + sick]을 쓸 수 있지만, 아프게 된 상태의 변화를 강조할 때는 [fall + sick]를 쓸 수 있습니다. 이때는 '갑자기' 아프게 되었다는 뉘앙스가 추가됩니다.

A: My son can't attend school this week because he's **fallen** sick.
아들이 (갑자기) 몸이 아파서 학교에 못 가.

B: Oh, I'm sorry to hear that.
오, 어떡하냐.

친구가 갑자기 의식을 잃은[=fall unconscious] 상황입니다. '~가 되다'의 'fall'은 뒤에 항상 '형용사'가 따라오죠. [fall + 형용사] 문형을 확인해 주세요!

One day, my high school friend suddenly **fell** unconscious. It was so scary and the teachers even called an ambulance. It turns out she wasn't drinking enough water.

하루는 고등학교 친구가 갑자기 정신을 잃었다. 너무 무서웠고 선생님들이 구급차까지 불렀다. 알고 보니 친구가 물을 충분히 마시지 않은 게 문제였다.

할아버지가 편찮으셨다가 결국 돌아가신 상황입니다. '몸이 아픈, 병이 난'이란 뜻의 형용사 'ill'과 'fall'을 합쳐 표현했죠. [fall + ill]의 조합을 주목해 주세요!

When I was a middle school student, my grandpa **fell** ill. It was really sad for everyone, but especially my mom. Unfortunately, he never got better and eventually passed away.

중학교 때 할아버지가 편찮으셨다. 모두가 슬퍼했고, 특히 엄마가 더 슬퍼했다. 안타깝게도 할아버지의 몸은 나아지지 않았고, 결국 돌아가셨다.

 심화단어 : unconscious 의식을 잃은 | pass away 사망하다, 돌아가시다

16 feel [fil]

책임감을 '느끼고', 강아지가 훌륭하다고 '생각하고', 캠핑이 '하고 싶다'를 모두 feel로 써요!

① ~하게 느끼다/기분이 든다 [=to experience an emotion]
I **feel** excited for my trip next month.
다음 달에 갈 여행에 들떠 있다.

② ~라고 생각하다 [=to think a certain way]
I **feel** I should call my parents more often.
부모님에게 더 자주 전화해야 한다고 생각한다.

③ ~하고 싶다 [=to want to do something]
I **feel** like going indoor rock climbing this weekend.
이번 주말에 실내 클라이밍을 하러 가고 싶어.

💡 **이런 뜻도 있어요** : 만져 보다, ~인 것 같다 등

~하게 느끼다/기분이 든다 🎧 FILE:16-feel-2

feel의 첫 번째 뜻은 '~하게 느끼다, 기분이 든다'입니다. 특정 느낌과 기분을 전할 때 쓰는데요. 뒤에 형용사를 써서 어떤 느낌과 기분인지를 구체적으로 나타내죠. 그렇다면 be동사와 기본 동사 feel의 차이가 궁금해지는데요. 'I'm happy'와 'I feel happy'는 어떻게 다를까요? 결론적으로 둘 다 행복한 '상태'라는 뜻은 같습니다. 하지만 [be + happy]는 일반적인 상태를 나타내는 반면 [feel + happy]는 기분과 느낌을 더욱 강조하는 뉘앙스가 포함됩니다. 또한 [feel + happy] 다음에는 구체적인 이유가 따라오기도 합니다. "I feel happy when I'm with my friends."처럼 행복한 이유를 부연 설명해 주죠. feel 같은 동사를 '감각동사'라고 하는데요. 감각동사는 한국 학습자에게 눈으로 이해하긴 쉽지만, 입에서는 나오기 어려운 대표적인 파트입니다. 그러니 다양한 맥락의 예문을 접하며 익히는 게 중요합니다.

오랜 연애 끝에 남자친구에게 프러포즈를 받은 상황입니다. 얼마나 기분이 좋을까요. 이런 기분을 강조하고 싶을 [feel + 형용사] 형태로 사용합니다. 여기서는 [feel + lucky] 형태를 써서 운이 좋았다고 말하네요.

A: I heard your boyfriend finally proposed. Congratulations!
남자친구가 드디어 프러포즈를 했다며. 축하해!

B: Thank you. I feel so lucky.
고마워. 정말 운이 좋은 것 같아. [=운이 좋은 기분이야.]

계획했던 식단을 지키지[=stick to] 못해 죄책감을 느끼는[=feel guilty] 상황입니다. 이처럼 불편한 마음이나 기분을 강조할 때도 feel을 사용할 수 있습니다.

I've been **feeling** guilty because I haven't been sticking to my diet. I'm supposed to eat basic food like chicken breasts and vegetables, but last night I ordered a pizza. I need to figure out how to get back on track.
요새 식단을 지키지 않고 있어서 마음이 불편하다. 닭 가슴살과 야채 같은 기초식품을 먹어야 하는데, 어젯밤에 피자를 주문했다. 다시 돌아갈[=식단을 지킬] 방법을 찾아야겠다.

집에 화재가 나서 모든 것을 잃은 상황입니다. 소중한 집을 잃어 마음이 허전하고 [=feel empty] 어찌할지를 모르는 당황스러운[=feel lost] 느낌이 들겠죠. 내 기분과 느낌을 말할 때 'feel'을 적극 떠올려 주세요.

A: How have you been doing since the fire destroyed your home?
집에 화재가 난 이후로 그동안 어떻게 지내고 있어?

B: I've been **feeling** very empty and lost.
너무 허전하고 길을 잃은 느낌이야.

첫째로서 동생들에게 책임감을 느끼는 상황입니다. 부모님과 함께 동생을 돌봐야 한다는 느낌은 [feel + responsible]로 표현할 수 있습니다. responsible보다 feel을 떠올리기 어려우니, feel에 관심을 기울여 주세요.

When I was growing up, I **felt** responsible for my younger siblings. As the oldest, I wanted to make sure that everyone was safe. Unfortunately, my youngest brother often argued with me and got into trouble.
어렸을 때 동생들에 대해서 책임감을 느꼈다. 첫째로서 모두를 꼭 안전하게 하고 싶었다. 안타깝게도 막냇동생과 자주 말다툼을 해서 문제를 일으키곤 했다. [=부모님께 혼이 났다.]

 심화단어 : stick to 지키다, 고수하다

~라고 생각하다

FILE: 16-feel-3

feel의 두 번째 뜻은 '~라고 생각하다'입니다. 느낌과 기분의 뜻만 있는 줄 알았던 'feel'에 '생각하다' 라는 뜻이 숨어 있었네요. 물론 단어 'feel'에서 출발했기 때문에 객관적인 사실을 말하진 않습니다. 개인적인 감정이나 경험에 의한 '자신의 생각'을 말하는 정도의 뉘앙스입니다. 한편 영어에서는 I think, I feel, I believe를 각각 사용합니다. 우리말은 이 세 가지를 '~인 것 같다, ~라고 생각하다'로 뭉뚱그려 사용하는데요. I think는 생각에 가깝고, I feel은 느낌에서 나온 생각에 가깝고, I believe는 믿음에 근거한 생각에 가깝습니다. 끝으로 '~라고 생각하다'의 feel은 보통 두 가지 형태로 쓰는데요. [How do you feel about…?] 같은 의문문이거나, [I feel that S + V…] 같이 'that 주어동사' 형태로 사용합니다. 겉은 feel이지만, 속은 '생각하다'라는 의미로 이해해야 합니다.

현대 미술에 대한 개인의 생각을 묻는 상황입니다. [What do you think about…?] 패턴으로 물을 수도 있고, [How do you feel about…?] 패턴으로 물을 수도 있죠. 이런 뜻의 feel은 아직 익숙하지 않으니 의식적으로 연습하는 게 좋습니다.

A: How do you **feel** about modern art?
현대 미술에 대해서 어떻게 생각해?

B: I **feel** it's very ridiculous.
굉장히 황당하다고 생각해. [=터무니없다고 생각해.]

친구에게 술을 마시면 안 된다는 자기 생각을 전하는 상황입니다. '생각하다'의 feel은 [feel + 형용사] 조합이 아니죠. [feel + 주어 + 동사] 조합을 활용해 '생각하다'의 의미를 정확히 표현해야 합니다.

A: I **feel** strongly that you shouldn't drink tonight.
네가 오늘 밤에 술을 마시면 정말 안 된다고 생각해.

B: Well, I don't really care about your opinion.
그런데 나는 네 의견에 그다지 신경 쓰지 않아.

강아지가 훌륭한 반려동물이라는 자신의 생각을 밝히는 상황입니다. 생각을 읽어보니 강아지를 키우는 장점이 상당하네요. 이제부터 '생각하다' 하면 'think' 외에도 'feel'을 떠올리기 바랍니다.

I **feel** that dogs make great pets. They are always in a good mood and cheer up their owners. They also give you a great excuse to exercise throughout the day.

나는 강아지가 **훌륭한** 반려동물이라고 생각한다. 강아지는 항상 기분이 좋고 키우는 사람에게 힘을 준다. 또한 강아지는 (산책을 해야 해서) 하루 종일 운동할 구실을 제공한다.

운동선수가 받는 고액 연봉에 대한 자기 생각을 말하는 상황입니다. 느낌과 생각을 동시에 전하고 싶을 때 이런 'feel'을 전략적으로 사용하면 좋겠네요. [feel = 생각 + 느낌] 공식처럼 활용해 보세요.

Sometimes, I **feel** that athletes earn too much money. Of course, their career is very short but I don't understand why they make millions of dollars. I wish we could pay teachers more and athletes less.

나는 가끔 운동선수가 돈을 지나치게 많이 번다고 생각한다. 물론 운동선수의 커리어는 매우 짧지만, 그렇다고 수백만 달러를 버는 건 이해가 되지 않는다. 선생님에게 돈을 더 많이 주고 운동선수에게는 조금 더 적게 줬으면 좋겠다.

 심화단어 : ridiculous 말도 안 되는, 터무니없는 | an excuse 변명, 이유, 구실
throughout the day 종일 | athletes 운동선수

세 번째 활용

~하고 싶다

 FILE:16-feel-4

feel의 세 번째 뜻은 '~하고 싶다'입니다. 문형은 항상 [feel like + 동사 ing] 형태로 사용된다는 점도 알아두세요. 직역하면 '마치 무언가를 하고 있는 기분'이라는 뜻인데 이것이 '~하고 싶다'라는 뜻으로 확장되었습니다. '~하고 싶다'라는 의미의 'want'와는 어떤 차이가 있을까요? want는 feel보다 더 강하게 원하는 뉘앙스입니다. feel도 무언가를 하고 싶다는 뜻이지만, want보다는 그 강도가 떨어집니다. 하지만 '원함'은 사람마다 느끼는 정도가 다르니 둘 중 개인이 원하는 동사를 선택해서 사용하면 됩니다. 또한, 긍정과 부정의 형태 모두 자주 쓰이니, [I feel like doing]과 [I don't feel like doing]을 모두 익혀두시기 바랍니다.

그저 아무것도 하기 싫은 상황입니다. 귀찮게 자리를 이동하거나 번거롭게 새로운 걸 시도하고 싶지 않은 것이죠. "I don't feel like doing anything."은 이미 굳어진 문장으로 팝송 가사에서도 자주 들을 수 있습니다.

A: I don't **feel** like doing anything.
아무것도 하고 싶지 않아.

B: Then let's just hang out here.
그럼 그냥 여기서 놀자.

집에서 요리를 하고 싶은 상황입니다. 집에서 직접 요리를 해서 먹으면 많은 장점이 있는데요. [feel like + 동사 ing]를 활용해서 구체적인 뉘앙스를 전해보세요.

These days, I **feel** like cooking at home. I used to order food a lot, but I gained so much weight. Now I can make food at home, save money, and lose weight.
요즘에는 집에서 요리를 하고 싶은 생각이 든다. 예전에는 배달 음식을 자주 시켜 먹었는데, 살이 너무 많이 쪘다. 이제 집에서 요리를 만들고, 돈을 아끼며, 살을 뺄 수도 있다.

친구에게 뭐하면서 시간을 보내고 싶은지 묻는 상황입니다. 그저 가볍게 무언가를 하고 싶을 때는 [feel like + 동사 ing] 형태로 말하면 됩니다.

A: What do you **feel** like doing?
뭐하고 싶어?

B: How about going to watch a movie?
영화 보러 가는 거 어때?

캠핑을 하고 싶은 상황입니다. 캠핑이 당겨서 친구에게 물었더니 친구가 적극적으로 도와주네요. 무언가 하고 싶은 게 있다면 [feel like + 동사 ing] 조합을 응용해 자신만의 문장을 완성해 보세요!

A few weeks ago, I **felt** like going camping. I asked my friend if we could go together. He found a campsite for us and made a reservation.
몇 주 전에, 캠핑이 하고 싶어졌다. 친구에게 같이 갈 수 있는지 물어봤다. 친구가 캠핑장을 찾았고 예약까지 했다.

 심화단어 : hang out 놀다, 시간을 보내다

직장을 '구하고', 시간을 '마련하고', 경험하고 나서 '느끼다'를 모두 find로 써요!

① 찾다/구하다 [=to discover or see something]

I can't **find** my ID anywhere!

신분증이 어디에도 없어! [=못 찾겠어]

② 시간을 내다/돈을 마련하다

[=to discover extra time or money]

I can never **find** time to meditate.

명상할 시간을 도저히 못 내겠어.

③ (경험하고 나서) 느끼다/여기다/생각하다

[=to think or feel a certain way about someone/something]

I **found** her attitude to be very rude.

그녀의 태도가 굉장히 무례했다고 느꼈어.

💡 **이런 뜻도 있어요** : (자신도 모르게) 그렇게 되다, (연구를 통해) 알아내다 등

찾다/구하다

FILE:17-find-2

find의 첫 번째 뜻은 우리에게 이미 익숙한 '찾다'입니다. 스마트폰이 보이지 않자 집안 구석구석을 뒤집니다. "I finally found my phone!"을 외치고 나서야 찾기를 멈추죠. 기본 동사의 매력은 다음 질문에서부터 시작됩니다. "무엇을 find할 수 있을까?" 크게 잃어버린 물건과 잃어버리지 않은 것으로 나뉘는데요. 자주 잃어버리는 지갑과 신분증 같은 물건에서부터 여행지에서 머물 숙소와 새로 일할 직장에 이르기까지 모두 find할 수 있습니다. find 동사 하나를 외우는 데서 그치지 않고, find와 잘 어울리는 단어들도 함께 기억해 주세요. 또한 실제 내가 무언가를 찾을 때마다 find를 떠올려 보세요. 이런 사소한 습관이 실전에서 find를 자유자재로 쓸 수 있게 도와줄 거예요.

find는 물건 외에도 반려동물을 찾을 때도 사용합니다. 안타깝게도 강아지와 고양이를 잃어 버릴 때가 있죠. 다시 돌아왔느냐고 물을 때는 [find + 반려동물] 형태로 사용합니다.

A: Have you found your dog yet?
강아지는 찾았어?

B: Yes, he came back to our apartment a few days ago.
응, 며칠 전에 집으로 돌아왔어.

집에서 읽고 읽던 책이 갑자기 사라진 상황입니다. find로 쉽게 의미를 전할 수 있는데 요. 참고로 look for는 찾고 있는 '과정'의 뉘앙스이고, find는 찾은 '결과'의 뉘앙스입니다. 다음 예문이 그 차이를 잘 보여주고 있습니다.

A few weeks ago, I lost the book I was reading. I looked everywhere for it! I finally **found** it at the bottom of my laundry basket.
몇 주 전에 읽고 있던 책을 잃어버렸다. 구석구석 찾아봤다! 마침내 세탁 바구니 밑에서 발견했다.

이번에는 잃어버린 물건이 아닌 이사할 집을 찾는 상황입니다. 이런 의미로 쓰는 find 는 우리말로 '구하다'라고 표현하죠. 살 집을 영어로는 'a place to live'라고 하는데요, find와 함께 쓰면 잘 어울립니다.

A: Have you found a place to live yet?
살 곳은 구했어?

B: Not yet. I'm going to look at more apartments this weekend.
아니 아직. 이번 주말에 아파트를 더 알아보려고

find를 활용해서 이사할 집을 구하듯 취업할 직장을 구할 수도 있습니다. 잃어버린 일 자리가 아닌, 여러 일자리 가운데 내게 맞는 것을 구할 때 사용합니다. [find + a job] 과 [find + work] 모두 가능합니다.

I've been trying to find a job for the last three months. I've gone on lots of interviews, but no one has offered me a job yet. I hope I can find a good job soon.
지난 3개월 동안 직장을 구하려고 노력하고 있다. 인터뷰도 수없이 봤지만, 아직 합격 소식 연 락을 받은 곳은 없다. 가까운 시일 내에 좋은 일자리를 구하고 싶다.

 심화단어 : a few days ago 며칠 전에 **| a place to live** 살 곳

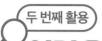

시간을 내다/돈을 마련하다  FILE:17-find-3

find의 두 번째 뜻은 '시간을 내다'와 '돈을 마련하다'입니다. 첫 번째 의미에서 확장됐다고 볼 수 있는데요. 물건을 찾듯 시간을 찾고, 직장을 구하듯 돈을 구하는 거죠. 제가 자주 쓰는 [find + time]을 소개해 드릴게요. 자신의 하루를 잘 가꾸는 '모닝 루틴'에 사람들의 관심이 높아지고 있어요. 그래서 저도 매일 아침마다 10분 정도 시간을 내서 독서를 하거나 일기를 쓰려고 노력합니다. 이런 상황을 영어로 풀면 다음과 같습니다. "I try to find time to read and write in a journal every morning." 아침에 일어나서 출근하기 전까지 주어진 2시간 내에, 무언가 할 시간을 찾는[=find + time] 상황입니다. 돈도 같은 맥락이죠. 목돈을 마련해야 할 상황에서 돈을 찾는다고[=find + money] 볼 수 있으니까요. 관련 예문을 살펴보시죠.

 힘든 육아를 하면서도 대학원을 마친 엄마의 이야기입니다. 도대체 어떻게 석사 논문을 쓸 시간을 냈을까요? 아이들이 잠든 시간을 이용했네요.

A: How did you find time to complete your master's?
석사 학위 마칠 시간은 어떻게 냈어?

B: I did most of my studying at night after the kids had already gone to bed.
공부는 보통 애들 먼저 재우고 나서 밤에 많이 했지.

 할 일 목록[=to-do list]을 작성하는 일은 어렵지 않지만, 그걸 모두 실천하는 일은 어렵습니다. 일의 난이도를 떠나 각각의 일을 처리할 시간을 내기가 생각만큼 쉽지 않으니까요. '시간을 내다[=find + time]'와 꼭 맞는 상황이네요.

It can be hard to **find** time to finish our to-do list every day. However, I think we need to look closely at our smartphone use. You might think you're only spending a few minutes on it, but it's probably more like hours every day.
할 일 목록을 끝낼 시간을 내기는 어려울 수 있다. 하지만 스마트폰 사용량을 자세히 들여다볼 필요가 있다. 스마트폰을 고작 몇 분 사용한다고 생각할지도 모르지만, 실제로는 매일 몇 시간씩 붙잡고 있을 것이다.

예상치 못한 비용이 들어가는 상황입니다. 신청할 때 드는 돈[=the application fee]을 따로 준비하지 않았네요. 돈을 마련하는 상황은 [find + 구체적인 금액]으로 표현할 수 있습니다.

A: The application fee is only $100.
신청비는 100달러면 돼.

B: And where am I supposed to **find** $100?
100달러를 어디서 구해야 하지?

노트북처럼 목돈이 들어갈 물건을 사려면 돈을 마련할[=find + money] 방법을 찾아야 하죠. 적금을 깨거나 매달 조금씩 돈을 모으는 방법이 있을 텐데요. 아니면 가격이 저렴한 중고 제품을 알아보는 것도 방법이겠네요.

I need to buy a new laptop for myself, but they're all so expensive. I don't know where I'm going to **find** $2,000 just for a new laptop. I might have to buy a used one.
새로운 노트북을 장만해야 하는데, 죄다 너무 비싸다. 새 노트북에 쓸 2,000달러를 어디서 마련해야 할지도 모르겠다. 아무래도 중고 제품을 사야 할 것 같다.

 심화단어 : **a master's degree** 석사 학위 | **probably** (70~90%의 아마) 거의 확실한 | **used** 중고의

(경험하고 나서) 느끼다/여기다/생각하다 🎧 FILE:17-find-4

find의 세 번째 뜻은 경험하고 나서 '느끼다, 여기다, 생각하다'입니다. 원어민에게는 익숙하지만 한국 학습자가 쓰기에는 만만치 않은데요. 그럴 수밖에 없는 이유는 '느끼다, 여기다, 생각하다'에 해당하는 각각의 영어 단어가 머릿속에 깊게 박혀 있기 때문입니다. 느끼다는 feel, 여기다는 consider, 생각하는 think로요. 이걸 극복하지 못하면 find의 세 번째 뜻은 영영 사용할 수 없을 거예요. 이럴 때는 아예 덩어리로 묶어서 기억하는 접근법을 추천합니다. '재미있다'를 [find it interesting]으로 외우고, '매력적이다'를 [find her attractive]로 기억하는 것이죠. 앞으로 find, it, interesting을 하나씩 분리하지 말고, 한 단어로 받아들여 주세요. 그럼 나도 모르게 이런 뜻의 find가 입에서 튀어나올 거예요!

누군가를 만나고 그 사람에 대한 느낌을 나눌 기회가 많은데요. '내가 생각하기에 그 사람은 이렇더라, 내가 느끼기에 그 사람은 그렇더라'를 표현할 때 find를 쓸 수 있습니다. [find + 사람 + 형용사] 문형을 기억해 주세요.

A: What did you think of Lindsay?
린지는 어땠어?

B: I **found** her hilarious!
정말 웃기더라고!

이번에는 강아지를 키워보고 나서 든 생각을 말하고 있습니다. 아직은 개인의 느낌이나 생각을 말할 때 'find'를 떠올리기가 쉽지 않을 거예요. 의식적으로 think와 feel을 피하고, find를 적극 활용하는 연습을 해야 합니다.

We had an adorable puppy when I was growing up. I **found** her quite smart and playful. She lived a long and happy life with my family.
어렸을 때 정말 귀여운 강아지를 키웠다. 강아지는 굉장히 똑똑하고 장난기가 많다고 생각했다. 강아지는 가족과 함께 오래오래 행복하게 지냈다.

여행이 예상보다 훨씬 재미있었던 상황입니다. 여행을 하고 난 뒤에 든 생각을 find를 활용해서 전달했네요. 내 생각을 말할 때 'I found…'로 문장을 시작하는 습관을 들여 보세요.

A: I **found** the trip to be more fun than I expected.
그 여행은 생각보다 훨씬 재미있었어.

B: Oh, I'm so glad to hear that!
오, 그 말을 들으니 정말 기쁘다!

잠깐이라 해도 한 번이라도 본 사람이라면 어떤 느낌이 생길 수 있죠. 식당에서 일하는 웨이터에게 매력을 느낀 상황입니다. 이런 개인의 느낌과 생각은 find와 연결해 주세요.

I went to a restaurant a few days ago with my friends. I **found** the waiter really cute so I gave him my number. He still hasn't texted me, though.
며칠 전에 친구와 함께 식당에 갔다. 거기서 일하는 웨이터가 매력이 넘쳐서 내 번호를 줬다. 하지만 아직까지 연락은 없다.

🎯 **심화단어** : hilarious 아주 우스운, 재미있는 | adorable 사랑스러운
playful 장난기 많은 | text(동사) 문자 보내다

---

18 follow [ˈfɑloʊ]

사람을 '미행하고', 레시피를 '따르고',
강의를 '이해하다'를 모두 follow로 써요!

① **따라가다/미행하다** [=to move behind or go after someone/something]

I **followed** the cat into the alley.

나는 고양이를 따라 골목으로 들어갔다.

② **(규칙, 조언, 레시피 등을) 따르다**
[=to be guided by something]

It's easy to make if you **follow** the recipe.

레시피를 따르면 만들기 쉬워.

③ **이해하다**
[=to understand someone/something]

I couldn't **follow** her story.

그녀의 이야기를 이해할 수 없었다.

[=따라갈 수 없었다.]

💡 **이런 뜻도 있어요** : 뒤를 잇다, 뒤따르다, 등

따라가다/미행하다

범죄 관련 드라마나 영화를 보면 항상 누군가를 미행하는 장면이 등장합니다. 미행하려면 누군가의 뒤를 따라가야 하죠. 그 '따라가다'에 해당하는 기본 동사가 'follow'입니다. 사람, 동물 등을 뒤따라 갈 때는 [follow + 사람] 형태로 쓰면 됩니다. 누군가 나를 따라오는 상황은 어떻게 말할까요? 두 가지 방법이 있습니다. 첫째, "They're following me."로 그들이 나를 따라온다고 표현하는 거죠. 둘째, "I'm being followed."로 내가 미행당한다고 말하는 겁니다. '내가 누군가의 따라옴을 당한다'라는 말은 우리말로는 어색하지만 영어에서는 가능한 표현 방식입니다. 강조하고 싶은 단어를 주어 자리에 놓고 먼저 쓰면 됩니다. 앞으로 나올 다양한 예문을 확인하며 따라가 봅시다!

'Follow me.'처럼 '나를 따라와'라는 의미로도 쓰지만, '몰래 뒤를 밟다'처럼 미행하는 의미로도 씁니다. '따라가다'라고 해서 다 같은 '따라가다'가 아니에요. 맥락이 중요하죠.

A: I think we're being followed.
누가 우리 뒤를 따라오고 있는 것 같아.

B: Don't be ridiculous. Why would someone follow us?
말도 안 돼. 누가 우리를 따라오겠어?

한 사람만 따라갈 필요 있나요? 여러 사람을 따라가는 것도 follow할 수 있습니다. 특히 보통 사람들[=crowd]을 따라간다고 할 때 쓰는데요. 이건 실제로 그 뒤를 따라가기보다 대중이 하는 행동이나 유행을 좇는다는 의미입니다.

A: I'm a little worried about my son because he always seems to follow the crowd.
아들이 조금 걱정이 돼. 늘 다른 사람들을 따라가는 것 같거든. [=대중이 하는 행동을 따라 하다]

B: That's pretty normal for most teenagers.
대부분의 십 대에게는 지극히 당연한 일이야.

사람뿐 아니라 동물 역시 사람을 따라갈 수 있죠. 강아지가 내 뒤를 졸졸 따라오는 모습을 말할 때도 follow가 적절합니다. 기본 동사마다 주어 자리에 사람, 상황, 동물, 사물 등 어떤 것이 오는지를 관찰하는 습관이 대단히 중요해요.

One day, a dog **followed** me home. I didn't notice until I reached my door and the dog was still behind me. Fortunately, there was a phone number on its collar so I called the owner.

하루는 어떤 강아지가 나를 따라 집까지 왔다. 문 앞에 도착하고 나서야 강아지가 내 뒤에 있다는 사실을 알게 됐다. 다행히도 강아지 목줄에 전화번호가 있어서 주인에게 연락했다.

어떤 부모들은 자식들도 자신과 같은 분야에서 일하기를 바랍니다. 그 길을 이미 경험했으니 확실히 도와줄 수 있기 때문이겠죠. 이렇게 사람의 '직업, 분야'를 따라간다고 말할 때도 follow로 표현할 수 있습니다.

My dad always wanted me to **follow** him into the legal profession. His dad and grandpa were lawyers and he wanted me to be one, too. Unfortunately, I just didn't have any interest in becoming a lawyer.

아버지는 항상 내가 아버지 뒤를 따라 법조계에 들어오길 바랐다. 아버지의 아버지와 할아버지 모두 변호사였고, 나 역시 변호사가 되길 원했다. 아쉽게도 나는 변호사가 되는 길에는 관심이 없었다.

 심화단어 : the crowd 사람들, 무리들 | the legal profession 법조계

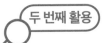

(규칙, 조언, 레시피 등을) 따르다

FILE: 18-follow-3

follow의 두 번째 뜻은 '따르다'로 활용 범위가 무척 다양합니다. 웬만한 것은 전부 따를 수 있죠. 대학원을 갈지 말지 고민하고 있나요? 누군가의 조언에 따라 대학원에 진학하기로 했다면 [follow + advice]한 상황입니다. 많은 사람들이 좋아하는 김치찌개를 만들고 싶다면 백종원 김치찌개의 레시피를 따라야겠죠? [follow + the recipe]입니다. 끝으로 온라인 쇼핑몰에서 구매한 테이블을 조립할 때도 설명서를 참고해야 하는데요. 이런 상황도 [follow + the instructions]라고 표현합니다. 설명서와 매뉴얼을 따른다는 의미입니다. 도대체 follow 활용의 끝은 어디까지일까요? 이제부터 [follow + something]을 확인하는 재미가 쏠쏠할 거예요!

보드게임을 하던 친구가 규칙을 지키지 않는 상황입니다. 게임의 룰이 없으면 그 게임이 원활히 진행될 리 없겠죠. '규칙을 따른다'라는 말은 [follow + the rules]로 표현합니다.

A: Hey, you're not **following** the rules!
너 룰을 따르지 않고 있어! [=규칙을 어기고 있어.]

B: Yes, I am!
아니, 나 따르고 있거든!

물건을 조립할 때 설명서를 꼼꼼하게 읽는 편인가요? 저는 간단한 조립은 설명서를 읽지 않지만, 이케아 같은 복잡한 가구는 설명서를 하나하나 읽는 편이에요. 설명서에 있는 안내를 하나하나 '따른다'라고 말할 때는 [follow + instructions]를 사용합니다.

I'm really good at **following** instructions. I always read over the instructions carefully for everything that I buy. Sometimes I annoy my friends or family but I want to make sure I'm using the object properly.
나는 설명서를 정말 잘 따른다. 매번 구매한 모든 물건에 대한 설명서를 꼼꼼히 읽어본다. 이런 행동 때문에 친구와 가족을 귀찮게 할 때도 있지만, 나는 물건을 제대로 사용하고 싶은 것뿐이다.

중요한 결정을 내리기 전에 믿을 만한 사람에게 조언을 구하면 좋습니다. 조언을 구하고, 주고, 받아들이고, 따르는 상황을 모두 기본 동사로 표현할 수 있는데요. 순서대로 [ask for/give/take/follow + advice]를 씁니다. 묶어서 배우면 기억에 오래 남을 거예요.

A: I should've **followed** your advice.
네 조언을 따랐어야 했어. [=따르지 못해서 후회돼.]

B: Yeah, but now you know for next time!
그래, 그래도 이제 다음번에는 알 거야!

도대체 무엇을 어디까지 따를 수 있을까요? 규칙을 따르고 설명서를 따르는 것보다 훨씬 중요한 가치가 있습니다. 바로 '양심을 따르는' 것입니다. 양심은 영어로 'conscience'입니다. follow와 잘 어울리네요.

I think it's generally a good idea to **follow** your conscience. If something makes you feel bad, then you shouldn't do it. But sometimes things that make you feel good are also bad.
양심을 따르는 것은 대체로 좋은 생각인 것 같다. 무언가 마음에 걸리면 안 하는 게 좋다. 하지만 기분을 좋게 만드는 것도 가끔씩 나쁠 때가 있다.

 심화단어 : conscience 양심

세 번째 활용
이해하다

follow의 뜻이 점차 확장되는 것을 느끼셨나요? 사람을 따라가는 의미에서부터 각종 규칙, 조언, 심지어 음식 레시피까지 따라갈 수 있었죠. 마지막으로 사람의 말, 메시지 등을 놓치지 않고 따라간다는 의미의 이해하다[=understand]가 남았습니다. 예를 들어 볼까요? 학교 선생님이 학생들에게 자주 쓰는 말 가운데 "제 말 잘 이해하고 있어요?"가 있는데요. 영어로는 "Are you guys following me?"라고 합니다. 선생님의 말을 따라가며 이해하고 있느냐고 묻는 거예요. 독자분들 모두 이 책의 설명을 잘 따라오고 있기를 바랍니다. "I hope this book is easy to follow!"

직장에서 업무 관련 설명을 들을 때 동료가 하는 말을 잘 이해하지 못할 때가 있습니다. 이처럼 상대방이 하는 '말을 따라가지' 못할 때 [follow + 사람] 문형을 씁니다.

A: I'm afraid I don't really follow you.
네 말을 잘 이해하지 못하는 것 같아.

B: Okay, let me try to explain it in another way.
괜찮아. 내가 다른 방식으로 설명해 볼게.

B급 영화를 좋아하시나요? B급 영화는 줄거리[=plot]를 이해하기 어려울 때가 종종 있는데요. 줄거리를 따라간다는 말은 줄거리를 '이해하다'라는 의미로 사용됩니다.

Sometimes I like to watch B movies. I can't always **follow** the plot, but that's part of the fun. It's actually a dream of mine to star in a B movie someday.
가끔씩 B급 영화 보는 것을 좋아한다. 영화 줄거리를 항상 이해할 순 없지만, 그게 오히려 재미의 일부다. 언젠가 B급 영화에서 주연 배우를 맡는 게 꿈이기도 하다.

CEO가 아침부터 일장 연설을 할 때가 있죠. 구성원들은 CEO의 말을 놓치기 일쑤고요. CEO가 전하는 메시지를 이해하지 못하는 상황에서도 follow가 제격입니다.

A: Could you follow what the CEO was saying this morning?
오늘 아침에 대표이사가 했던 말 이해했어?

B: I have no clue.
하나도 모르겠는데.

이번에는 문형을 다르게 쓴 follow입니다. [something is easy/hard to follow]인데요, something이 이해하기 쉽거나 어렵다라는 뜻이죠. 주어가 바뀌면 뒤에 따라오는 문형도 바뀌기 마련입니다. 이럴 때는 통으로 기억해 주세요.

Sometimes my friend's stories can be kind of hard to follow. He likes to add in lots of unnecessary details. I just pretend to understand him, though.
가끔씩 친구가 하는 이야기를 조금 이해하기 어려울 때가 있다. 친구는 불필요한 디테일을 넣는 것을 좋아한다. 그래도 그를 이해하는 척하긴 한다.

 심화단어 : **I'm afraid** (보통 안 좋은 내용이 나옴) ~인 것 같다 | **have no clue** 전혀 모르다
pretend ~인 척하다

19 give [gɪv]

꼭 '포옹하고', 감기를 '옮기고', 발표를 '하다'를 모두 give로 써요!

① **(키스, 포옹, 미소, 도움 등) 좋은 것을 주다** [=to offer something to someone]
Give your grandma a kiss.
할머니에게 뽀뽀하렴.

② **(두통, 감기, 숙취, 골치 등) 안 좋은 것을 주다**
[=to cause something, usually negative]
I'm sorry, I didn't mean to **give** you my cold.
미안, 감기를 옮기려던 건 아니었어.

③ **(연설, 발표, 콘퍼런스, 기자 회견 등을) 하다**
[=to tell someone something]
I **gave** a talk on the importance of
mental health in the workplace.
회사에서 정신 건강의 중요성에 대해 강연을 했다.

💡 **이런 뜻도 있어요** : 기부하다, 제공하다 등

(키스, 포옹, 미소, 도움 등) 좋은 것을 주다 🎧 FILE:19-give-2

give의 첫 번째 뜻은 '좋은 것을 주다'입니다. give를 '주다'로만 기억한다면 실전에서 'give'를 쓰기 어렵습니다. 무엇을 줄 수 있는지에 관심을 둬야 합니다. 다양한 것을 줄 수 있지만, 첫 번째 활용에서는 비교적 '좋은 것'에 집중해 보겠습니다. 제가 호주에 있을 때 만난 터키 친구는 만날 때마다 저를 반갑게 안아줬습니다. 이런 상황을 영어로 표현하면 "He always gives me a hug."가 되는데요. 신기하게도 영어에서는 우리말과 달리 포옹을 준다[=give someone a hug]라고 표현합니다. [hug + someone]처럼 hug를 동사로 쓰면 너무 직설적으로 들려 [give + someone a hug]표현을 선호하기도 합니다. 그럼 이제 키스, 미소, 도움을 줄 때 쓰는 기본 동사 give를 파헤쳐 볼까요?

첫 데이트에서 작별 입맞춤을 했는지 물어보는 상황입니다. 마치 물건을 건네듯이 뽀뽀와 키스도 준다고 표현합니다. [give + someone a kiss]를 활용해 주세요.

A: So, did you give him a goodnight kiss?
그에게 작별 입맞춤은 했어?

B: No! It was only our first date.
아니! 이제 겨우 첫 데이트였는걸.

헤어지는 친구에게 포옹을 해도 되는지 물어보는 상황입니다. 영어에서는 포옹도 서로 주고받을 수 있습니다. hug 단어 하나만 쓰지 말고 [give + someone a hug] 형태를 사용해 주세요.

A: Is it alright if I give you a hug?
내가 포옹해도 괜찮을까?

B: Sure, thanks for asking!
당연하지. 물어봐 줘서 고마워!

조카가 크리스마스 축제에서 공연을 하는 상황입니다. 영어에서는 키스와 포옹과 마찬가지로 '미소'도 준다고 표현합니다[=give someone a smile]. 처음부터 이런 표현법을 이해하는 것도 좋지만, 이와 비슷한 표현을 많이 접한 뒤에 나중에 공통점을 찾아내는 것도 좋은 방법입니다.

My niece recently performed at a Christmas pageant. When she was singing a song, she turned and **gave** us all a big smile. I was so proud of her and felt like crying.

최근에 조카가 크리스마스 축제에서 공연을 했다. 조카는 노래를 부르는 중에 몸을 돌려 우리를 보고 해맑게 웃어줬다. 조카가 무척 자랑스러웠고 눈물이 날 것 같았다.

 이사를 앞두고 자동차가 있는 친구에게 도움을 요청하는 상황입니다. 우리말에서 도움을 준다는 의미로 '손을 보태다'라는 표현이 있죠. 영어에서도 이와 비슷하게 [give + someone a hand]라는 표현이 있습니다. 손을 준다는 말로 'help'와 같은 의미입니다.

When I moved into my new apartment, I needed help. I asked my friend if he could **give** me a hand and help me move. He helped me pack my things into his car and drove me to my new apartment.

새 아파트에 이사했을 때 도움이 필요했다. 친구에게 이사하는 데 도움을 줄 수 있냐고 부탁했다. 친구는 내 짐을 자기 차에 싸서 새 아파트까지 나를 태워줬다.

 심화단어 : pageant 야외극, 가장 행렬

(두통, 감기, 숙취, 골치등) 안 좋은 것을 주다 🎧 FILE:19-give-3

give의 두 번째 뜻은 '안 좋은 것을 주다'입니다. 컴퓨터 때문에 머리가 아플 때는 컴퓨터가 두통을 '주고', 전날 술을 많이 마셔서 숙취가 있을 때는 술이 숙취를 '주는' 셈이죠. 영어에서는 [컴퓨터 + give me a headache]와 [술 + give me a hangover]로 각각 표현할 수 있습니다. give를 두 번째 의미로 사용할 때는 문장 구조에 변화가 생기는데요. 주어 자리에 '사람'뿐만 아니라 '사물과 상황'도 올 수 있습니다. 내게 두통을 준 것은 컴퓨터이고, 내게 숙취를 준 것은 술이니까요. 아무리 단어를 많이 알아도 문장을 'I, you, she, he, they'로만 시작하는 학습자는 초급 단계를 넘기기 어렵습니다. give의 실생활 예문 속에서 다양한 주어도 살펴보세요!

어제 마신 술이 내게 두통을 주는 상황입니다. 두통도 'give'할 수 있는 점과 주어가 사람이 아닌 'all that alcohol'로 쓰인 점을 전부 챙겨가세요!

A: How are you feeling?
몸은 좀 어때?

B: I think all that alcohol we drank yesterday has given me a headache.
어제 마신 술 때문에 머리가 아픈 것 같아.

유치원 교사로 일하면서 아이들에게 감기가 옮은 상황입니다. '감기를 옮기다'에 해당하는 어려운 표현이 있을 것 같지만, 기본 동사 'give'로 쉽고 정확하게 의미를 전할 수 있습니다. [give + someone a cold] 형태를 '감기를 주다'로 이해해 주세요.

When I was a kindergarten teacher, my students constantly gave me their colds. It was so frustrating being sick all the time. My kids were cute, but they were full of germs.
내가 유치원 교사일 때 아이들이 계속 내게 감기를 옮겼다. 매번 아파서 너무 힘들었다. 아이들은 너무 귀여웠지만, 세균이 정말 많았다.

컴퓨터가 제대로 작동을 하지 않아 골치가 아픈 상황입니다. 이 경우, 고통을 주는 주체는 '컴퓨터'이고, 고통을 받는 사람은 '나'입니다. 컴퓨터가 내게 주는 것은 '골치 아픔'이고 요. 영어로 정리하면 훨씬 쉽습니다. [컴퓨터 + give me a lot of trouble] 형태면 끝!

A: This computer has been giving me a lot of trouble recently.
이 컴퓨터 때문에 요즘 정말 골치 아파.

B: Let me take a look at it.
내가 한번 봐 줄게.

숙취 때문에 와인 마시기를 꺼리는 상황입니다. 영어식 사고에선, 와인이 내게 숙취를 준다고 [=와인 + give me a hangover] 표현합니다. 숙취도 준다고 표현하는 영어의 세계가 놀랍습니다.

I really try not to drink wine because it gives me a really bad hangover. Beer and liquor are okay, but wine makes my head hurt. Maybe I'm allergic to grapes or something.
와인을 마시면 숙취가 심해서 와인을 안 마시려고 노력한다. 맥주와 독주는 괜찮은데, 와인을 마시면 머리가 아프다. 포도나 뭐 그런 거에 알레르기가 있나 보다.

 심화단어 : frustrating 답답한, 좌절하는 | be allergic to ~에 알레르기가 있는

(연설, 발표, 콘퍼런스, 기자 회견 등을) 하다  FILE:19-give-4

give의 세 번째 뜻은 '연설이나 기자 회견 등을 하다'입니다. 우리말 '하다'를 생각하면 'do'를 떠올리기 쉬운데요. 무턱대고 우리말을 따라가면 '브로큰 잉글리시'를 쓸 확률이 높아지죠. 영어에는 특정 동사와 명사를 꼭 함께 쓰는 짝꿍 표현이 있습니다. '실수하다'는 [make + a mistake]로, '파티를 하다'는 [throw + a party]로, '연설을 하다'는 [give + a speech]로 써야 하죠. 영어 단어 하나를 우리말 단어 하나로 바꾸면서 문장을 만들면 이런 짝꿍 표현을 익힐 수 없습니다. 그러니 give의 세 번째 뜻은 딸려 오는 명사와 함께 묶어서 기억해 주세요. 덩어리 표현을 쓰면 콩글리시를 피할 수 있어요!

오후에 있을 발표를 앞두고 대화를 나누는 상황이네요. '발표하다'에 해당하는 덩어리 표현은 [give + a presentation]입니다. '발표'와 '하다'를 따로 떼어서 이해하는 대신 [give + a presentation]을 마치 한 단어처럼 기억해 주세요!

A: Are you ready to give your presentation this afternoon?
오후에 발표할 준비 됐어?

B: No! I couldn't sleep last night and now I can't remember anything.
아니! 어젯밤에 잠을 못 자서 지금 하나도 기억이 안 나.

결혼식에서 축하 연설 제안을 받은 상황입니다. '연설하다'는 [give + a speech]이죠. 마치 결혼식에 참석한 하객들에게 연설을 주는[=give] 것 같네요.

A: Will you please give a speech at my wedding?
내 결혼식에서 연설을 해줄 수 있어?

B: Sure. It would be my pleasure!
물론이지. 기쁠 것 같아!

모교에서 강연 요청을 받은 상황입니다. 동기부여를 하고자 졸업생을 초대해 짧은 강연을 할 때가 있죠. '대화하다'로 알고 있는 'talk'에는 '강연'이라는 뜻이 있는데요. '강연하다'를 표현할 땐 [give + a talk]로 씁니다.

A few months ago, I was asked to **give** a talk at the university I graduated from. Apparently, my professors think I'm very successful. I talked about how to live abroad and the benefits of travel.
몇 개월 전에 내가 졸업한 대학교에서 강연을 해달라는 요청을 받았다. 듣자 하니 교수님들이 내가 성공했다고 생각하는 것 같다. 해외에서 사는 방법과 여행의 이점에 대해서 말하고 왔다.

예전에는 매체가 다양하지 않아 기자 회견을 자주 챙겨 봤습니다. 연예인, 정치인, 스포츠 스타 등이 자주 기자 회견을 열었죠. give를 활용한 '기자 회견을 하다'에 해당하는 덩어리 표현은 [give + a press conference]입니다.

I feel like young people these days don't really watch press conferences. In the past, celebrities, politicians, and even police officers often **gave** press conferences. These days, if you want to get your message out there, it's better to post something online.
요즘 젊은 사람들은 기자 회견을 보지 않는 것 같다. 과거에는 연예인과 정치인, 심지어 경찰관들도 기자 회견을 열었다. 요즘에는 자신의 메시지를 세상에 알리고 싶으면 온라인에 올리는 편이 낫다.

 심화단어 : apparently 듣자 하니, 보아 하니 | **benefits** 이득, 혜택 | **press conferences** 기자 회견

20 go [goʊ]

서핑을 '하러 가고', 인터뷰가 '진행되고',
무일푼이 '되다'를 모두 go로 써요!

① (취미 활동, 액티비티 등을) 하러 가다 [=to travel in order to do a certain activity]

I'm **going** surfing this weekend.

이번 주말에 서핑하러 갈 거야.

② 진행되다

[=to turn out; proceed in a certain way]

How did the meeting **go**?

미팅은 어떻게 됐어? [=어떻게 진행됐어?]

③ (보통 원치 않은 상태로) ~가 되다

[=to move from one state to another,
usually negative]

My lunch has **gone** cold!

점심이 식어버렸어!

💡 **이런 뜻도 있어요** : 이어지다, 연결되다, 사라지다 등

(취미 활동, 액티비티 등을) 하러 가다

🎧 FILE: 20-go-2

go의 첫 번째 뜻은 '취미 활동, 액티비티 등을 하러 가다'입니다. 단순히 어떤 장소에 '가다'가 아닌, 취미 활동이나 액티비티 등을 하러 갈 때는 [go + 동사 ing] 문형을 쓰는데요. 우리에게 익숙한 문법인 [go + to + 장소]와는 다른 규칙이죠. 예를 들어 쇼핑을 하러 가다는 [go + shopping]을 쓰고, 캠핑을 하러 가다는 [go + camping]을 씁니다. 대개 취미 활동이나 활동적인 일과 잘 어울리죠. 일상 대화에서도 자주 사용하는데요. 친구에게 주말에 등산을 가자고 물어볼 때 "Why don't we go hiking this weekend?"로 [go + hiking] 형태로 표현할 수 있습니다. '취미 활동, 액티비티 등을 하러 가다'를 표현할 땐 이미 눈으론 익숙하지만 그동안 쓰지 못했던 go를 꼭 사용해 보세요!

친구에게 함께 쇼핑하러 가자고 물어보는 상황입니다. 크게 3가지로 표현할 수 있는데요. [go + to the mall]로 쇼핑 장소를 직접 언급하는 방식과 동사 'shop'을 써서 '쇼핑하다'를 직접 말하는 방식이 있습니다. 마지막으로 앞서 배운 [go + shopping]으로 취미 활동과 액티비티를 할 때 쓰는 표현 방식이 있습니다.

A: Will you go shopping with me tomorrow?
내일 나랑 쇼핑하러 갈래?

B: Sure! I have some things to pick up, too.
좋아! 나도 좀 살 게 있어.

친구와 함께 수영을 하러 가는 상황입니다. [go + 동사 ing] 문형은 특히 활동적인 움직임이 많은 운동과 잘 어울리는데요. 수영이 대표적입니다. [go + swimming]을 적극 활용해 주세요!

My friends asked me to go swimming next weekend. I love swimming, but I've never gone in Korea. I heard I have to prepare a swim cap and goggles.
친구가 다음 주말에 수영을 하러 가자고 했다. 나는 수영을 정말 좋아하지만, 한국에서는 아직 해 본 적이 없다. 수영 모자와 물안경을 준비해야 한다고 들었다.

20대 마지막 생일을 맞아 클럽에 가는 상황입니다. 클럽에 가는 것은 운동의 종류는 아니지만 춤을 추는 액티비티로 구분해요. 그래서 [go + clubbing] 조합으로 쓸 수 있습니다.

A: I heard you're **going** to **go** clubbing for your birthday.
네 생일에 클럽을 갈 거라고 하던데.

B: Yes, it's the last year of my 20s so I want to enjoy it.
응, 내 20대의 마지막 해라, 즐기고 싶어.

매주 일요일에 등산을 가는 상황입니다. 등산 역시 활동적인 액티비티로 [go + hiking] 조합이 가능하죠. 참고로 등반같이 장비가 필요한 활동은 [go + climbing]을 써요. 서울 근교에 있는 산을 천천히 오르내릴 때는 'hiking'이 적절합니다.

My mom and I **go** hiking every Sunday. It's a good chance to exercise, get some fresh air, and catch up with each other. I'm so glad there are so many mountains for us to hike.
엄마와 나는 일요일마다 등산을 하러 간다. 운동을 하고, 신선한 공기를 마시고, 못다 한 대화를 할 수 있는 좋은 기회다. 우리가 등산할 수 있는 산이 정말 많아서 너무 좋다.

 심화단어 : 심화단어 : pick up 사다 **| catch up with** (~와 못다 한) 이야기를 나누다

 FILE:20-go-3

go의 두 번째 뜻은 '진행되다'입니다. 사람이 한 장소에서 다른 장소로 이동할 때 'go'를 쓰듯이, 어떤 일의 상황이 한 지점에서 다른 지점으로 이동한다고 생각해 보죠. 일의 상황이 이동한다는 것은 곧 일이 진행된다는 의미로 볼 수 있습니다. 이해를 돕기 위해 '프로젝트'를 예로 들어보죠. 회사에서 새로운 프로젝트를 시작한 상황입니다. 전체 계획을 세우고, 담당 인원을 정한 뒤에, 관련 자료를 수집하겠죠? 그렇게 단계별로 일이 하나씩 '진행되고' 있습니다. 마침 팀장님이 "How's the new project going?"이라고 물어보는데요. 여기서 쓰는 'go'가 바로 '진행되다'란 뜻입니다. 꼭 회사에서만 쓰는 건 아닙니다. 휴가를 잘 다녀왔냐고 물어보는 상황에서도 쓰고, 공연을 잘 했느냐고 물어보는 상황에서도 씁니다. 지금부터 '진행되다'의 'go'를 자세히 살펴볼게요.

 휴가를 잘 보내고 왔는지 묻는 상황입니다. 휴가의 시작과 끝이 진행되는 동안 좋은 시간을 보냈는지, 특별한 일은 없었는지 묻는 거죠. 사람이 어디로 이동한다는 뜻의 가다만 알고 있으면 이와 비슷한 문장을 이해할 수도 쓸 수도 없을 거예요. 그러니 꼭 알아 두세요!

A: How did your vacation go?
휴가 잘 보냈어? [=잘 진행됐어?]

B: It was amazing! We had so much fun.
끝내줬어! 정말 즐겁게 보냈거든.

 인터뷰가 잘 진행된 상황입니다. 주어를 사람이 아닌 '인터뷰'로 잡아, 인터뷰가 잘 진행됐다고[=It went really well] 표현했네요. '진행되다'의 'go'가 가장 자주 나오는 맥락입니다. 인터뷰를 잘 못 봤을 때는 'It didn't go well.'로 쓸 수 있겠죠.

I had an interview a few days ago and I think it **went** really well. The interviewers were polite and I was able to answer all their questions. They said they would let me know their decision in a few days.
며칠 전에 인터뷰를 봤는데, 정말 잘 본 것 같다.[=잘 진행됐다.] 면접관들은 친절했고, 나는 질문에 전부 답할 수 있었다. 며칠 내로 합격 여부를 알려준다고 했다.

친구 아들의 피아노 연주회가 어땠는지 묻는 상황입니다. 연주회가 문제없이 잘 진행됐는지[=go well] 묻는 거죠. 이번에는 아들을 주어로 잡고 연주를 잘했다고 답했네요.

A: Did your son's concert **go** well?
아들의 콘서트는 잘 진행됐어?

B: Yes, he performed beautifully!
응. 연주를 정말 아름답게 했어!

미팅에서 프레젠테이션을 망친 상황입니다. 망쳤다라는 뜻은 '잘 진행되지 않았다는[=go badly]' 의미와 같죠. 우리말을 기본 동사와 기본 단어로 풀어서 쓸 때 오히려 더 부드럽게 들릴 때가 있어요.

The other day, one of my coworkers had to lead the morning meeting. Unfortunately, her presentation **went** badly. She got so nervous that she forgot what she was supposed to say.
며칠 전에 동료 중 한 명이 아침 미팅을 이끌어야 했다. 아쉽게도 동료의 프레젠테이션은 엉망으로 진행됐다. 너무 긴장하는 바람에 해야 할 말을 까먹고 말았다.

(보통 원치 않은 상태로) ~가 되다

🎧 FILE: 20-go-4

go의 세 번째 뜻은 '~가 되다'입니다. 영어에서는 각종 기본 동사를 'become'의 의미로도 쓰는데요, 이런 동사를 '연결 동사[=linking verbs]'라고 합니다. 의미는 '~가 되다'로 'become'과 같지만 기본 동사에 따라 약간의 뉘앙스가 추가되는데요, go에는 '원치 않은 상태가 되다' 뉘앙스가 있습니다. 일이 꼬이게 되면 [go + wrong]으로 쓰고, 컴퓨터가 제대로 작동을 안 하면 [go + crazy]로 쓰죠. 형태는 다른 연결 동사와 마찬가지로 동사 뒤에 형용사를 써야 합니다. go의 세 번째 뜻을 '상태 변화'로 이해해도 괜찮습니다. 잘 진행됐던 일이 꼬이는 '상태로 변화'하고, 멀쩡했던 컴퓨터가 이상하게 작동하는 '상태로 변화'했으니까요. 우리도 go와 친한 사이로 '변화'해 봅시다!

컴퓨터가 맛이 간 상황입니다. 숙제를 해야 하는데 컴퓨터가 제대로 작동하지 않아 기간 내에 제출하지 못했는데요, 이럴 때 컴퓨터가 [go + crazy] 되었다고 말할 수 있죠. 기계가 미치게 된 것은 고장이 난 것과 다름없으니까요. 이렇듯 'go'는 비교적 원치 않은 상태의 변화를 나타냅니다.

A: **Why were you late handing in your homework?**
왜 숙제를 늦게 제출했어?

B: **My computer went crazy last night.**
어젯밤에 컴퓨터가 제대로 작동을 안 했어.

친구가 귀신을 보고 정신이 나간 상황입니다. 충격에 휩싸여 얼굴이 하얗게 질렸는데요. 이때 얼굴이 [go + white] 되었다고 표현할 수 있죠. 단순히 얼굴색의 변화만 나타내지 않고, 좋지 않은 상태로 변화한 뉘앙스가 들어 있네요.

A: **Why did your face just go white?**
얼굴이 왜 하얗게 질렸어? [=하얗게 됐어?]

B: **I think I saw a ghost!**
귀신을 본 것 같아!

삼촌과 숙모가 도넛 가게를 접고 무일푼이[=broke] 된 상황입니다. 돈이 있던 상태에 서 돈이 없는 상태로 변화한[=go broke] 셈이죠. 역시 원치 않은 상태가 된 뉘앙스가 느껴지네요.

My cousin **went** broke a few years ago. He and his wife tried to run a donut shop by themselves. Unfortunately, the donuts weren't very delicious so they had to close their shop.

삼촌은 몇 년 전에 무일푼이 되었다. 삼촌과 숙모는 혼자 힘으로 도넛 가게를 운영했다. 안타 깝게도 도넛이 그렇게 맛있지는 않아서 가게를 폐업할 수밖에 없었다.

방에서 영화를 보다가 불이 나간 상황입니다. 밝은 상태에서 어두운 상태로 변화했으 니 [go + dark]를 쓸 수 있죠. 또한 영화를 보고 있었으니 바라던 상태의 변화가 아니 네요. 이렇게 기본 동사만 제대로 활용해도 내가 말할 수 있는 문장의 개수가 대폭 늘어 납니다!

I was watching a movie last night when the room suddenly **went** dark. I **went** to ask my roommate what the problem was. It turned out we were both using electric heaters at the same time so the power **went** out.

어젯밤에 영화를 보다가 갑자기 방에 불이 나갔다. [=방이 어둡게 됐다.] 룸메이트에게 가서 무슨 문제인지 물어봤다. 알고 보니 우리 둘 다 동시에 전기 히터를 사용하고 있어서 전기가 나간 거였다.

 심화단어 : hand in 제출하다 | **run** (가게를) 운영하다 | **turn out** 알고 보니

21 grow [groʊ]

머리가 '자라고', 사업이 '커지고', 나이 들어 '늙어가다'를 모두 grow로 써요!

① 자라다 [=to allow something to develop and increase in size]

Your hair is **growing** so fast!

네 머리는 정말 빨리 자란다!

② (규모, 정도, 수 등이) 늘다/커지다/증가하다
[=to increase]

The number of single people in Korea keeps **growing.**

한국에 혼자 사는 사람의 수가 계속 늘고 있다.

③ (점점) ~하게 되다 [=to become]

My brother has **grown** calmer as he's gotten older.

동생은 나이가 들면서 점점 차분해졌다.

💡 **이런 뜻도 있어요** : 기르다, 재배하다, 확대하다 등

자라다

grow의 첫 번째 뜻은 '자라다'입니다. '자라다'라고 하면 어린아이의 키가 크는 '자라다'로만 알고 있을 텐데요. 영어에서 자랄 수 있는 것은 매우 다양합니다. 강아지와 고양이가 자랄 수도 있고, 꽃과 식물이 자랄 수도 있죠. 게다가 머리카락과 수염, 손톱과 발톱 같은 신체의 일부분이 자라기도 합니다. '자라다'라는 뜻의 grow를 아무리 외워도 함께 오는 단어와 결합하지 못하면 실전에서 사용할 수 없습니다. 실전 영어를 잘하기 위해서는 단어가 아닌 문장 위주로 접해야만 합니다. 게다가 문장을 넘어 대화나 일기 형식의 자료를 접해야 grow를 실전에서 쓸 수 있게 되지요.

어린아이의 몸은 하루가 다르게 쑥쑥 큽니다. 한편으론 작고 귀여운 몸이 자라지 않았으면 하는 바람도 있죠. 아이의 키와 몸집이 커지는 의미를 'grow'로 표현할 수 있어요.

A: I wish my children would stop growing!
더 이상 아이들이 자라지 않았으면 좋겠어!

B: It would be nice if they stayed little forever.
평생 작으면 좋을 텐데 말이야.

식물이 자라는 상황에서도 'grow'를 씁니다. 사람과 식물 모두 grow하는 대상이죠. 실외에서 영양분을 더 많이 받아 훨씬 잘 자라고 있네요.

A: How are your plants doing?
식물은 잘 자라고 있어?

B: They're growing so much better now that they're outside.
바깥에 두니까 훨씬 잘 자라고 있어.

식물이 자라는 것과 마찬가지로 동물도 자랄 수 있습니다. 몸이 커지면서 사람보다 힘이 세질 수 있으니 훈련을 제대로 시켜줘야 하죠.

Sometimes I think that people forget that animals **grow**, too. Lots of families buy puppies or kittens for Christmas and think they will be little forever. But animals grow really fast and need to be trained properly.
사람들은 동물도 자란다는 사실을 가끔 잊어버리는 것 같다. 많은 가족들이 크리스마스 선물로 강아지나 고양이를 기르기 시작하고, 평생 작을 거라고 생각한다. 하지만 동물들은 정말 빨리 자라기 때문에 훈련을 제대로 시켜야 한다.

 끝으로 수염과 머리카락, 손톱과 발톱 같은 신체의 일부분도 자랄[=grow] 수 있습니다. 이런 조합은 grow와 함께 쓴 영어 문장을 한두 번만 접해도 충분히 쓸 수 있는데요. 그동안 몰라서 못 쓴 거지, 알기만 하면 바로 쓸 수 있게 됩니다!

I've always wanted to **grow** a beard. Unfortunately, I can only **grow** a mustache. I hope I get more facial hair as I get older.
나는 늘 턱수염을 기르고 싶었다. 아쉽게도 콧수염만 자란다. 나이가 들면서 수염이 더 많아졌으면 좋겠다.

 심화단어 : **kittens** 새끼 고양이 | **a mustache** 콧수염 | **facial hair** 얼굴의 털

(규모, 정도, 수 등이) 늘다/커지다/증가하다 🎧 FILE:21-grow-3

grow의 두 번째 뜻은 '늘다, 커지다, 증가하다'입니다. grow의 첫 번째 뜻은 사람, 식물, 동물, 수염처럼 손으로 만질 수 있는 '물리적인 것'이 자란다는 뜻이었는데요. 이와 달리 grow의 두 번째 뜻은 도시와 사업처럼 규모가 커지거나, 문제와 인기처럼 정도가 커진다는 뜻입니다. 또한 세계 인구와 한국에서 혼자 사는 사람의 수를 표현할 땐 숫자가 증가하기도[=grow] 하죠. 쉽게 말해 grow의 두 번째 뜻은 '규모, 정도, 수 등이 늘거나 증가하다'입니다. 이렇게 하나로 엮기 어려운 grow는 새로운 예문을 만날 때마다 정리하는 방법이 효과적입니다. 인구와 grow를 묶고, 인기와 grow를 짝지어 기억해 주세요!

육아를 하다 보면 여러 문제가 생기는데요. 작은 문제를 해결하지 않고 내버려 두면 나중에 커질 수도 있죠. 영어에서는 신기하게도 문제가 'grow'합니다. 처음에는 사소한 크기의 거짓말이 나중에는 수습하지 못할 정도로 커지는 거죠. "Problems can grow!"

A: My son has started lying about everything.
아들이 온갖 거짓말을 하기 시작했어.

B: You need to solve the problem quickly otherwise it will continue to grow.
빨리 해결해야 해. 그렇지 않으면 문제가 커질 수도 있어.

사업의 규모가 커지고 확대되는 상황에서도 'grow'로 표현합니다. 사무실이 넓어지고, 매출이 오르고, 인원이 증가하는 의미를 모두 'grow'로 전할 수 있네요.

A: Do you have any tips for how to grow my business?
사업을 키우는 방법에 관한 팁이 있을까?

B: You can't underestimate the importance of networking.
인맥을 쌓는 모임의 중요성을 과소평가해서는 안 돼.

AI에 대중의 관심이 쏠리고 있습니다. 인기의 정도가 높아지는 것을 [인기 + grow]의 조합으로 표현하죠. 어떤 대상의 인기를 말할 때도 'grow'를 쓸 수 있으니, 응용하기 쉽습니다

The popularity of AI continues to **grow**. Of course, some people are worried about the future of AI. But I think right now, people are mostly excited to see what will happen.

AI의 인기가 점점 높아지고 있다. 물론 AI의 미래에 대해 걱정하는 사람도 있다. 하지만 지금 사람들 대부분은 AI로 인해 바뀔 세상을 기대하고 있는 것 같다.

도시의 규모와 크기가 점점 커지는 상황에서도 'grow'가 적절합니다. 도시의 인프라가 구축되고, 인구가 늘면서 도시도 성장할[=grow] 수 있으니까요. 하지만 인구가 밀집[=overcrowding]되는 문제는 조심해야겠죠?

It seems like cities just keep **growing** larger and larger. I understand that cities have a lot of conveniences, but overcrowding is a real problem. I'd rather live in the countryside and just visit the city sometimes.

도시들이 점점 커지는 것 같다. 도시가 편리한 점이 많은 것은 이해하지만, 인구가 밀집되는 것은 심각한 문제다. 시골에 거주하면서 가끔씩 도시에 가는 편이 나을 것 같다.

 심화단어 : otherwise 그렇지 않으면 | underestimate 과소평가하다 | mostly 주로, 대부분은

세 번째 활용

(점점) ~하게 되다

 FILE:21-grow-4

grow의 세 번째 뜻은 '(점점) ~하게 되다'입니다. 앞에서 설명했듯이 영어에서는 각종 기본 동사를 'become'의 의미로도 쓰는데요. 이런 동사를 '연결 동사(linking verbs)'라고 했죠. 의미는 '~가 되다'로 'become'과 같지만 기본 동사에 따라 약간의 뉘앙스가 추가됩니다. grow에는 '점점[=gradually]'의 뉘앙스가 담겨 있습니다. 단번에 어떤 상태가 되지 않고 '서서히[=gradually] 변하는 거죠. grow 하면 항상 떠오르는 팝송이 있는데요. 미국의 영화배우 '아담 샌들러'가 만든 〈Grow Old With You〉입니다. 아내와 함께 천천히 늙어가자는 유머와 사랑이 섞인 곡입니다. 가사 대부분이 기본 동사와 기본 단어로 되어 있으니 꼭 한번 들어보세요!

'~하게 되다'라는 뜻의 grow는 언제나 [grow + 형용사] 문형으로 씁니다. 아내와 함께 서서히 나이 들고 싶다는 말을 "I want to grow old with my wife."라고 하네요.

A: I want to grow old with my wife.
아내와 함께 나이 들고 싶어.

B: I hope you will be able to.
그럴 수 있기를 바라.

몇 년간 강아지가 점점 살이 찐 상황입니다. grow를 사용해 '살이 찌게 되다'로 표현할 수 있네요. 갑자기 살이 쪘다라는 뉘앙스보다는 시간이 지나면서 점점 뚱뚱해진 뉘앙스에 가깝습니다.

Over the years, my friend's dog grew fat. She wasn't sure what the problem was because she took him for walks and carefully controlled his food. It turns out her dad was sneaking him meat almost every day!
몇 년간 친구의 강아지는 살이 쪘다. 친구는 강아지가 살이 찐 이유를 몰랐다. 산책도 시키고 음식도 잘 조절했기 때문이다. 알고 보니 친구의 아빠가 거의 매일 강아지에게 몰래 고기를 줬기 때문이었다.

세상에 스마트폰이 나온 지 벌써 10년이 넘었습니다. 대부분의 사람들이 스마트폰 하나씩은 가지고 있죠. 이렇게 10년이 넘는 기간 동안 점점 보편화된 상황을 [grow + common]으로 나타낼 수 있네요.

A: Smartphones have **grown** so common.
스마트폰이 점점 보편화되고 있어.

B: Yes, almost everyone has one now.
응, 이제 거의 대부분이 가지고 있지.

회사에서 일이 점점 지루해지는 상황입니다. '지금 지루하다'는 말은 [be + bored]로 쓸 수 있지만, '점점 지루하게 되다'라는 말은 [grow + bored]와 더 어울립니다.

I **grew** very bored at my old job. I had nothing to do and no one gave me any tasks. It was easy money, but I really hated that job.
예전 직장은 정말 지루했다. 할 일이 없었고, 아무도 내게 일을 주지 않았다. 돈은 쉽게 벌었지만, 정말 최악의 일이었다.

 심화단어 : sneak 몰래 하다

음식을 '먹고', 일이 '있고', 아기의 '성별을 묻다'를 모두 have로 써요!

① 먹다 [=to eat]

I'd like to **have** a piece of cake.

케이크 한 조각을 먹고 싶어.

② (~할 것이) 있다 [=to possess, own, or hold]

He **has** a meeting to get to.

그는 가야 할 미팅이 있어.

③ 우리말로 떠올리기 힘든 have

[=to know or to experience someone]

I **have** the perfect person.

딱 맞는 사람을 알아.

💡 **이런 뜻도 있어요** : 시켜서 하다, 병이 있다 등

have의 첫 번째 뜻은 '먹다'입니다. 음식을 먹거나 음료를 마실 때 모두 사용할 수 있어요. have의 '먹다' 뜻을 알더라도 실전에서 사용하기 어려운 이유는 'eat'이라는 너무 익숙한 대체 단어가 있기 때문입니다. '먹다 = eat'이란이란 의미가 너무 강하게 붙어 있어 have를 떠올릴 여유가 없죠. have는 eat에 비해 더 의미의 범위가 넓은 일반적인 뜻입니다. 그래서 먹고 마시는 의미에 모두 사용할 수 있고요. 반면 'eat'은 구체적으로 먹는 행위를 강조하는 단어이고, 음료와는 어울리지 않습니다. 물론 두 단어를 구분하지 않고 써도 자연스럽게 들리는 맥락이 존재해요. 하지만 그렇지 않은 부분도 있으니, 영어권 원어민이 언제 사용하는지 관심있게 지켜봅시다.

CASE 1

친구 집에 있다가 출출해서 먹을거리를 찾는 상황입니다. 간식이 있는지 물어보는데요. '간식을 먹다'에서 '먹다'를 [have + a snack]으로 표현할 수 있습니다.

A: Could I **have** a snack?
간식을 먹어도 될까?

B: Sure, there are some snacks in the pantry.
그럼, 팬트리에 간식이 좀 있어.

CASE 2

평소에 해산물을 즐겨 먹지 않는 사람도 있습니다. 단락 하나에 have와 eat이 번갈아 나오는데요. 이런 맥락에서는 바꿔 써도 무리가 없습니다.

I don't really like to **have** seafood that often. I can eat fish, but I don't like octopi or shellfish. I only eat seafood if my friends really beg me to.
해산물 요리를 그렇게 즐겨 먹지 않는다. 생선을 먹을 순 있지만, 문어와 조개류는 좋아하지 않는다. 친구가 해산물을 먹고 싶다고 조를 때만 먹는다.

식당에서 마실 것을 주문하는 상황입니다. 술과 음료에는 eat이 어울리지 않으므로 have를 써야 하죠. 이럴 때는 eat으로 바꿔 쓸 수 없겠네요.

A: Would you like to **have** something with your dinner?
저녁에 곁들여 마실 것을 드릴까요?

B: A glass of red wine would be nice.
레드 와인 한 잔이면 좋을 것 같아요.

미국에서는 식사와 함께 음료를 마시는 문화가 있습니다. 우리나라에서는 음식 메뉴에 따라 다르지만 꼭 그렇지는 않죠. 정리하면, have는 먹고 마시다, eat은 먹다, drink는 마시다라는 뜻이 있습니다.

In America, we usually **have** something with our meal. Most people drink milk, but some people **have** juice or soda. It was weird to only **have** water after a meal in Korea.
미국에서는 보통 식사에 음료를 곁들여 마신다. 대부분의 사람들은 우유를 마시지만, 주스나 탄산음료를 마시는 사람도 있다. 한국에서는 식사 후에 물만 마셔서 이상했었다.

 심화단어 : pantry 식료품 저장실 | octopi 문어 | shellfish 조개류

have의 두 번째 뜻은 '~할 것이 있다'입니다. 이번 have는 새로운 뜻이 아닌, 새로운 '구조'로 이해하는 편이 좋은데요. 먼저 '무엇을 가지고 있다'라고 쓰고 나서, 뒤에 'to동사'를 붙여 마무리하는 형태입니다. 너무 바쁜 회사 생활을 예로 들어봅시다. 처리해야 할 일이 너무 많겠죠. 우선 '일이 많다'라고 쓰고, 뒤에 'to do'를 붙이면 됩니다. "I have so much work / to do."로요. 또한 꼭 가야 할 미팅이 있다면 "I have a meeting to attend."가 되고, 여행으로 준비해야 할 것이 많다면 "I have a lot to prepare." 가 됩니다. '가지다'로 익숙한 'have'를 '있다'로 바꿔서 기억해 주세요!

"일이 너무 많다."를 "There is so much to do."로 쓸 수 있습니다. 하지만 there is로 시작하는 문장은 객관적인 사실을 전하는 방식이죠. 내가 일이 많다는 개인적인 일에 초점을 맞추려면 "I have so much to do."가 적절합니다.

A: I feel like I never see you anymore!
너를 다시는 못 볼 줄 알았어!

B: I'm sorry, I just **have** so much to do.
미안. 할 일이 너무 많았어.

쉴 시간이 없고[=never have time to rest], 탈 비행기가 있는[=have a plane to catch] 상황을 전부 'have'로 표현할 수 있습니다. '있다, 없다'의 문장을 have를 쓴 구조로 구성해 보세요.

The last time I went on a business trip, my boss was a nightmare! He made sure I was always working and never **had** time to rest. Even when I **had** a plane to catch, he kept calling me and giving me work to do.
마지막으로 출장을 갔을 때, 사장님은 악몽과도 같았다. 쉴 새 없이 일을 시켰고 쉴 시간을 주지 않았다. 심지어 비행기를 탈 때도 사장님은 계속 전화하고 일을 줬다.

저녁에도 운영할 사업이 있어서 친구와 술을 마시지 못하는 상황입니다. 우선 have와 함께 사업이 있다고[=have a business] 쓰고, a business에 어울리는 동사 'run'을 붙이면 되지요. '사업을 운영하다'에 해당하는 덩어리 표현은 [run + a business]입니다.

A: Why don't you join us for drinks tonight?
오늘밤에 같이 술 마시러 갈래?

B: I can't. I have a business to run.
그럴 수 없어. 사업을 해야 하거든.

휴가 계획을 세우거나, 준비해야 할 것이 많을 때 'have'를 먼저 떠올려 보세요. 성인이 되어 영어를 배우면 영어로 생각하는 일은 불가능하다고 단정 짓는데요. 일상 대화 수준에서는 우리말을 생략한 채 영어로 생각하고 영어로 말할 수 있다고 믿습니다. 대표적인 예가 [I have something to do] 구조입니다!

My friends asked me to hang out this weekend, but I **had** to refuse. I **have** a vacation to plan and can't spend time hanging out. I'm really excited about my vacation, but I **have** a lot to prepare.
친구들이 이번 주말에 놀자고 했는데, 거절할 수밖에 없었다. 휴가 계획을 짜야 해서 놀 시간이 없다. 휴가 갈 생각에 굉장히 설레지만, 준비해야 할 것들이 많다.

 심화단어 : go on a business trip 출장 가다

(우리말로 떠올리기 힘든) have

 FILE:22-have-4

have의 세 번째 뜻은 '우리말로 떠올리기 힘든 'have'입니다. 영어로 된 자료를 많이 접하면서 제가 신기하다고 생각했던 'have'를 정리해봤어요. 실전에서 자주 등장할 뿐만 아니라, have의 감각을 키울 수 있는 좋은 예문들입니다. 제 영어 실력이 중급 이상으로 점프했을 때를 돌이켜봤어요. 가장 결정적인 이유는 '단어 하나에 여러 뜻이 있다는 것'을 진심으로 받아들였던 시기였던 것 같습니다. 쉽게 말해 '영어를 내게 맞추지 않고, 나를 영어에 맞춘' 셈이죠. have에는 '가지다'라는 뜻만 있다고 고집을 피우는 대신에, have에는 '여러 뜻'이 있다고 나를 영어에 맞추기 시작했습니다. 이 작은 관점의 변화가 여러분의 실전 영어 실력을 점프시켜 줄 거예요!

출산을 앞둔 친구에게 조심스레 아기의 성별을 묻는 상황입니다. '성별'을 우리말 단어에 끌려 'sex, gender'를 쓰면 어색하게 들릴 수 있어요. 'have'로 쉽게 처리했네요.

A: What are you **having?**
아기 성별이 어떻게 돼?

B: We're **having** a girl.
여자 아이야.

실전 영어를 보는 시선을 완전히 뒤집어줬던 문장입니다. 우리말 '닮다'에 해당하는 영어 표현은 'resemble, look like, take after' 등이 있는데요. 원어민은 아주 쉽게 'have'로 쓰더군요. 그냥 엄마의 코를 가지고 있다고요!

People often tell me that I **have** my mother's nose. I take it as a compliment because I think my mom is really pretty. I'm happy to **have** a feature that resembles my mom.
사람들은 종종 내게 엄마 코를 닮았다고 말한다. 나는 그 말을 칭찬으로 받아들인다. 엄마가 정말 예쁘다고 생각하기 때문이다. 엄마를 닮은 특징이 있어서 기쁘다.

〈에밀리, 파리에 가다〉미드에서 발견한 'have'입니다. '여행지에 갈 곳이 많다'라는 말을 'You have…'로 시작했네요. 단순히 '가지다'라고 받아들이면 결코 떠올릴 수 없는 '쉬우면서도 어려운' 문장입니다.

A: Planning my trip to Brazil **has** been exhausting!
브라질 여행 계획을 세우느라 너무 지쳐!

B: You **have** so many cool places to check out, don't worry if you can't see them all.
브라질에는 멋진 곳이 정말 많아, 다 못 보더라도 걱정하지 마.

저녁을 먹다가 셔츠에 소스가 묻은 상황입니다. 우리말은 '셔츠'로 문장을 시작하지만, 영어는 'You'로 문장을 시작하죠. '너는 소스를 가지고 있어 / 셔츠에'라고 말합니다. '묻다'라는 동사를 쓰지 않고 [have + sauce on 셔츠]로 풀어 설명했네요. 영어식 사고를 엿볼 수 있는 문장입니다.

Last night at dinner, my friend said, "You **have** sauce on your shirt." I looked down and was surprised to see that my shirt was covered in red sauce. I excused myself and went to the bathroom to try to clean up.
어젯밤 저녁을 먹는데 친구가 말했다. "셔츠에 소스가 묻었어." 나는 고개를 내렸고, 셔츠에 빨간 소스가 잔뜩 묻어 있는 것을 보고 깜짝 놀랐다. 잠깐 양해를 구하고 다음 화장실에 가서 소스가 묻은 셔츠를 닦았다.

 심화단어 : compliment 칭찬, 칭찬하다 | **resembles** 닮다, 비슷하다

23 help [help]

청소하는 것을 '도와주고', 업무를 '도와주고',
커피가 '도움이 되다'를 모두 help로 써요!

① …가 ~하는 것을 도와주다 (동작 강조)
[=to make it easier for someone to do something by offering your strength]
My mom **helped** me cook dinner.
엄마는 내가 저녁 요리 하는 걸 도와줬다.

② …의 ~를 도와주다 (일 강조)
[=to make it possible for someone to do something by offering your expertise]
Please **help** me with my homework.
내 숙제 좀 도와주라.

③ 도움이 되다
[=to make a difficult situation better]
Working out **helps**.
운동이 도움이 된다.

💡 **이런 뜻도 있어요** : 먹다, 어쩔 수 없다 등

…가 ~하는 것을 도와주다 (동작 강조) 🎧 FILE:23-help-2

help의 첫 번째 뜻은 '…가 ~하는 것을 도와주다'입니다. help의 뜻을 모르는 학습자는 없을 거예요. 하지만 help의 정확한 '문형'을 모르는 사람은 꽤 많을 거라 예상합니다. 기본 동사 중에는 뜻이 많지 않지만 문형을 다양하게 쓰는 경우가 있거든요. 대표적인 기본 동사가 'help'입니다. 우선 [help + 사람 + (to) 동사원형] 문형을 살펴보겠습니다. 사람이 어떤 일을 하는 것을 도와주는 의미로 쓰는데요. 예를 들어 아침 식사 만드는 것을 도와 달라고 할 때는 "Can you help me (to) make breakfast?" 라고 할 수 있죠. 내가 아침을 만드는 것을 도와 달라는 얘기입니다. [help + 사람 + 동작]을 순서대로 볼 수 있죠. 사람만 바꾸면 내가 상대에게 도움을 줄 수도 있는데요. "Let me help you (to) clean the room."처럼요. 이번에는 네가 방을 청소하는 것을 도와주겠다는 의미네요. 참고로 괄호에 있는 to는 생략할 수 있습니다. 써도 되고 안 써도 되지만 되도록 안 쓰는 것을 추천합니다!

CASE 1

주말에 청소하는 것을 도와 달라고 하는 상황입니다. help의 문형을 익혔으니 문장을 만들 준비를 마쳤네요. [help + me + clean]으로 도움, 사람, 동작을 순서대로 넣어주세요. 이번에도 to를 생략했네요.

A: Can you help me clean this weekend?
이번 주말에 청소하는 것을 도와줄 수 있어?

B: Sure, no problem.
그럼, 좋아.

CASE 2

이사를 하면서 친구에게 도움을 받은 상황입니다. [help + me + hang up]으로 도움, 사람, 동작을 차례대로 썼어요. 참고로 우리말과 달리 영어는 '단어의 순서가 대단히 중요합니다. 순서에 따라 의미가 바뀌기 때문이죠.

When I moved into my new apartment, my friend **helped** me hang up some pictures. It was really hard to get the nail into the wall. I guess the wall was made of concrete.
새 아파트로 이사 왔을 때, 친구가 벽에 그림을 거는 일을 도와줬다. 벽에 못을 박기가 정말 힘들었다. 벽이 콘크리트로 만들어졌던 것 같다.

커피 만드는 것을 도와주는 상황입니다. [Can you help me + 동작?]을 하나의 패턴으로 써도 유용해요. 도움을 요청할 때 '동작'만 바꿔서 응용해 주세요. help의 가장 기본적인 문형입니다.

A: Can you help me make a coffee?
커피 한 잔 만드는 거 도와줄 수 있어?

B: Sure, I'll be right there.
그럼, 금방 갈게.

집안일을 서로 도와주는 상황입니다. 여러 번 강조했듯이 'help'와 같은 기본 동사는 '문형'이 중요해요. [help + my sister + wash] 문형을 의미와 연결해서 기억해 주세요.

When I was a kid, my sister and I had to do chores around the house. Sometimes I had to **help** my sister wash the dishes. That was actually one of my favorite chores as a kid.
어렸을 때 동생과 나는 집안일을 해야만 했다. 가끔 동생이 설거지하는 것을 도와줬다. 사실 설거지는 어렸을 때 내가 가장 좋아하는 집안일 중 하나였다.

 심화단어 : be made of ~로 만들어지다 | do chores around the house 집안일을 하다

…의 ~를 도와주다 (일 강조)

help의 두 번째 뜻은 '…의 ~를 도와주다'입니다. 언뜻 help의 첫 번째 문형과 비슷해 보이지만 약간의 차이가 있습니다. 'with'를 넣어야 하고, 동사 대신에 '명사'를 써야 하죠. 정리하면 [help + 사람 + with 도움받는 것]입니다. 예를 들어 회사 동료의 프로젝트를 도와주는 상황입니다. 영어로는 "I will help you with your project."로 쓸 수 있죠. 프로젝트를 '처리하다', 프로젝트를 '마무리하다' 같은 구체적인 동사를 쓰지 않아도 그 의미를 충분히 전달할 수 있어요. '조사하다'도 마찬가지입니다. "She will help you with your research."로만 써도 조사하는 것을 도와주는 의미가 전달되지요. 한 가지 팁을 더 드리면, 영어에서는 동사를 쓰지 않더라도 우리말로는 동사의 느낌을 살려서 이해해도 괜찮다는 점입니다. 다만 영어의 초점은 동작이 아닌 도움을 받는 '일'에 초점이 맞춰져 있다고 생각해 주세요. 지금부터 with가 함께 오는 help를 살펴보겠습니다.

스타일을 꾸미는 도움을 받는 상황입니다. 우리말 '꾸미다'에 해당하는 동사를 찾지 않고 '스타일'에 초점을 맞춰도 얼마든지 'help'로 표현할 수 있어요. [help + 사람 + with + 일]의 문형을 쓰면 쉽게 의미를 전달할 수 있죠.

A: I need someone to help me with my style.
나를 꾸미는 걸 도와줄 사람이 필요해.

B: Yeah, you definitely do.
응, 꼭 필요하지.

불안에 관한 치료를 받는 상황입니다. [help + me + with + my anxiety]의 순서로 나열했는데요. 불안을 도와주는 것은 어떤 의미일까요? 맥락상 불안을 줄이거나 없애는 쪽에 가깝겠죠. [with + 일]만 보고도 그 의미를 제대로 파악할 수 있어야 합니다. 영어 문장에서 알려주지 않으니까요.

I've been seeing a therapist to help me with my anxiety. At first, I didn't think anything would change, but it did. I have much less anxiety now than when I first met my therapist.
나는 불안감을 없애게 도와주는 치료를 받고 있다. 처음에는 달라진 게 없는 것 같았는데, 변화가 있었다. 처음 치료사를 만났을 때보다 지금은 훨씬 불안감이 줄었다.

회사에서 일과 관련해 도움을 요청하는 상황입니다. 일을 '하다'와 일을 '처리하다'에 해당하는 동사를 쓰지 않고도 [help + me + with my work]만으로 그 의미를 전할 수 있죠. 맥락이 분명할 때 쓰는 경제적인 표현 방식입니다.

A: Is there anyone who can **help** me with my work?
내 일을 도와줄 수 있는 사람이 없나?

B: Nope. I'm afraid you have to do it all by yourself.
없어. 혼자 힘으로 해야만 할 것 같아.

끝으로 친구들이 내 영어 공부를 도와주는 상황입니다. [help + me + with + my English]를 써서 구체적인 동사를 쓰지 않고 의미를 전했네요. 영어 공부에는 듣기, 말하기, 읽기, 쓰기 등 다양한 영역이 있죠. 하나를 콕 집어서 언급하지 않고 'with my English'로 그 모든 의미를 표현할 수 있어요.

I've been very lucky to have lots of friends **help** me with my English. It is totally different from Korean, so studying by myself was quite difficult. Fortunately, my friends let me practice speaking with them whenever I want.
나는 영어 공부를 도와주는 친구가 많이 있어서 정말 운이 좋다. 영어는 한국어와 완전히 달라서, 혼자 공부하기가 상당히 어려웠다. 다행히도 친구들이 내가 원할 때마다 영어로 말하기 연습을 할 수 있게 해줬다.

 심화단어 : a therapist 치료사, 치료 전문가 | anxiety 불안, 걱정거리 | quite 꽤, 상당히

세 번째 활용

도움이 되다

🎧 FILE:23-help-4

help의 세 번째 뜻은 '도움이 되다'입니다. 마지막으로 다룰 'help'에는 사람을 쓰지 않아도 괜찮습니다. 사람보다는 어떤 행동이 도움이 된다는 뜻으로 자주 쓰거든요. 문형은 훨씬 간단합니다. [무엇 + help] 문형으로 이롭고, 유익하고, 도움이 되는 상황에서 쓸 수 있죠. 예를 들어 결혼을 약속한 예비 부부의 상견례 자리를 가정해 보겠습니다. 함께 한 모든 사람이 어색한 상황이죠. 이럴 때 약간의 농담이나 재치 있는 유머는 딱딱한 분위기를 누그러뜨리는 데 도움이 됩니다. 이런 상황을 영어로 표현하면 "Humor often helps."가 되지요. 즉, 유머가 도움이 되는 거죠. 또한 스트레스가 심할 때 한숨 자고 나면 도움이 될 때가 있는데요. 영어로는 "Sleep helps."라고 합니다. 정리하면, 사람을 도와주는 help가 아닌, 무엇이 도움이 된다는 help입니다!

커피가 잠을 깨는 데 도움이 된다는 상황입니다. 이런저런 말을 붙이지 않아도 간단하게 "Coffee helps."로 표현할 수 있죠. 주어를 사람이 아닌 '커피'로 잡고 'help'만 붙이면 됩니다. 쉽게 응용할 수 있으니 help의 문형을 잘 익혀두세요.

A: I feel so sleepy today!
오늘 너무 졸리다!

B: Coffee helps.
커피 마시면 도움이 될 거야. [=잠이 깰 거야.]

사람과 대화하면 도움이 된다는 상황입니다. 특히 친구나 가족과 대화하면 걱정이 차차 사라지죠. [친구, 가족과 대화하기 + help] 문형으로 쉽게 표현하세요.

Sometimes I get very worried about my future. There are so many things that might happen. Luckily, talking to my friends and family usually helps.
가끔 내 미래에 대해 정말 걱정이 된다. 오만 가지 일이 일어날지도 모른다. 다행히도 친구들, 가족들과 대화하는 게 도움이 된다.

이별을 극복하는[=get over] 상황입니다. 새로운 사람과 데이트를 하면 도움이 되겠죠. help의 문형에 맞게 정리하면, [새로운 사람과의 만남 + help]입니다. 이렇게 접근하면 비슷한 문형이 술술 풀릴 거예요.

A: How can I get over my ex?
전 애인을 어떻게 잊을 수 있을까?

B: Dating someone new usually helps.
보통 새로운 사람을 만나면 도움이 될 거야.

책 읽기가 도움이 된 상황입니다. 독서량이 풍부하면[=reading lots of books] 세상을 살아가는 데 유리하겠죠. [책 읽기 + help] 문형으로 'help' 뒤에 다른 단어를 붙이지 않아도 괜찮아요.

When I graduated from college, I felt like I didn't know anything about the world. But I found that reading lots of books helped. I still don't know everything, but I know a lot more than I did before.
대학을 졸업했을 때 세상에 대해 아무것도 모르는 기분이었다. 하지만 책을 많이 읽으면 도움이 된다는 걸 알게 됐다. 여전히 모르는 게 많지만, 전보다는 훨씬 더 많이 알고 있다.

 심화단어 : get over 잊다, 극복하다 | someone new 새로운 사람

24 hold [hoʊld]

가방을 '들어주고', 아이를 '안아주고',
숨을 '<u>참다</u>'를 모두 hold로 써요!

① 쥐다/들어주다/가지고 있다 [=to carry something using your hands or arms]

Will you **hold** my purse while I go to the bathroom?

화장실 가는 동안 핸드백을 들어 줄래?

② 안다/손을 잡다

[=to put your arms around someone]

Her boyfriend **held** her during the scary movie.

공포 영화를 보는 동안 남자친구가 그녀를 안고 있었다.

③ 빼다/멈추다/대기하다

[=to not provide or stop something temporarily]

I'll have a chicken taco, **hold** the onions.

치킨 타코 주세요. 양파는 빼주시고요.

💡 **이런 뜻도 있어요** : 지탱하다, 수용하다, 유지하다 등

쥐다/들어주다/가지고 있다   FILE:24-hold-2

hold의 첫 번째 뜻은 '쥐다, 들어주다, 가지고 있다'입니다. hold를 단순히 물건을 '잡다'라고 알고 있는 학습자가 있는데요. 그렇게 되면 hold가 일회적인 행동처럼 느껴집니다. hold는 물건을 잡은 뒤에 그것을 계속 '쥐고 있는' 뉘앙스가 강한 단어죠. 그래서 '잡다'보다는 '잡고 있는' 또는 '쥐다'로 이해하는 편이 좋습니다. 예를 들어 친구에게 스마트폰을 잠깐 들어 달라고 할 때도 다른 동사보다는 'hold'가 어울리죠. "Can you hold my smartphone?" 이런 hold의 핵심 의미를 이해하면 hold의 다른 여러 의미도 술술 이해될 거예요.

 문 앞에서 친구에게 박스를 들어 달라고 부탁하는 상황입니다. 물건을 들고 있는 상태를 계속 유지해야 하니 'hold'가 어울리죠.

A: Can you **hold** this box while I open the door?
문을 여는 동안 박스를 들어줄래?

B: Sure. It doesn't look too heavy.
그래. 그렇게 무거워 보이지 않네.

 꽃을 들고 있는 친구에게 이유를 물어보는 상황입니다. 꽃을 '들고' 있는 상황을 'hold'로 표현할 수 있죠. 이렇게 묘사적인 동사를 익힐수록 자연스러운 영어에 가까워질 거예요.

A: Why are you **holding** flowers?
왜 꽃을 들고 있어?

B: I'm going to give them to my friend after her performance.
친구가 공연을 마치면 꽃을 주려고

176

그릇을 손에 쥐고 있다가 모르고 떨어뜨린 상황입니다. 물건을 쥐고 있을 때는 'hold' 가 어울리죠. 상황 묘사와 함께 기억하면 잊어버리지 않을 거예요.

When I was a child, my friend wanted to show me a glass bowl. While she was **holding** it, it suddenly slipped out of her fingers and fell to the floor. It shattered into pieces and my friend got hurt.

어렸을 때 친구가 내게 유리그릇을 보여주고 싶어 했다. 그릇을 들고 있던 중에 갑자기 손에서 미끄러져 바닥에 떨어지고 말았다. 그릇이 산산이 깨졌고 친구가 다쳤다.

물건을 계속 들고 있어 팔이 아픈 상황입니다. 일회적인 동작이 아닌, 계속 들고 있어야 하는 hold의 뉘앙스가 제대로 드러나는 내용이네요. hold가 입에서 나오는 날도 얼마 남지 않았습니다!

When my friend was moving, she asked me to **hold** some of her stuff. Then she got distracted cleaning and my arms started to feel tired. She finally remembered that I was still waiting and we put her stuff in the moving van.

친구가 이사를 하던 중에 내게 물건을 좀 들고 있어 달라고 부탁했다. 그러고 나서 친구는 청소하느라 정신이 없었고, 물건을 들고 있던 내 팔은 점점 지쳐갔다. 친구는 마침내 내가 계속 기다리고 있다는 게 기억이 났고, 짐을 이삿짐 트럭으로 옮겼다.

 심화단어 : get distracted 정신이 산만한, 집중이 안 되는

두 번째 활용
안다/손을 잡다

 FILE:24-hold-3

hold의 두 번째 뜻은 '안다, 손을 잡다'입니다. '안다'의 경우 연인끼리 포옹하는[=hold each other] 상황에서 쓸 수 있고, 부모가 아이를 안아주는[=hold a baby] 상황에서도 쓸 수 있습니다. 한편 손이 다른 사람의 몸에 닿으면 '안다'가 되지만, 다른 사람의 손에 닿으면 '손을 잡다'가 되지요. 그래서 [hold + hands]를 쓰면 '손을 잡다'라는 뜻이 됩니다. hold가 신체 부위에 닿으니 '안아주고 잡아주는' 다정한 의미로 쓰이네요. 이제 다양한 상황에서 hold가 어떻게 쓰이는지 관찰해 봅시다.

성인이 되면 누군가를 안아주거나 안길 기회가 자주 없죠. hold를 써서 안아주는 의미를 전달할 수 있습니다. 그럴 사람을 찾길 바라는 내용으로 마무리했네요.

A: It's been a long time since someone has **held** me.
누가 나를 안아준 지 정말 오래됐어.

B: I hope you find someone soon.
조만간 그런 사람을 찾길 바라.

어렸을 때는 대부분 엄마의 품에 안기는 걸 좋아하죠. 성인이 되면서 조금씩 그런 습관이 사라지게 됩니다. 부모가 아이를 안아주는 상황에서도 hold가 적절하죠.

When my sister was a baby, she always wanted to be **held.** If my mom didn't **hold** my sister, she would scream and cry. Luckily, she grew out of that behavior eventually.
동생은 어렸을 때 늘 안기는 걸 좋아했다. 엄마가 동생을 안아주지 않으면 소리를 지르고 울었다. 다행히도 나이가 들면서 그런 행동을 고치게 되었다.

커플이 손을 잡고 있는 상황입니다. 특히 애정의 표시로 손을 잡을 때 [hold + hands] 조합을 쓸 수 있습니다. 특정 손을 언급하지 않고 두 명 이상이 손을 잡을 때 [hold + hands]로 표현할 수 있어요.

A: Why is that couple **holding** hands at the bank?
왜 저 커플은 은행에서 손을 잡고 있을까?

B: Oh, leave them alone. They're cute.
아, 그냥 내버려 둬. 귀엽잖아.

손을 잡는 것을 좋아하는 커플도 있고 그렇지 않은 커플도 있다는 내용입니다. 단어를 하나씩 암기했던 습관 때문에 hold도 알고 hands도 알지만, [hold + hands] 조합은 낯설 텐데요. 가수 마이클 잭슨의 노래 〈Hold My Hand〉를 듣다 보면 어느새 익숙해 질 거예요.

Some couples don't like to **hold** hands because they think it's uncomfortable or cheesy. I really love **holding** hands with my partner. I think it's so romantic and it makes me feel like we're a couple and not just two friends hanging out.
어떤 커플은 손을 잡는 것을 좋아하지 않는다. 불편하거나 유치하다고 생각하기 때문이다. 나는 연인과 손을 잡는 것을 정말 좋아한다. 굉장히 로맨틱하다고 생각하고, 손을 잡으면 친구들끼리 노는 것이 아닌 커플이 된 느낌이 든다.

 심화단어 : grow out of 나이가 들면서 ~를 그만두다

빼다/멈추다/대기하다 🎧 FILE:24-hold-4

hold의 세 번째 뜻은 '빼다, 멈추다, 대기하다'입니다. 무언가를 계속 쥐고 있으면서 그 상태를 유지하는 hold의 핵심 의미가 담긴 뜻입니다. 하지만 워낙 다양한 맥락에서 쓰여 하나로 정리하기가 쉽지 않은데요. 대표적인 예문을 살펴본 뒤에, hold의 뉘앙스를 차근차근 적용해 보겠습니다. 엘리베이터의 문이 닫히지 않게 엘리베이터를 잡아주는 상황에서 쓸 수 있는데요. 쉽게 말해 엘리베이터의 문이 열린 상태를 유지하는 거죠. 영어로 "Hold the elevator."라고 합니다. 무언가를 쥐고, 그 상태를 유지하는 뉘앙스가 모두 담겨 있습니다. 심지어 음식에 특정 재료를 빼 달라고 말하는 상황에서도 hold를 쓸 수 있는데요. 요리사가 쌀국수에 고수[=cilantro]를 넣지 않고 계속 주방에 두는 모습을 떠올리면 됩니다. 자, 이제 이런 hold를 붙잡은 상태로 다양한 예문을 살펴봅시다!

점심시간이라 엘리베이터를 한번 놓치면 5분 이상 기다릴지도 모르는 상황입니다. 급하게 뛰어가며 엘리베이터를 잡아 달라고[=hold the elevator] 외치고 있네요.

A: Please hold the elevator!
엘리베이터를 잡아줘!

B: Wow, you got here just in time.
와우, 딱 타이밍 맞게 탔네요

한국 사람 중에 고수[=cilantro]를 좋아하지 않는 사람이 꽤 됩니다. 요리하는 단계에서 고수를 음식에 넣지 않고 'hold'하는 모습을 떠올리면 되죠. 식재료를 쥐고 넣지 않는 것입니다. 이런 hold도 기억해 주세요!

When I moved to Korea, I was surprised at how many people don't eat cilantro. I often heard my Korean friends asking the staff to **hold** the cilantro. In America, we don't even think about asking them to serve Mexican food without cilantro.

한국에 왔을 때 많은 사람들이 고수를 먹지 않는다는 사실이 뜻밖이었다. 한국 친구들이 종업원에게 고수를 빼 달라고 얘기하는 걸 자주 들었다. 미국에서는 멕시코 음식에 고수를 빼달라고 요청하는 걸 생각조차 하지 않는다.

오후에 중요한 회의가 있어 전화 연결을 하지 말라고 부탁하는 상황입니다. 전화 통화를 넘기지 말고 '대기'하라는 의미인 것이죠. 이런 '대기'의 어감이 'hold'입니다.

A: Becky, please hold my calls this afternoon.
백키, 오후에는 전화 연결을 하지 말아 주세요

B: Certainly, sir, no problem.
그렇게 해 드릴게요 문제없어요

식재료를 넣지 않고, 전화를 연결하지 않는 hold를 배웠습니다. 마지막은 숨을 참는 'hold'인데요. 숨을 마시고 뱉지 않은 채 '숨을 붙잡고[=hold my breath]' 있는 상황입니다. 수영장에서 물놀이를 할 때 꼭 나오는 표현입니다.

When I was in middle school, we often had competitions to see who could **hold** their breath the longest. We usually played this game in the swimming pool during the summer. I loved swimming underwater so I was usually pretty good.
중학교 때 종종 우리는 누가 더 숨을 오래 참는지 시합을 했다. 보통 여름에 수영장에서 이런 게임을 했다. 나는 물속에서 수영하는 걸 좋아해서 꽤 잘하는 편이었다.

 심화단어 : cilantro 고수

25 keep [kip]

> 목걸이를 '보관하고', 운동을 '계속하고', 책상을 '깔끔하게 유지하다'를 모두 keep으로 써요!

① 보관하다/가지고 있다 [=to have possession of something]

I will **keep** this necklace forever.
이 목걸이는 평생 간직할 거야.

② 계속 ~하다 [=to continue doing something]

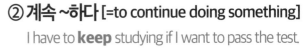

I have to **keep** studying if I want to pass the test.
시험에 통과하고 싶다면 계속 공부해야 한다.

③ ~상태로 유지하다
[=to maintain something in a certain state]

I try to **keep** my desk tidy.
책상을 깔끔하게 하려고 노력해요.

💡 **이런 뜻도 있어요** : (약속, 비밀 등을) 지키다, 기르다 등

보관하다/가지고 있다 🎧 FILE:25-keep-2

keep의 첫 번째 뜻은 '보관하다, 가지고 있다'입니다. keep을 제대로 이해하려면 keep의 반대말을 알아야 하는데요, 예상외로 'give away'입니다. 가지고 있지 않고, 남에게 주거나 버린다는 뜻이죠. 이삿짐을 싸는 상황을 떠올리면 'keep'을 쉽게 이해할 수 있는데요. 이삿짐을 쌀 땐 더는 입지 않는 옷과 읽지 않는 책 등은 버려야 하니까요. 이런 행동이 'give away'입니다. 반대로 버리고 싶지 않은 물건이나 오래 간직하고 싶은 물건은 'keep'을 써야 하죠. 이번 주말에는 옷장을 열어서 내가 keep하고 싶은 옷과 give away하고 싶은 옷을 골라보세요. keep을 절대 까먹지 않을 거예요!

CASE 1

집에 책이 많으면 이삿짐을 쌀 때 골치 아프죠. 나중에 다시 펼쳐보지 않을 책은 과감히 정리하고, 다시 읽을 책만 챙기는[=keep] 편이 낫겠죠?

A: I'm not sure what to do with all my books.
내 책을 다 어떻게 해야 할지 모르겠어.

B: Just **keep** the books you will read again.
나중에 다시 읽을 책들만 가지고 있어.

CASE 2

안 쓰는 가방이 많은 상황입니다. 방을 정리하며 가방을 처분할 참인데요, 추억이 담긴 핸드백은 보관하고[=keep] 싶은 상황입니다.

A: I want to **keep** this purse.
이 핸드백은 (버리지 않고) 보관하고 싶어.

B: Okay, but I think you should get rid of the rest.
그래, 그런데 나머지는 버리는 게 좋을 것 같아.

영어에는 'spring cleaning'이라는 표현이 있습니다. 봄을 맞아 대청소를 한다는 뜻입니다. 그래서 매년 봄이면 평소에 입지 않는 옷을 버립니다[=get rid of]. 그럼 '버리지 않다'는 'keep'이겠죠?

Every spring, I like to clean out my closet. I try to only **keep** the clothes that I use regularly. I always feel much better after I get rid of some clothes.
매년 봄마다 옷장 정리하는 것을 좋아한다. 내가 자주 입는 옷들만 보관하려고 노력한다. (입지 않는) 일부 옷을 버리면 늘 기분이 훨씬 나아진다.

 옛 연인에게 받은 물건을 가지고 있으면[=keep] 정신 건강에 좋지 않을 때가 있죠. 예전에 좋지 않았던 기억이 떠오르니까요. 보관하지 않는 게 상책입니다.

If you break up with someone, don't **keep** anything they've given you. It will just make you sad whenever you see it. It's best to throw everything away after a breakup.
누군가와 헤어지면, 그에게 받은 어떤 물건도 가지고 있지 마라. 그 물건을 볼 때마다 기분이 좋지 않을 것이다. 이별 후에는 모두 버리는 것이 제일 좋다.

 심화단어 : get rid of 제거하다 | a breakup 이별

두 번째 활용
계속 ~하다

keep의 두 번째 뜻은 '계속 ~하다'입니다. keep의 첫 번째 뜻을 '버리지 않고 보관하다'라고 배웠는데요. 두 번째 keep은 물건을 계속 보관하는 과정에서 '동작을 계속 유지하는' 모습으로 뜻이 확장됩니다. 행동을 멈추지 않고 계속 하는 거죠. 가령 한국 국가대표 축구팀이 3연승을 이어간다면 [keep + winning]이라고 말하는 것처럼요. 나이가 들어도 배움을 멈추지 않는다면 [keep + learning]하는 상황이고요. 두 표현의 공통점은 keep 뒤에 동사를 넣고, 그 동사에 ing를 붙여 연속된 동작을 나타낸다는 점입니다. 동작을 연속해서 해야 하니까요. 기본 동사로 영어를 유창하게 말하고 싶다면 이 책을 'keep reading'하세요!

내가 응원하는 팀이 경기에서 계속 이기는[=keep winning] 상황입니다. 승리하는 동작이 계속 진행 중이니 [keep + winning]이 잘 어울리죠.

A: Wow, my favorite soccer team keeps winning!
와, 내가 가장 좋아하는 축구 팀이 계속 이기고 있어!

B: You must be very happy about that.
진짜 기쁘겠다!

강아지가 계속 집을 나가는 상황입니다. 산책을 자주 하지 못해서 그런 것 같은데요. 집을 나가는 동작을[=run away] 계속[=keep]하고 있네요.

A: My dog keeps running away from home.
우리 강아지가 계속 집을 나가.

B: Maybe you should take it on walks more often.
산책을 더 자주 시키는 게 좋을 것 같아.

지출을 통제하지 않고 습관적으로 쇼핑을 하는 상황입니다. 물건을 계속 구매[=keep buying]하고 있는데요. 같은 동작을 반복해서 하는 행위를 표현할 땐 'keep'만한 기본 동사가 없습니다.

I'm a little bit worried about my shopping habits. I **keep** buying things that I don't need. Maybe I should make a budget to track my spending.
내 쇼핑 습관 때문에 조금 걱정된다. 필요 없는 물건을 계속 사게 된다. 내 씀씀이를 파악하기 위해 예산 계획을 세워야 할 것 같다.

전 세계 사람들이 가장 이민을 가고 싶은 국가 중 하나는 캐나다입니다. 처음에는 관광비자로 왔다가, 이제는 평생 살고[=keep living] 싶다고 표현할 때도 keep이 제격이죠.

I visited Canada a few months ago. I came on a tourist visa, but I want to **keep** living here. I should find a job and change my visa.
몇 달 전에 캐나다에 왔다. 관광비자를 받아서 왔는데, 캐나다에서 계속 살고 싶어졌다. 여기서 일자리를 구하고 비자를 바꿔야 한다.

 심화단어 : track 추적하다, 파악하다

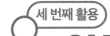

세 번째 활용
~상태로 유지하다

keep의 세 번째 뜻은 '~상태로 유지하다'입니다. 냉장고에 음식을 보관하는 이유는 신선한 상태를 유지하기 위해서고, 방에 히터를 켜는 이유는 따뜻한 온도를 유지하기 위해서죠. 이렇듯 keep에는 어떤 '상태'를 유지하고 있다는 의미가 담겨 있습니다. 음식과 온도뿐만 아니라 사람의 상태도 유지할 수 있는데요. 일 때문에 계속 바쁜 상황이라면 "My job keeps me busy."로 표현할 수 있습니다. keep의 핵심 의미를 파악하려면 다음 공통점을 꼭 기억해야 합니다. keep의 세 가지 활용인 '물건을 보관하는 것', '동작을 반복하는 것', '상태를 유지하는 것'을 아우르는 공통점이 느껴지시나요? 물건, 동작, 상태에 관계없이 어떤 변화를 주지 않고 그대로 유지하려는 경향입니다. 이제 keep이 나와도 당황하지 않을 거예요!

어떤 상태를 유지하는 keep은 [keep + 대상 + 형용사]의 문형을 취합니다. 영어에서 형용사는 어떤 상태의 역할을 하니까요. 냉장고에 과일을 넣어 신선하게 유지하는 상황이네요.

A: Why do you put your fruit in the fridge?
왜 과일을 냉장고에 넣는 거야?

B: It keeps the fruit fresh.
그럼 과일을 신선하게 유지할 수 있어.

'일 때문에 바쁘다'는 말을 keep으로 표현하면, '일이 나를 바쁜 상태로 유지한다'라고 써야 합니다. 영어로는 이렇게 표현해도 자연스럽게 들립니다. 나를 바쁜 상태로 유지하고[=keep me busy] 있으니까요.

A: Do you have much free time?
여유 시간이 좀 있어?

B: No, my job keeps me very busy.
아니, 일 때문에 굉장히 바빠.

따뜻하게 지내려고 겨우내 히터를 사용하는 상황입니다. keep을 활용해서 '나를 따뜻한 상태로 유지한다[=keep myself warm]'라고 표현할 수 있습니다.

This winter has been really cold. I've been using an electric heater to **keep** myself warm. I hope spring comes soon.

이번 겨울은 정말 춥다. 따뜻하게 지내려고 전기 히터를 사용하고 있다. 봄이 빨리 왔으면 좋겠다.

밤마다 울고불고하는 아이를 진정시킬 수 있는 방법을 찾은 상황입니다. 이제는 듣자마자 [keep + 아이 + 차분한]이라는 형태를 떠올리길 바랍니다!

I recently found the best way to **keep** my baby calm at night. She really likes to listen to classical music. As soon as I turn on the music, she falls asleep.

최근 들어 밤에 아이를 진정시키는 최고의 방법을 발견했다. 아이가 클래식 음악 듣는 걸 정말 좋아한다. 음악을 틀자마자 잠이 든다.

🎯 **심화단어 : as soon as** ~하자마자, ~하자 곧

188

26 kill [kɪl]

FILE:26-kill-1

소음을 '없애고', 시간을 '때우고' 머리 아파 '죽겠다'를 전부 kill로 쓰네!

① 끝내다/없애다 [=to stop something from continuing]
He turned off the phone to **kill** the noise.
소음을 없애려고 휴대폰 전원을 껐다.

② (시간을) 죽이다/때우다
[=to spend time doing a particular activity while you are waiting for something]
I like to **kill** time playing games on my phone.
나는 휴대폰으로 게임하며 시간 때우기를 좋아한다.

③ (아프고, 힘들고, 고통스러워) 죽겠다
[=to cause someone to feel extreme pain or to suffer]
Driving for 5 hours is **killing** me.
5시간 동안 운전하느라 죽겠어.

💡 이런 뜻도 있어요 : 식물을 죽이다, 피곤하다 등

kill은 우리가 생각하는 것만큼 위험한 단어가 아니에요. 물론 사람을 죽인다는 표현에 쓰기도 하지만 사람 외에도 kill할 수 있는 대상이 많거든요. 그럴 때 kill은 '끝내다/없애다'의 뜻으로 사용합니다. 그럼 무엇을 끝내거나 없앨 수 있을까요? 저는 전화 통역 봉사활동을 15년 넘게 참여하고 있어요. 전화 통화로 영어가 필요한 한국인과 우리말이 필요한 외국인을 도와주고 있죠. 하루는 미국 응급실에서 전화가 걸려왔습니다. 통역 도움을 요청한 분은 영어를 전혀 못했습니다. 정확한 원인은 모르지만 몸이 너무 아파서 진통제를 달라는 말을 전해 달라고 했죠. 그때 제가 통역했던 문장은 'something to kill the pain'이었어요. 환자는 통증을 없애는 무언가를 원한다고 말을 전했죠. 이렇듯 pain을 없앤다고 표현할 때 'kill'을 사용합니다. 지금부터 다양한 예문을 보며 더 자세히 알아보아요.

친구 집에서 놀던 중 갑자기 몸이 오슬오슬 춥고 떨리는[=chills] 상황입니다. 급한 대로 친구에게 증상을 가라앉힐 만한 게 있는지 물었는데요. 다행히 타이레놀을 건네줬네요. 통증을 kill할 수 있습니다!

A: Do you have anything to kill the pain?
통증 없앨 만한 거 있어?

B: I'll give you a couple of Tylenol.
타이레놀 두 알을 줄게.

친구에게 깜짝파티를 해주는 상황입니다. 숨죽이며 기다리고 있는데, 늦게 합류한 친구가 자동차 시동을 끄지 않았네요. 얼른 자동차 엔진을 끄라는 상황을 kill로 가볍게 표현할 수 있습니다.

A: Kill the engine! You'll ruin the surprise.
엔진 꺼! 그러다가 깜짝파티 망치겠어.

B: I'm sorry, I didn't know we were surprising her.
미안, 걔를 깜짝 놀라게 하는 건지 몰랐어.

친구 중에 자주 분위기를 깨거나 망치는 사람이 꼭 한 명씩 있죠. 이런 상황을 영어로는 [kill + the mood]라고 합니다. 갑자기 엉뚱한 말을 하거나 너무 처지는 말을 하는 친구를 떠올리며 kill을 기억해 주세요. 참고로 영어에서는 한 사람[=a person]을 다음 문장에서 'they'로 쓸 수 있어요. 성별을 밝힐 필요가 없을 때 이렇게 써요.

One of my friends is really good at killing the mood. We'll all be having fun playing games and they'll say something really weird or depressing. I don't like hanging out with them that much, but they're one of my oldest friends.

분위기를 정말 잘 깨는 친구가 한 명 있다. 게임을 하며 신나게 놀고 있으면, 갑자기 이상하거나 우울한 이야기를 꺼낸다. 걔랑 함께 노는 걸 별로 좋아하진 않지만, 내 가장 오래된 친구 중 한 명이다.

연예인이 자신에게 불리한 기사를 덮으려는 상황입니다. 기사를 덮는다는 것은 기사를 없앤다는[=kill] 뜻과 같죠. kill과 stories를 알아도 [kill + stories]의 조합은 익숙하지 않을 거예요. 이게 바로 아는 단어로 새로운 의미를 전할 수 있는 기본동사를 공부해야 하는 이유입니다.

Sometimes celebrities try to kill stories before the public can hear them. But usually the more you try to hide something, the bigger it gets. I think it's better just to address the controversy and move on.

가끔 연예인들은 대중들이 알기 전에 기사를 덮으려고[=없애려고] 한다. 그러나 무언가를 숨기려고 할수록 더 커지기 마련이다. 논란을 해결하고 새롭게 나아가는 게 더 좋은 방법인 것 같다.

 심화단어 : stories 기사 | **address** (문제 등을) 해결하다, 처리하다

(시간을) 죽이다/때우다

 FILE:26-kill-3

kill의 두 번째 뜻은 이미 우리에게 익숙한 '시간을 죽이다/때우다'입니다. '킬링타임 영화'라고 들어본 적 있나요? 걸작까지는 아니지만 적어도 남는 시간을 때우며 보기에는 충분히 재미있는 영화를 말합니다. 이때 kill이 time과 만나 시간을 때우다라는 의미가 됩니다. 다른 예를 볼게요. 저는 모임 장소에 약속 시간보다 30분에서 1시간 정도 일찍 도착하는 편인데요. 근처에 있는 서점에 들러 이런 저런 책을 읽으며 시간을 죽이는 걸 즐기는 편이죠. 이런 상황을 말할 때도 [kill + time]이 제격입니다. 여러분은 시간이 뜰 때 어떻게 때우는 편인가요? 웹툰을 보는 사람도 있고, 온라인 쇼핑을 하는 사람도 있겠죠. 아니면 시간을 무척 소중하게 생각해 때운다는 개념을 용납하지 못하는 분도 있겠네요!

시간을 때우는 가장 좋은 방법은 뭘까요? 음악을 듣는 방법도 있고, 다이어리를 쓰는 방법도 있죠. 아니면 영어 책을 읽으면서 시간을 때우는 건 어떨까요? 뭐가 됐든 나만의 시간을 때우는 방법과 [kill + time]을 짝지어 기억해 주세요!

A: What's the best way to kill time?
시간을 때우는 가장 좋은 방법이 뭘까?

B: I either do work or read a book.
나는 (그럴 때) 일을 하거나 책을 읽어.

성인이 되면 가족에게 따로 시간을 내서 연락하기가 쉽지 않죠. 그래서 저는 가끔 시간이 남을 때마다 가족에게 영상통화를 거는데요. 시간도 때우고 가족에게 연락도 하는 일석이조의 방법입니다!

Sometimes when I have time to kill, I like to call my family. We live in totally different time zones so it's not always easy to get ahold of each other. Those spontaneous calls are usually the most fun.
가끔 시간이 남을 때 가족에게 전화하는 걸 좋아한다. 우리 가족은 시차가 완전히 다른 곳에 살고 있어서 서로 연락하는 게 항상 쉽지만은 않다. 그렇게 예고 없이 전화하는 게 더 재미있는 편이다.

출장에서 미팅이 연달아 잡힌 상황입니다. 다행히 다음 미팅까지 시간이 조금 떴네요. 스트레스와 긴장을 풀 겸 맥주 한 잔을 마실 생각입니다. 그럴 때도 [kill + time]이 들어맞죠.

A: I think we'll have some time to kill between meetings.
미팅 사이에 남는 시간이 좀 있을 것 같아.

B: Let's head to the bar!
그럼 술 마시러 가자!

시간을 돈보다 소중히 여기는 사람에게는 시간을 때운다는 개념이 와닿지 않을 수도 있어요. 그런 사람은 늘 시간을 계획해서 쓰고, 아무 생각 없이 SNS를 하며 시간을 죽이지 않겠죠.

I don't really like the idea of **killing** time, because time is so precious! I think it's good to relax but we should always spend our time intentionally. Don't spend it mindlessly scrolling, do something that you actually enjoy.

시간을 때운다는 개념을 별로 좋아하지 않는다. 시간은 너무 소중하니까! 휴식을 취하는 건 좋지만, 늘 계획한 대로 시간을 보내는 게 맞는 것 같다. 아무 생각 없이 스크롤링하며 시간을 보내지 말고, 진짜 좋아하는 걸 하자.

🎯 **심화단어** : get ahold of someone 연락하다 | spontaneous 즉흥적인, 자발적인
head to ~가다 | Intentionally 일부러, 고의로 | mindlessly 아무 생각 없이

(아프고, 힘들고, 고통스러워) 죽겠다

FILE: 26-kill-4

kill의 세 번째 뜻은 '~때문에 죽겠다'입니다. 뜻을 유추하는 건 어렵지 않지만, 앞서 배운 뜻과는 문형이 달라서 헷갈리는데요. 사람이 대상을 kill하지 않고, 대상이 사람을 kill하는 [something is killing +사람]의 형태입니다. something 때문에 아프고 힘들고 고통스러워 죽겠다는 의미로 쓰죠. 며칠 전에 그동안 발목 부상으로 참가하지 못했던 풋살에 복귀했는데요. 다음 날에 발바닥에 물집이 잡혀 제대로 걸을 수가 없었습니다. 이런 상황을 표현할 땐 'My soles are killing me.'를 쓰면 됩니다. 발바닥이 아파서 죽겠다는 뜻이죠. My soles 자리에 다른 단어를 얼마든지 넣을 수 있는데요. 아래 여러 상황을 통해 배워봅시다.

이번 kill의 의미는 특히 신체 부위와 잘 어울리는데요. 옆에 앉은 직장 동료가 이상한 자세로 앉아 있는 상황입니다. 허리 때문에 아파 죽겠다는 상황을 kill로 표현했네요.

A: Why are you sitting like that?
왜 그런 자세로 앉아 있어?

B: My back is killing me. I need to see a doctor.
허리 때문에 죽겠어. 병원에 가 봐야 할 것 같아.

평소에 쓰던 베개를 사용하지 않거나 이상한 자세로 잠들면 목이 아플 때가 있죠. 이런 상황을 말할 때 신체 부위를 주어에 놓고, 그 고통이 나를 죽이고[=killing] 있다고 표현하면 됩니다. 내 몸의 부위를 조합해서 만들어 보세요!

Last week, my neck was killing me. I must've slept on it wrong. I took some Tylenol and tried to do some stretches.
지난주에 목이 아파 죽을 뻔했다. 잠을 잘못 자서 그런 것 같다. 타이레놀을 먹고 스트레칭을 좀 했다.

그렇다고 kill을 신체 부위에만 쓰진 않아요. 내가 하기 싫은 일과도 궁합이 맞습니다. 학생에게는 과제가, 직장인에게는 리포트가 하기 싫은 일이겠죠. 스트레스를 주는 일이 나를 죽이고[=killing] 있다고 표현해 주세요.

A: These reports are killing me!
이번 리포트 때문에 죽겠다!

B: I know, they're the worst.
맞아. 이번 리포트는 최악이야.

세금 신고 때문에 골치 아픈 적이 한두 번이 아니죠. 매년 벌어지는 일이지만 따로 대비할 방법이 마땅치 않으니까요. 골치 아픈 일, 스트레스를 주는 일이라면 뭐든 가능합니다. 일상에서 자주 쓸 것 같네요.

Every year, I feel like taxes are killing me. They're this big, stressful thing I have to do every year. But usually I feel fine once they're done.
매년 세금 신고 때문에 죽을 것 같다. 이 중대하고 스트레스가 극심한 일을 매년 해야 한다. 하지만 처리하고 나면 마음이 편해진다.

 심화단어 : once 일단 ~하면

> 버스가 '떠나고', 학교를 '그만두고', 혼자
> 있게 '내버려 두다'를 모두 leave로 써요!

① 떠나다/출발하다 [=to go away from somewhere]
I think she **left** by the back door.
그녀가 뒷문으로 떠난 것 같아.

② 그만두다 [=to stop attending]
My sister **left** university in her third year.
동생은 3학년 때 대학교를 그만뒀다.

③ 그대로 두다/~상태로 만들다
[=to allow to remain or cause to be
in a certain situation]
Just **leave** the clothes in the dryer.
옷을 그냥 건조기에 그대로 둬.

💡 **이런 뜻도 있어요** : 남기다, 맡기다, 놓아두다 등

떠나다/출발하다

🎧 FILE:27 leave-2

leave의 첫 번째 뜻은 '떠나다, 출발하다'입니다. 영영사전 정의를 보면 기본 동사의 정확한 뉘앙스를 파악할 수 있어요. 특히 비교적 쉬운 영어 단어로 설명하는 'learner's dictionary'를 추천합니다. 사전에서 leave를 찾아보니 'to go away from a place'로 나와 있네요. 어떤 장소에서 멀어져 '떠나고 출발한다'라는 뜻입니다. 멕시코에 일주일 동안 머물다가 내일 밤에 떠나는 사람을 예로 들어보죠. 영어로 쓰면 "Let's leave Mexico tomorrow night."가 됩니다. 사전을 다시 보니 'go away from a person'의 뜻도 보입니다. 쉽게 말해 장소를 떠나기도 하고 '사람'을 떠날 수도 있네요. 친구와 놀다가 집에 돌아간 상황이라면 "I left my friends and went home."으로 표현합니다. 끝으로 [leave + for + 장소]를 쓰면 그 장소로 떠난다는 의미가 됩니다. 즉, 그 장소에 도착하는 거죠. for 하나로 의미가 정반대가 될 수도 있습니다. 위에서 예로 들었던 멕시코 이야기를 이어 볼게요. 내일 밤에 멕시코에서 캐나다로 떠나는 상황이라면? "We're leaving for Canada tomorrow night."가 되지요. [leave + 출발하는 장소], [leave for + 도착하는 장소]로 정리할 수 있습니다.

버스가 출발하고 떠나는 상황입니다. 뒤에 장소를 붙이지 않아도 괜찮습니다. [버스 + leave]의 문형으로 완성된 문장이니까요.

A: What time should we take the bus?
버스를 몇 시에 타면 돼?

B: It leaves in about 7 minutes.
버스가 약 7분 뒤에 떠나. [=출발해.]

대학교에 진학하기 위해 가족과 떨어져야 하는 상황입니다. [leave + 사람] 문형으로 비교적 오랜 기간을 떠날 때도 leave를 쓸 수 있어요.

When I started college, I didn't want my dad to **leave** me. I was studying in a new state, very far away from my family. I was homesick for the first few months I lived there.
대학에 들어갔을 때, 나는 아빠가 떠나지 않았으면 했다. (당시) 새로운 주에서 공부하고 있었고 가족과 아주 멀리 떨어져 있었다. 그곳에 살던 처음 몇 달 동안은 향수병을 앓았다.

독일로 휴가를 떠나는 상황입니다. 현재 내가 있는 장소에 관계없이 도착하는 장소를 for 다음에 넣어주면 됩니다. [leave + for + Germany]를 쓰면 됩니다.

A: When does your holiday start?
휴일이 언제부터야?

B: I leave for Germany in two weeks.
2주 뒤에 독일로 떠나.

일본으로 출장을 떠나는 상황입니다. 도착 장소가 일본이니 [leave + for + Japan]으로 표현할 수 있죠. 우리말 '떠나다, 출발하다'를 이해한 뒤에는 비슷하지만 조금씩 다른 예문을 최대한 많이 접해주세요!

I have a business trip next week. I have to leave for Japan Wednesday morning. I'm excited to go, but also a little nervous.
다음 주에 출장이 잡혔다. 수요일 아침에 일본으로 떠나야 한다. 기대되기도 하지만 조금 긴장되기도 한다.

 심화단어 : homesick 향수병을 앓는

198

두 번째 활용

그만두다

FILE:27-leave-3

leave의 두 번째 뜻은 '그만두다'입니다. leave의 첫 번째 뜻에서 살펴봤듯이, 어떤 장소를 떠나는 것은 더는 그 장소에 머물지 않음을 나타내고, 어떤 사람을 떠나는 것은 더는 그 사람과 함께 있지 않음을 나타냅니다. 즉, 멈추고 중단하고 그만둔다는 의미가 됩니다. 다만 장소를 이동하거나 사람을 떠나는 의미로만 쓰지 않을 뿐이죠. 예를 들어 학교를 그만두면[=leave school] 졸업이나 중퇴가 되고, 회사를 그만두면[=leave a company] 퇴사가 됩니다. 집을 떠나면[=leave home] 가출이나 부모로부터 독립이 되고, 군대를 그만두면[=leave the army] 제대가 됩니다. 맥락에 따라 더 가까운 뜻을 고르면 되겠죠. 이제 leave를 활용할 수 있는 범위가 훨씬 넓어졌습니다. 단어 하나로 여러 상황을 표현할 수 있는 점이 기본 동사의 힘이니까요!

학교를 졸업하는 상황입니다. 학교를 졸업하는 것은 학교를 떠나는[=leave school] 일이죠. 'finish, graduate'의 뉘앙스가 있는 leave입니다.

A: What are your plans after you leave school?
학교 졸업하고 뭘 할 계획이야?

B: I hope I can find a job pretty quickly.
아주 빨리 일자리를 구하고 싶어.

집을 떠나는 상황입니다. 부모님과 한집에 살기를 그만둔다고[=leave home] 볼 수 있죠. 부모님으로부터 독립한다는 뉘앙스도 있어요.

In America, some kids leave home at 18. Their parents think they're old enough to live on their own. These kids have to find their own house, car, and job so that they can survive.
미국에서 몇몇 아이들은 18살에 집을 떠나기도 한다. 부모님들은 18살이면 독립할 정도의 나이라고 생각한다. 이런 아이들은 살아남기 위해서 자기 집과 차 그리고 일을 구해야 한다.

군대를 제대하는 상황입니다. 학교, 회사, 군대처럼 소속된 곳을 떠나 그만두는 상황에서 leave가 잘 어울리네요. 육군 제대를 [leave + the army]로 썼죠.

A: I heard you're leaving the army soon.
조만간 군대를 제대한다고[=그만둔다고] 들었어.

B: Right. I've only got 6 months left.
맞아. 6개월밖에 안 남았어.

퇴사를 선택하기 어려운 상황입니다. 회사를 그만두는[=leave a company] 일은 익숙함을 포기하는 일이기도 하니까요. 소속된 곳을 떠난다고 표현할 땐 leave가 제격이죠.

Sometimes it's hard to **leave** a company, even when you know it's the right choice. You get used to your routine and seeing the same people every day. But sometimes changing your routine is very helpful.
가끔 퇴사하기 어려울 때가 있다. 그게 올바른 선택이라는 걸 알고 있어도 말이다. 반복되는 루틴과 매일 보는 똑같은 사람들에 익숙해져 있기 때문이다. 하지만 때로는 이런 루틴에 변화를 주는 게 큰 도움이 된다.

 심화단어 : on one's own (남의 도움 없이) 혼자서, 혼자 힘으로 **| get used to** ~에 익숙해지다

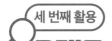
그대로 두다/~상태로 만들다 FILE:27-leave-4

leave의 세 번째 뜻은 '그대로 두다, ~상태로 만들다'입니다. leave의 세 번째 뜻은 아예 다르게 접근해야 해요. 떠나고 이동하는 의미에서 유추하기가 쉽지 않거든요. 우선 leave에는 '두다'라는 뜻이 있습니다. 친구들을 집에 초대해서 저녁을 먹은 상황입니다. 떠나기 전에 친구 한 명이 설거지를 하려고 하는데요. 그때 "설거지는 그냥 둬"를 영어로 하면 "Leave the dishes."가 됩니다. 일을 바로 하지 않고 그냥 내버려 두는 거죠. 물건을 그냥 두는 것에서 출발해 물건을 어떤 상태로 두는 의미까지 확장됩니다. 친구와 먹은 저녁 메뉴가 생선구이어서 집에 냄새가 진동을 합니다. 친구들이 집을 나서면서 문을 열어 놓고 간다고 말하는데요. 문을 열어 둔 상태로 둔다는 "I'll leave the door open for you."라고 쓸 수 있습니다. [leave + something + 형용사] 문형이죠. 설거지를 두고, 문을 열어 둔 상태로 두는 상황을 모두 leave로 표현하네요.

깜빡하고 가스레인지를 켜 둔 상황입니다. 가스레인지가[=the stove] 켜져 있는[=on] 상태로 그대로 두었다는[=leave] 의미이죠. 이렇게 실수로 저지른 일에도 leave가 잘 어울려요.

A: Why do you look so worried?
왜 그렇게 걱정스러워 보여?

B: I think I left the stove on!
가스레인지를 켜 둔 것 같아!

겨울에 창문을 열어 둔 상황입니다. [leave + 창문 + open]을 적용할 수 있어요. 창문을 그냥 뒀는데[=leave], 창문이 열린[=open] 상태로 둔 거죠. 물건을 특정 상태를 둘 때 leave를 떠올려 주세요.

Sometimes in the winter, I would accidentally **leave** my window open. I would open it in the morning to dry out my room, but then I would forget about it when I went to work. On those days, my apartment was so cold when I came back home!

가끔 겨울에 모르고 창문을 열어 두곤 했다. 방에 눅눅함을 없애려고 아침에 창문을 열었다가, 닫는 걸 깜빡하고 출근해 버렸다. 그런 날이면 집에 왔을 때 아파트가 너무 추웠다!

귀찮게 하지 말고 나를 혼자 있게 내버려 두라는 상황입니다. 물건의 상태만 쓰지 않고, 사람이 놓여 있는 상태에도 leave를 쓸 수 있네요. [leave + 사람 + 형용사]의 조합을 활용해 '사람'이 놓인 상태를 구체적으로 표현해 주세요.

A: How are you feeling today?
오늘 기분이 어때?

B: Terrible. Just leave me alone.
최악이야. 그냥 좀 내버려 둬.

이별 이후에 마음이 아픈 상황입니다. 전 애인이 나를 마음이 아픈 상태로[=leave me heartbroken] 만들었다는 뜻이죠. 전 애인이 내 마음을 아프게 만든 원인이니, 전 애인 '때문에' 마음이 아팠다고 이해해도 됩니다. 기본 동사를 우리말 해석을 달리해서 다양한 각도로 접근해 보세요!

After my last relationship, I don't think I'm ready to date anyone yet. My ex left me heartbroken. I think I need to be single for a while.
마지막 연애 이후에 아직 누구도 만날 준비가 안 된 것 같다. 전 애인이 내 마음을 너무 아프게 했다. 당분간은 혼자서 지내야 할 것 같다.

 심화단어 : a stove 가스레인지 | **heartbroken** (가슴이 찢어질 정도로) 마음이 아픈

28 let [let]

청바지 입고 출근하는 걸 '허락하고', 커피가 식게 '두고', 정부에게 '바라다'를 모두 let으로 써요!

① (사람을) ~하게 두다/허락하다 [=to allow]

Our boss **lets** us wear jeans on Fridays.
사장님은 금요일마다 우리가 청바지 입는 걸 허용했다.

② (사물, 상황 등을) ~하게 두다/허락하다 [=to allow something to happen without trying to stop it]

I was tired of people calling me so I just **let** my phone die.
사람들이 전화하는 게 질려서 그냥 핸드폰을 꺼뒀다.

③ ~하자 [=a polite way to make a suggestion]

Let's see what's on the menu.
메뉴에 뭐가 있나 보자.

💡 **이런 뜻도 있어요** : ~해 드릴게요, (렌트 관련) 세를 주다 등

(사람을) ~하게 두다/허락하다  FILE:28-let-2

let의 첫 번째 뜻은 '사람을 ~하게 두다, 허락하다'입니다. let은 뜻은 어렵진 않지만, 그 뜻이 우리말에 잘 드러나지 않아서 사용하기가 만만치 않습니다. 기껏해야 [Let me know…]와 [I'll let you know…]의 패턴만 외워서 쓰고 있죠. 지금부터 let이 들어 있는 자연스러운 상황과 문장을 알아보겠습니다. 우리말 '뜻 하나'로 단정 짓기보다 문장에서 let이 어떤 기능을 하는지 확인해 주세요. 먼저 배울 문형은 [let + 사람 + 동사]입니다. 가수의 예를 들어 볼게요. 무대에서 공연할 기회만 주어진다면 공연료는 크게 중요하지 않은 상황입니다. 영어로는 "As long as they let me sing, I'm good." 클럽에서 내가 노래할 수 있게 허락만 해주면, 괜찮다는 말이죠. 해석은 되지만 let을 직접 쓰기에는 난이도가 있는 문장입니다. 이와 비슷한 let을 하나씩 파헤쳐 봅시다.

온라인 계정 공유가 막힌 상황입니다. 온라인 서비스에서 계정을 공유하는 것을 허락하지[=let] 않았겠죠. 우리말을 보고 떠올리기 힘든 let이니, 전체 문장을 보며 let을 음미해 주세요.

A: Why can't I login?
왜 로그인이 안 되지?

B: Netflix doesn't **let** you share passwords anymore.
넷플릭스가 더는 계정을[=비밀번호를] 공유하지 못하게 막았어.

비행기가 연착되어 보상을 받은 상황입니다. 항공사에서 여러 혜택을 이용할 수 있도록 허락해 준 셈이죠. 허락의 뉘앙스에서 let을 떠올려 주세요.

One time my flight was delayed for over 24 hours. The airline gave me some food vouchers and then **let** me fly first class. It was so amazing I wasn't even mad about being late.
한번은 비행기가 24시간 넘게 지연됐다. 항공사에서 음식 쿠폰을 주고, 일등석을 타게 해줬다. 너무 좋아서 늦은 건 화도 안 났다.

정부가 미국 사람들의 총을 현금으로 바꿔주는 상황입니다. 정부 차원에서 국민들이 참여할 수 있도록 들어주고, 허가하고, 허락해 주는 뉘앙스이죠. 무거운 주제에서도 기본 동사는 반드시 나와요.

A: The government is **letting** people trade in their guns for cash.
정부가 사람들이 가지고 있는 총을 현금으로 바꿔주고 있어.

B: Oh, I should drop some of my guns off, too!
오, 나도 몇 자루 내놔야겠다!

옷을 환불하는 상황입니다. 가게에서는 규정상 환불이 어렵다고 하는데요, 소비자에게 환불을 하지 못하게 하는 내용이니 let을 쓸 수 있습니다.

A few weeks ago, I tried to return some clothes. Apparently, I had bought them on sale so the store wouldn't **let** me return them. I'll have to sell them on a secondhand market.
몇 주 전에 옷 몇 벌을 환불하려고 했다. 알고 보니 할인할 때 옷을 구매해서 환불이 되지 않았다. 이 옷은 중고 마켓에 팔아야겠다.

 심화단어 : trade in A for B = A와 B를 교환하다

(사물, 상황 등을) ~하게 두다/허락하다  FILE:28-let-3

let의 두 번째 뜻은 '사물, 상황 등을 ~하게 두다, 허락하다'입니다. let의 첫 번째 뜻과 같지만 '사람' 대신 '사물이나 상황'이 오는 점이 다르죠. 가뜩이나 let을 떠올리기 쉽지 않은데, 사물로 이어지니 난이도가 조금 더 올라갑니다. 그래도 아직 포기하기엔 일러요. [let + 사물/상황 + 동사] 문형의 다양한 예문을 접할수록 let을 쓸 수 있는 확률이 높아지니까요. 예를 들어보겠습니다. 저녁에 한강에서 텐트를 치고 와인을 마시기로 한 상황입니다. 와인을 점심에 샀다면 저녁 때는 차갑지 않겠죠. 이럴 때 영어로 "I'm going to take this home and let it chill."이라고 합니다. 와인을 집에 가져가서 차갑게 만든다는 말입니다. let 다음에 사람이 아닌 와인(=it)이 왔네요. 이번에는 식물을 키울 때마다 식물이 죽어버리는 상황입니다. "I can't believe I let another plant die!" let 다음에 식물이 왔고, 식물을 시들게 만든 것이 처음이 아니라는 뜻으로 'another plant'를 썼네요. 슬슬 감이 잡히나요? 아직 안 잡혔다면 더 다양한 예문을 보며 확인하기 바랍니다.

 CASE 1

커피를 차갑게 두는 상황입니다. [let + 커피 + 동사]의 조합으로 문장을 완성할 수 있습니다. 음식과 음료를 내버려두는 상황을 표현할 땐 let을 떠올려 주세요.

A: Why did you let your coffee go cold?
왜 커피를 차갑게 뒀어?

B: I was too busy talking to you to drink it!
너에게 정신없이 말하다 보니 못 마셨어!

 CASE 2

보험이 만료되도록 둔 상황입니다. [let + 보험 + 동사]를 쓰면 깔끔하게 의미를 전할 수 있습니다. 고의가 아닌 실수로 됐으니 'accidently'를 추가하면 됩니다.

Last year, I accidentally let my insurance expire. I was so shocked when I went to the hospital and they told me I wasn't covered by insurance. I had to pay a small fee but I was able to renew it.
작년에 모르고 보험이 만료되도록 두었다. 병원에 갔는데 보험 처리가 안 된다고 해서 깜짝 놀랐다. 수수료를 조금 내야 했지만, 보험을 갱신할 수 있었다.

타인의 의견에 영향을 받지 않으려고 하는 상황입니다. [let + 타인의 의견 + 동사] 문형을 사용해 의미를 전할 수 있습니다. 이 문장에서 let은 make와 비슷한 역할을 하네요.

A: I think Jane is gossiping about me again.
Jane이 또 나에 대해 험담하는 것 같아.

B: You shouldn't **let** the opinions of others bother you.
다른 사람의 의견이 너를 신경 쓰이게 두지 마. [=타인의 의견을 신경 쓰지 마.]

가구점 할인 혜택을 놓치지 않으려는 상황입니다. let을 써서 '그 기회가 우리를 지나가게 두지 않는다'라고 표현했네요. [let + 기회 + 동사]의 뼈대를 알고 있으면, 사이사이에 표현을 채우는 건 시간문제겠죠.

A few weeks ago, we saw that a furniture store was having a 50% off sale. We weren't going to **let** that chance pass us by so we quickly pulled into the parking lot. We got a bed and a couch for half off!
몇 주 전에 한 가구점이 50% 할인 판매 중이라는 걸 알게 되었다. 우린 그 기회가 지나가도록 내버려 두지 않았다. 당장 가구점 주차장에 도착했다. 침대와 소파를 반값에 구매했다!

 심화단어 : insurance 보험 | cover (보험으로) 보장하다 | bother 귀찮게 하다, 신경 쓰이게 하다
pull into the parking lot 주차장에 들어가다

~하자

세 번째 활용

FILE:28-let-4

let의 세 번째 뜻은 '~하자'입니다. let의 여러 뜻 가운데 가장 직관적이고 우리말과 가까운 뜻이죠. 그래서 동사만 바꾸면 얼마든지 응용할 수 있어요. 또한 [let + us + 동사]문형으로 보통 us를 줄여서 [let's + 동사]로 씁니다. is나 has가 아닌 us인 점을 잊지 않아야겠죠. 예를 들어보겠습니다. 여자친구에게 영화를 보고 나서 저녁을 먹자고 말하는 상황입니다. 영어로는 "Let's have dinner after the movie."라고 하죠. 저녁을 먹자는 말이 "Let's have dinner"가 됩니다. 이번에는 거래처와 의논할 내용이 있는 상황인데요. 영어로는 "Let's discuss over lunch today."라고 쓸 수 있어요. '의논하자'를 'let's discuss'로 처리했죠. 이 외에도 알아보자[=let's see], 상상해 보자[=let's hope] 등이 있습니다. 어떤 내용이든 '~하자'라는 맥락에서는 주저하지 말고 let을 떠올려 주세요!

CASE 1

주말에 근무할 사람을 확인하는 상황입니다. '확인하자'라는 말을 [Let's see…]로 표현할 수 있어요. 여기서 see는 '확인하다, 알아보다'라는 뜻이죠.

A: **Let's** see who should work this weekend.
누가 주말에 근무해야 하나 보자.

B: I really hope it's not me.
내가 아니면 정말 좋겠다.

CASE 2

새로운 세상을 상상해 보는 상황입니다. '상상하자'를 [Let's imagine…]으로 표현할 수 있습니다. 참고로 실제 있는 세상이[=the world] 아니어서 'a world'로 새로운 세상을 나타냈어요.

Let's imagine a world where you don't have to work. What would you do with your time? I think I would spend my time learning about as many things as possible!
일할 필요가 없는 세상을 상상해 보자. 그럼 그 시간에 뭘 하면서 보낼 건가? 나는 가능한 한 많은 것을 배우는 데 시간을 보낼 것 같다!

정부에게 대책을 바라는 상황입니다. '바라다'는 [Let's hope…]로 쓰죠. hope는 희망과 기대, 그리고 바람을 나타내는 동사입니다. 정부에게 바라는 일에도 hope로 쓸수 있죠.

Sometimes the traffic in Seoul is overwhelmingly bad. The roads are too narrow and confusing and there are way too many cars. **Let's** hope the government can expand the roads someday soon.
가끔 서울의 교통 체증은 어찌할 수 없을 정도로 심할 때가 있다. 길이 너무 좁고 헷갈리며 차가 지나치게 많다. 머지않아 정부가 도로를 확대하길 기대해 본다. [=바란다]

[Let's…]에 관한 굳어진 표현 2개를 소개합니다. [Let's say…]는 예를 들거나 가정하는 상황에서 쓰고, [Let's just say…]는 복잡한 내용을 건너뛰고 핵심만 이야기하는 상황에서 씁니다. just가 붙으면 '그냥 ~라고 해두자'라는 뜻이 됩니다. 일상에서 자주는 나오는 let이니 함께 기억해 두세요!

A: Am I going to get the promotion?
내가 승진할까?

B: **Let's** just say you can start looking for a bigger apartment.
그냥 네가 더 큰 아파트를 찾을 수 있다고 해 두자. [=승진하면 급여가 오름]

심화단어 : overwhelmingly 감당할 수 없을 정도로 | expand 확대하다

29 look [lʊk]

거울을 '보고', 짜증이 나 '보이고', 고장이
날 '것 같다'를 모두 look으로 써요!

① **보다** [=to direct one's gaze toward something or someone]

Look out there!

저 밖에 봐 봐!

② **(사람이) ~해/처럼 보이다**

[=(a person) seems or appears]

Our boss **looks** really tired.

우리 사장님 되게 피곤해 보인다.

③ **(사물/상황이) ~해/처럼 보이다, ~인 것 같다**

[=(a thing or situation) seems or appears]

This movie **looks** too scary for me.

이 영화는 내게 너무 무서워 보여.

💡 **이런 뜻도 있어요** : 찾다, 향하다 등

첫 번째 활용

보다

look의 첫 번째 뜻은 '보다'입니다. 먼저 문형을 살펴보죠. look의 문형은 [look + 전치사 + 사물]인데요. '전치사'가 look과 사물 사이를 이어주는 역할을 하죠. 또한 look의 의미가 단순히 '보다'에 그쳐서는 안 됩니다. 잠시 look의 의미를 '눈을 특정 방향에 두다'로 바꿔서 생각해 봅시다. 상자에 뭐가 들었는지 '상자 안을 들여다보다'를 영어로 어떻게 쓸까요? 보다는 look이고, 상자는 the box입니다. 하지만 영어에서 [look + the box]라고 쓰지 않죠. 그 사이에 'in'을 넣어서 '눈의 방향을 나타내야 합니다. 정리하면 [look + in the box]가 됩니다. 이 공식을 적용하면 '창밖을 내다보다'는 [look + out the window]가 되고, '가게를 둘러보다'는 [look + around the store]가 됩니다. 이제 '눈을 특정 방향에 두다'로 바꾼 이유를 아셨나요? 끝으로 샤워를 하고 나서 '거울을 보다'는 어떻게 표현할까요? 거울 안에 비친 내 모습을 보니 [look + in the mirror]가 됩니다.

CASE 1

그림을 보라는 상황입니다. 사물과 사람을 콕 집어서 볼 때는 전치사 'at'을 쓰죠. 실전 예문에서 [look + at + something] 문형을 확인해 주세요.

A: Wow! Look at this painting!
와! 이 그림 좀 봐!

B: It's so beautiful.
너무 아름답다.

CASE 2

잃어버린 물건을 찾는 상황입니다. 무언가를 얻기 위해 찾을 때는 [look + for + something]의 문형을 쓰죠. 'for' 대신 'at'을 쓰면 "What are you looking at?"으로 "뭘 보고 있어?"라는 뜻이 됩니다.

A: What are you looking for?
뭘 찾고 있어?

B: I can't find my smartphone!
내 스마트폰을 못 찾겠어!

한국의 전통 시장을 둘러보는 상황입니다. '주변, 여기저기'를 나타내는 전치사 'around'를 썼죠. [look + around + 장소]를 활용해 눈의 방향을 정해서 보세요.

One of my favorite things to do in Korea is to **look** around the traditional markets. You can find all kinds of interesting roots, seafood, and clothes. I love the wide variety of items for sale!

한국에서 내가 가장 좋은 일 중 하나는 전통 시장을 둘러보는 것이다. 전통 시장에 가면 다양하고 신기한 종류의 뿌리 음식, 해산물, 그리고 옷을 찾을 수 있다. 이렇게 다양한 종류의 상품을 살 수 있어서 정말 좋다.

졸업 후에 자격증을 알아보는 상황입니다. [look + into]에는 단순히 사물의 안을 들여다보는 뜻만 있지는 않은데요. 어떤 문제, 사건, 행동 등을 자세히 알아보고 조사하는 뉘앙스가 들어 있습니다. 쉽게 말해 깊이 검토하고 살피는 느낌에 가깝습니다.

After graduating from university, I **looked** into getting my teaching license. I thought it might be nice to have an official license. However, the more I **looked** into it, the more difficult it seemed.

대학교를 졸업한 뒤에 교사 자격증을 취득하려고 알아봤다. 정식 면허가 있으면 좋을 것 같다고 생각했다. 하지만 알아볼수록 취득하기 어려워 보였다.

 심화단어 : look into 알아보다, 조사하다

(사람이) ~해/처럼 보이다

FILE: 29-look-3

look의 두 번째 뜻은 '사람이 ~해 보이다, ~처럼 보이다'입니다. look은 뜻보다 문형에 더 관심을 둬야 하는 기본 동사입니다. 뜻을 몰라 look을 못 쓰는 게 아닌, 문형이 헷갈려서 look을 못 쓰기 때문이죠. 대표 문형 2개를 배워볼게요. [사람 + look + 형용사]와 [사람 + look + like + 명사]입니다. 예문을 하나씩 보며 적용해 보겠습니다. 화가 나 보이는[=화가 난 것 같은] 사람은 "He looks angry."가 되고, 예술가처럼 보이는 사람은 "She looks like an artist."가 됩니다. 행복해 보이는 사람은 "The guy looks happy."로 쓰고, 거짓말하는 것처럼 보이는 사람은 "The lady looks like a liar."로 쓰죠. 이 2가지 문형만 확실히 익히면 여러 상황에서 자유자재로 쓰고 말할 수 있을 거예요.

선생님이 짜증이 난 상황입니다. [선생님 + look + 형용사]를 순서대로 나열하면 문장이 완성되지요. 사람과 look, 그리고 사람의 감정 상태를 표현하는 형용사에 주목해 주세요.

A: I think the teacher looks pretty annoyed.
선생님이 정말 짜증 난 것 같아 보여.

B: Yeah, maybe we should stop talking so much.
응, 너무 떠들지 않는 게 좋겠다.

사람들에게 슬퍼 보인다는 말을 듣는 상황입니다. [나 + look + 형용사] 문형을 기준으로 의미에 맞는 단어를 넣기만 하면 되지요. 다양한 형용사를 알아 두면 여러 감정 상태를 표현할 수 있겠네요.

Sometimes people tell me that I look sad. I don't know why, but I guess my eyes just naturally look a little sad. I started to wear makeup so that my face looks a little brighter.
가끔 사람들이 내게 슬퍼 보인다고 한다. 이유는 모르겠는데, 눈이 원래 조금 슬퍼 보이는 것 같다. 얼굴이 조금 더 밝아 보이는 화장을 시작했다.

격투기 선수처럼 보이는 상황입니다. [사람 + look + like + 명사]의 문형을 따라 문장을 완성했지요. 'like' 뒤에 형용사를 넣어 문장을 끝내면 의미가 제대로 전달되지 않으니, 비슷한 문형을 자주 접해주세요.

A: You **look** like a real fighter!
진짜 격투기 선수 같다!

B: Thanks, I've been training a lot.
고마워, 훈련을 정말 열심히 하고 있어.

 고등학교 또래보다 키가 컸던 상황입니다. [사람 + look + like + 명사] 문형으로 괴물[=a monster] 같아 보였던 나를 설명했네요. 특정 캐릭터처럼 보인다고 말할 때 이 문형을 떠올려 주세요.

When I was in high school, I thought I **looked** like a monster. I was taller than everyone and I had really bad acne. As I've gotten older, I'm glad that I've started to love myself more.
고등학교 때 나는 내가 괴물처럼 보인다고 생각했다. 다른 사람보다 키가 컸고 심한 여드름이 있었다. 다행히 나이가 들면서 나 자신을 더욱 사랑하게 됐다.

 심화단어 : acne 여드름

(사물/상황이) ~해/처럼 보이다, ~인 것 같다

🎧 FILE: 29-look-4

look의 세 번째 뜻은 '사물과 상황이 ~해 보이다, ~처럼 보이다'입니다. 이번에도 문형에 집중해 볼게요. 크게 2가지로 구분하는데요. [사물/상황 + look + 형용사]와 [사물/상황 + look + like + 주어 동사]입니다. 물론 like 다음에 '명사'가 올 수도 있어요. 그건 두 번째 뜻에서 확인했으니 이번에는 '주어 동사'를 다뤄보겠습니다. 예를 들어 아이디어가 서류상으로 좋아 보일 때는 "The idea looks good on paper."가 되고, 카페 운영이 어려워 보일 때는 "This cafe looks like it's in trouble."이 됩니다. 광고가 형편없는 상황에서는 "The ad looks awful."로 쓰고, 버스의 배차 간격이 10분인 상황에서는 "It looks like this bus runs every ten minutes."로 쓰죠. 다양한 형태의 영어 예문을 확인하며 2가지 문형을 자주 접하다 보면, 반드시 쓸 수 있게 될 거예요!

피자가 맛있어 보이는 상황입니다. [음식 + look + 형용사] 문형으로 가볍게 표현했네요. 단순히 맛있다라는 의미가 아닌, 맛있어 '보이는' 의미이니 'look'을 써야겠죠.

A: This pizza looks delicious!
피자가 진짜 맛있어 보인다!

B: Do you think we can start eating now?
우리 지금 먹어도 될까?

회사의 운영이 어려운 상황입니다. 아무리 복잡한 주제가 나와도 [상황 + look + 형용사]의 문형을 알고 있으면 문장을 마무리할 수 있겠죠. 'at my company, really' 같은 단어가 문형을 가릴 수도 있으니 핵심 단어에 집중해 주세요.

A few weeks ago, the situation at my company **looked** really terrible. We thought we were going to have to lay people off. Luckily, an important sale went through and things are starting to get better.
몇 주 전에 회사 상황이 진짜 끔찍해 보였다. 우리는 회사가 직원을 해고할 거라고 생각했다. 다행히 중요한 판매가 이뤄졌고, 상황이 나아지기 시작했다.

차가 고장이 날 것 같은 상황입니다. [차 + look + like + 주어 동사] 문형을 써서 '~처럼 보인다, ~인 것 같다'라는 의미를 전할 수 있어요. '보이다'는 맥락에 따라 생략해야 자연스러울 때도 있습니다.

A: That car **looks** like it will break down as soon as you drive it.
그 차는 네가 몰자마자 고장이 날 것 같아 보여.

B: I don't know, it **looks** okay to me.
글쎄, 나는 괜찮아 보이는데.

친구가 파티를 밤새 준비한 상황입니다. [It + look + like + 주어 동사]의 문형을 썼는데요. 여기서 'it'은 무언가를 대신해서 지칭하는 의미가 아닌, '주어 동사'의 내용을 말하는 상황으로 받아들이면 됩니다.

My friend surprised me with a party yesterday. It **looked** like she had stayed up all night preparing it for me. She's one of my best friends because she always **looks** out for me.
친구가 어제 파티로 나를 깜짝 놀라게 했다. 친구는 나를 위해 파티를 준비하느라 꼬박 밤을 새운 것 같았다. 언제나 나를 챙겨주는 가장 친한 친구 중 한 명이다.

🎯 **심화단어 :** lay off 해고하다 | go through 진행되다, 이뤄지다 | break down 고장 나다
stay up all night 일부러, 고의로 | **look out for** 보살피다, 챙겨주다

30 lose [luz]

살을 '빼고', 인내심을 '잃고', 시간을 '허비하다'를 모두 lose로 써요!

① (몸과 관련된 것을) 잃다 [=to decrease in body weight or skill]

He **lost** a lot of weight last year.

그는 작년에 살을 많이 뺐다.

② (소중한 것과 감정을) 잃다
[=to stop having something]

I **lost** my job last year.

작년에 직장을 잃었다.

③ (돈, 시간, 기회 등을) 잃다/허비하다
[=to be deprived of time, money, opportunities]

He **lost** a lot of money in the crash.

그는 이번 폭락장에서 큰돈을 잃었다.

💡 **이런 뜻도 있어요** : 지다, 분실하다, 느리게 가다 등

(몸과 관련된 것을) 잃다

 FILE:30-lose-2

lose의 첫 번째 뜻은 '몸과 관련된 것을 잃다'입니다. 우리에게 익숙한 'lose'의 뜻은 지갑을 잃어버리거나 여권을 분실하는 'lose'일 텐데요. 시험 영어에서는 단어를 많이 외우는 전략이 통할지도 모르지만, 실전 영어에서는 통하지 않습니다. 단어 하나가 가진 여러 뜻을 파악하고, 그걸 실전에서 직접 사용할 줄 아는 능력이 훨씬 중요해요. 이미 알고 있는 단어의 새로운 뜻을 알아가는 과정에서 실전 영어 실력이 향상되니까요. 'lose'는 사람 몸과 관련된 것을 잃어가는 맥락에서 자주 사용합니다. 머리를 빗다가 머리카락이 빠지는 상황에서는 "I'm starting to lose my hair."를 쓰고, 갑자기 건강상의 문제로 시력을 잃은 것 같은 상황에서는 "I might lose my eyesight."를 쓰죠. 앞으로 뜻을 알고 있다고 생각했던 단어를 다시 들여다보세요. 그럴수록 새로운 뜻이 계속 등장할 거예요. 당연히 '48개 영어 동사'부터 시작해야겠죠?

머리카락이 빠지는 상황입니다. 우리말 '빠지다'에 꽂히면 동사를 떠올리기가 쉽지 않아요. 머리카락을 하나씩 잃어간다고 생각해 주세요. 영어를 배우는 바람직한 태도는 내 모국어의 논리를 따르는 게 아닌, 영어의 표현 논리를 있는 그대로 인정해 주는 것이니까요. [lose + hair] 조합을 인정해 주세요!

A: I think I'm starting to lose my hair.
머리카락이 빠지기 시작한 것 같아.

B: You better see a doctor about it!
병원에 가 보는 게 좋을 거야! [=진료를 받다]

고등학교 때 시력을 잃을 뻔했다고 말하고 있습니다. 사람의 몸과 관련된 '눈'에도 'lose'를 쓸 수 있어요. 시력[=eyesight]과 잃다[=lose]를 조합하듯, 아는 단어를 조합해서 내가 말하고 싶은 여러 가지 메시지를 만들어 보세요.

When I was in high school, I thought I was **losing** my eyesight. It turns out I was just watching too much TV at night. Now I try to give my eyes a rest for a few hours every day.
고등학교 때 시력을 잃는 줄 알았다. 알고 보니 밤에 텔레비전을 너무 많이 보고 있었다. 지금은 매일 몇 시간 동안 눈을 쉬게 하려고 노력한다.

출혈이 심한 상황입니다. 영어는 몸에서 피가 밖으로 나오는 것을 몸에서 피를 '잃다 [=lose]'라고 표현해요. 피를 많이 흘린다면 [lose + a lot of blood]가 되겠죠. [lose + blood]의 조합이 새롭게 다가오네요.

A: He's **losing** a lot of blood!
출혈이 심해!

B: The ambulance will be here soon.
구급차가 곧 올 거야.

이번에는 기억을 잃는 상황입니다. 치매나 알츠하이머처럼 기억이 사라지는 것은 [lose + my memory]로 표현할 수 있습니다. 기억은 뇌에서 관장하고, 뇌는 몸의 일부이니 잊지 말고 기억해 주세요!

One thing I'm very afraid of is **losing** my memory. I think dementia and Alzheimer's are some of the scariest diseases. I like to scrapbook and write in my journal to help me remember things.
내가 정말 두려운 것 중 하나는 기억을 잃는 것이다. 치매나 알츠하이머는 정말 무서운 병인 것 같다. (그래서) 나는 기억에 도움이 되는 스크랩북과 일기 쓰기를 좋아한다.

 심화단어 : dementia 치매 | Alzheimer's 알츠하이머

(소중한 것과 감정을) 잃다

🎧 FILE:30-lose-3

lose의 두 번째 뜻은 '소중한 것과 감정을 잃다'입니다. 첫 번째 뜻 '잃다'와 핵심 의미는 같습니다. 하지만 'lose'와 함께 쓰는 단어가 많을 때는 분류해서 기억하는 것이 효과적입니다. 첫 번째 뜻은 사람의 몸과 관련된 것으로 나눴고, 두 번째 뜻은 소중한 것과 감정에 관련된 것으로 나눴습니다. 소중한 것의 대표적인 예는 생계를 담당하는 '일자리'입니다. "A lot of people lost their jobs during the pandemic. [=많은 사람들이 팬데믹 동안 소중한 일자리를 잃었다.]" 다음으로 '자신감을 잃은' 상황에서도 'lose'를 떠올릴 수 있어요. "I lost my confidence after getting fired." 해고를 당해서 자신감을 잃었다고 표현했습니다. 지금부터 이와 비슷한 'lose'를 하나씩 살펴볼게요.

많은 사람들이 직장을 잃은 상황입니다. 회사가 사정이 어려워 해고를 단행했네요. 소중한 일자리를 잃게 된 상황은 [lose + jobs]를 형태로 쓸 수 있어요.

A: I heard lots of people have lost their jobs.
많은 사람들이 직장을 잃고 있다고 들었어.

B: Yeah, the company is not doing well it seems.
응, 회사 사정이 좋지 않은 듯해.

할아버지가 언제 돌아가셨는지 묻는 상황입니다. 소중한 사람을 잃을 때도 'lose'를 사용할 수 있죠. [lose + 사람]의 조합은 낯설지만 이번 기회에 정리해 둡시다.

A: When did you lose your grandpa?
할아버지는 언제 돌아가셨어? [=할아버지를 잃다]

B: He passed away a few years ago.
몇 년 전에 돌아가셨어.

인내심을 지키고 있는 상황입니다. 'lose'는 인내심[=patience]과 같은 감정과 관련된 단어와도 잘 어울립니다. 비슷한 상황에서 [lose = patience]를 떠올려 주세요!

It takes a lot for me to **lose** my patience. Even if I do **lose** it, I normally just sit in silence. I struggle to understand people who get angry quickly.
나는 웬만한 일에는 인내심을 잃지 않는다. 설령 인내심을 잃더라도, 나는 그저 아무 말 없이 앉아 있는다. 쉽게 화내는 사람들을 도저히 이해하지 못하겠다.

친구가 갑작스럽게 체중이 늘어나 자신감을 잃은 상황입니다. 물건처럼 만질 수 없는 감정에도 'lose'를 써서 얼마든지 표현할 수 있어요. 자신감을 잃은 상황을 표현할 땐 [lose + confidence] 조합을 활용해 주세요.

Recently, one of my best friends gained a lot of weight. It has caused her to **lose** her confidence. I offered to work out together and I hope she feels better soon.
최근에 가장 친한 친구 중 한 명이 체중이 많이 늘었다. 그래서 친구는 자신감을 잃었다. 함께 운동을 하자고 했고, 친구가 곧 자신감을 회복했으면 좋겠다.

 심화단어 : work out 운동하다

세 번째 활용
(돈, 시간, 기회 등을) 잃다/허비하다 🎧 FILE:30-lose-4

lose의 세 번째 뜻은 '돈, 시간, 기회 등을 잃다/허비하다'입니다. 무언가를 잃어버리는 'lose'의 핵심 의미는 변하지 않아요. 다만 lose와 함께 쓰는 단어가 많아서 단어를 분류해서 기억하는 것이 효과적입니다. [lose + 돈, 시간, 기회]를 하나씩 살펴보겠습니다. 주식에 무리하게 투자를 해서 손실을 본 사람은 [lose + money]를 쓰고, 중요하지 않은 일로 시간을 허비한 사람은 [lose + time]을 써요. 커리어에 관한 중요한 기회를 놓친 사람은 [lose + a/the opportunity]를 씁니다. 끝으로 '(돈, 시간 등을) 잃을 게 없다'라는 말도 자주 나오는데요. "There's nothing to lose." 또는 "I have nothing to lose."로 표현해요. 가볍게 여겼던 lose에 다양한 뜻이 있네요!

친구와 말다툼으로 시간을 허비하고 있는 상황입니다. [lose + time]을 썼고, 그 사이에 귀중한[=valuable]이라는 단어를 넣어줬네요. 시간을 허비하는 상황에서 곧바로 떠올려 주세요!

A: We're losing valuable time while you two argue.
너네 둘이 싸우는 동안 우린 귀중한 시간을 허비하고 있어.

B: It's not my fault she keeps bothering me.
걔가 나를 계속 귀찮게 하는 게 내 잘못은 아니잖아.

암호화폐에 투자해서 돈을 잃은 상황입니다. 주식, 부동산 등에 투자해서 손실을 봤을 때 [lose + money]를 사용할 수 있죠. 투자와 관련해서 일부러 어려운 단어를 쓸 필요는 없어요. 기본 동사만 제대로 활용해도 자기 생각을 오해 없이 전할 수 있으니까요.

I think a lot of people have **lost** money in the crypto market. For a while, it seemed like a really easy way to make money. But anything that seems too good to be true usually is.
많은 사람들이 암호화폐 시장에서 돈을 잃은 것 같다. 한동안은 암호화폐에 투자하면 돈을 정말 쉽게 벌 수 있는 것처럼 보였다. 사실이라고 하기에 너무 좋아 보이는 것은 대개 그렇다. [=좋아 보이기만 하고 사실이 아니라는 뜻]

중요한 기회가 찾아온 상황입니다. 이번 기회를 잃고 싶지 않은데요. [lose + 기회]도 분류해서 기억하시기를 바랍니다. 그럼 필요한 상황에서 꺼내 쓸 수 있을 거예요!

A: I don't want to **lose** this opportunity.
이번 기회를 잃고 싶지 않아.

B: Then you better go for it!
그럼 한번 해 봐도 좋겠다!

마케팅 회사[=a marketing firm]로 이직을 했던 상황입니다. 잃을 게 없다고 [=nothing to lose] 판단해 새로운 분야에 뛰어들었는데요. 알고 보니 잘 맞지 않았네요. 이런 문형의 'lose'도 기억해 주세요.

I had an opportunity to work at a marketing firm. I figured I had nothing to **lose** so I accepted the offer. It was an interesting job, but it wasn't for me.
마케팅 회사에서 일할 기회를 얻었다. 나는 잃을 게 없다고 판단했고, 그 제안을 받아들였다. 흥미로운 일이지만, 내게는 맞지 않았다.

31 make [meɪk]

> 돈을 '벌고', 실수를 '하고', 일을 '시키다'
> 를 모두 make으로 써요!

① 돈을 벌다 [=to earn money]

What's the best way to **make** money?

돈을 버는 가장 좋은 방법은 뭘까?

② 실수하다 [=to do a wrong action]

It's okay if you **make** mistakes.

실수해도 괜찮아.

③ 시키다/~하게 하다
[=to cause/force someone to do something]

They **made** me wait for an hour.

그쪽에서 나를 한 시간 동안 기다리게 했다.

💡 **이런 뜻도 있어요** : 정리하다, ~되다 등

돈을 벌다

make의 첫 번째 뜻은 '돈을 벌다'입니다. make에 '만들다'라는 뜻이 있어 돈을 찍어내듯 '돈을 만들다'라고 오해할 수 있는데요. 실제로는 경제 활동을 해서 돈을 번다라는 의미입니다. 자영업자가 식당을 운영하며 돈을 벌거나 스포츠 선수가 대회에 우승해서 돈을 버는 것처럼요. 요즘에는 과거에 비해 돈을 버는 방법이 다양해졌는데요. 영어로는 "These days, there are many ways to make money."라고 표현할 수 있습니다. money 대신 구체적인 금액을 써도 되는데요. "걔는 연봉이 5천만 원이다."는 "He makes 50 million won a year."로 표현합니다.

공부를 하며 틈틈이 돈을 버는 상황입니다. 어려운 단어의 조합이 아닌, 우리가 이미 알고 있는 [make + money]의 조합으로 의미를 전할 수 있습니다.

A: How are you going to make money while you study?
공부하면서 어떻게 돈을 벌 생각이야?

B: I found a part-time job at the library.
도서관에서 파트타임 일자리를 구했어.

돈을 버는 방법 가운데 하나는 투자하는 것이죠. 암호화폐에 투자할지 고민하고 있는데, 그게 돈을 벌기에 좋은 방법인지 확신이 없는 상황입니다. '투자하다'는 [invest + in + 투자처] 문형으로 표현합니다.

A: I'm thinking about investing in cryptocurrencies.
암호화폐에 투자할까 고민 중이야.

B: I don't know if that's a good way to make money.
그게 돈을 벌기 좋은 방법인지는 잘 모르겠어.

인생의 여러 목표 가운데 '돈 많이 벌기'도 있죠. make와 money 사이에 'a lot of'를 넣으면 됩니다. 돈을 버느라 바쁘지만, 목표에 다가가고 있어 삶이 만족스럽다고 하네요.

One of my goals in life is to **make** a lot of money. In order to do this, I've picked up a part-time job on the weekends. Now I'm really busy, but I'm happy because I'm getting closer to my goal.
내 인생 목표 중 하나는 돈을 많이 버는 것이다. 그러기 위해서 주말 아르바이트를 시작했다. 그래서 지금 너무 바쁘지만, 내 목표에 점점 가까워지고 있어서 만족한다.

인터넷 덕분에 전 세계 사람들이 연결되어 돈을 버는 방법도 다양해지고 있습니다. 경쟁이 치열하지만, 그만큼 기회도 늘어난 상황이죠. 이런 이야기도 [make + money]만 알면 오해없이 표현할 수 있습니다.

These days, there are many ways to **make** money. Thanks to the internet, you can connect with people from all over the world. While there's more competition, there are also more opportunities.
요즘에는 돈을 버는 방법이 많다. 인터넷 덕분에 전 세계 사람들과 연결될 수 있기 때문이다. 경쟁이 더 심해지긴 했지만, 기회 역시 더 늘어난 셈이다.

 심화단어 : cryptocurrencies(암호화폐), **while**(~이긴 하지만)

번째 활용
실수하다

make의 두 번째 뜻은 '실수하다'입니다. '실수'를 영어로 'mistake'라고 하는데요, 'make'와 짝을 지어 [make + a mistake]의 조합으로 씁니다. 이 부분에서 기본 동사의 중요한 특징을 짚고 넘어가야 하는데요, '실수하다'에서 '하다'에 해당하는 영어는 'do'이고, 실수는 'mistake'이죠. 이렇게 바꾸면 [do + a mistake]로 써야 할 것 같습니다. 하지만 영어는 'do'가 아닌 'make'를 선택합니다. 영어식 사고에서 '실수는 만드는[=make]' 것이니까요. 이처럼 기본 동사를 우리말 단어 그대로 바꾸면 어색할 때가 많습니다. 아무리 쉬운 단어라도 '영어 고유의 짝꿍'을 기억해서 써야 하는 이유입니다. 'mistake'의 짝꿍은 'make'입니다!

파티에 가면 평소와 달리 실수할 일이 많죠. 몸과 마음이 흥분되어 말과 행동이 과감해지니까요. 예전에 내가 저질렀던 실수를 떠올리며 [make + a mistake]를 사용해 보세요.

A: How was the party last night?
어젯밤 파티는 어땠어?

B: It was fun, but I think I **made** some mistakes.
재미있었는데, 내가 실수를 좀 한 것 같아.

예전과 달리 회사에서 영어로 발표할 기회가 자주 있는데요. 발표 중에[=during my presentation]에 실수한 게 없는지 묻는 상황입니다. 실수를 보지 못했다라는 표현을 동사 'notice'로 쓴 점도 눈여겨보세요.

A: Did I **make** any mistakes during my presentation?
발표 중에 내가 실수를 했어?

B: I didn't notice any.
어떤 실수도 없었어.

실수하는 게[=make mistakes] 편한 사람은 없습니다. 무섭고 두려우니까요. 하지만 세상에 완벽한 사람은 없어 실수를 피할 수 없으니, 실수를 통해 배워보는 건 어떨까요? 역시 [make + mistakes]입니다!

Sometimes it can be really scary to **make** mistakes. But I think **making** mistakes is one of the best ways to learn. No one can be perfect all the time so just do your best.

가끔 실수할까 봐 정말 무서울 때가 있다. 하지만 실수는 무언가를 배울 수 있는 최선의 방법 중 하나이다. 항상 완벽하기만 한 사람은 없으니, 그저 최선을 다할 뿐이다.

내가 했던 실수들이 생각나 죄책감이[=feel guilty] 들거나 창피할[=feel embarrassed] 때가 있습니다. 하지만 대부분의 사람들이 남의 실수는 까먹으니 별로 걱정은 안 해도 되겠죠?

Sometimes when I'm trying to sleep, I remember all the mistakes I've **made** in my life. I feel really guilty and embarrassed. But I just remind myself that everyone **makes** mistakes and I'm sure most people have forgotten about what I did.

잠을 자려고 할 때 가끔씩 예전에 했던 모든 실수들이 기억난다. 죄책감이 들고 창피해진다. 그러나 누구나 실수하기 마련이라고 되뇐다. 분명 대부분은 내가 했던 실수를 까먹었을 것이다.

 FILE:31-make-4

make의 세 번째 뜻은 '시키다, ~하게 하다'입니다. 등장인물이 2명 이상 필요하다는 뜻이죠. 시키는 사람 1명과 그 일을 하는 사람 1명입니다. 어릴 적에 살던 아파트 단지에서는 일주일에 한 번 지정된 날에만 분리수거를 해야 했습니다. 일요일 아침만 되면 엄마는 저에게 분리수거를 시켰는데요. [시키는 사람 + make + 하는 사람]의 문형으로 씁니다. 시키는 사람은 '엄마'이고, 하는 사람은 '저'이죠. 영어로는 "She would make me take out the garbage on sundays."라고 표현합니다. 간혹 take 앞에 to를 붙여 [make me + to take out]으로 쓰는 학습자가 있는데요, 영어권 원어민은 늘 to가 아닌 '동사원형'을 씁니다. 형태와 문법을 익혔으니, 이제 생생한 예문을 통해 알아봅시다!

시키는 일은 부모와 자녀 사이에서 자주 나옵니다. 친구의 약속을 거절하고 할아버지와 할머니를 뵈러 가야 하네요. 이럴 때 기본 동사 'make'만 써도 복잡한 내용이 한결 간결해집니다.

A: Can you come to my house tomorrow?
내일 집에 올 수 있어?

B: Sorry, no. My parents are **making** me visit my grandparents tomorrow.
아니, 미안. 부모님이 내일 나보고 할아버지, 할머니 댁에 다녀오라고 해서.

시키는 일은 회사에서도 자주 벌어지는데요. 그래서인지 make에는 맥락에 따라 강제적인[=forceful] 뉘앙스가 들어가기도 합니다. 자신에게 선택권이 없이 회사에서 시킨 업무를 해야 할 때가 있으니까요.

A: My boss is **making** me work with that really annoying guy again.
사장님이 다시 그 짜증 나는 사람과 함께 일을 하라고 시켰어.

B: Maybe he hopes you guys will figure out how to get along.
사장님은 둘이 잘 지낼 방법을 찾길 바라는 것 같은데.

어렸을 때 부모님이 시켜서 억지로 했던 집안일이 나중에 득이 된 상황입니다. 성인이 되어서도 집 안을 깨끗이 유지하는 좋은 습관으로 자리 잡았네요.

When I was growing up, I hated when my parents made me do chores around the house. But now that I'm an adult, I'm really thankful. I'm glad I know how to keep my house clean.

어렸을 때 부모님이 집안일을 시킬 때마다 정말 싫었다. 하지만 어른이 된 지금은, 정말 고맙게 생각한다. 집을 깨끗하게 유지하는 법을 알아서 다행이다.

아이를 병원에 데려가느라 회사에 지각한 상황입니다. 아이가 시키지 않았지만, 어쩔 수 없이 할 수밖에 없는 상황에서도 make를 쓰죠. [make + 사람 + 동사]와 함께 [make + 사람 + 형용사] 문형도 가능합니다. '형용사'를 활용해서 make를 더욱 다양하게 사용해 보세요!

My son made me late for work last Friday. He was throwing up so I took him to the hospital. It turned out that he had caught the flu.

지난 금요일에 아들 때문에 회사에 지각했다. 아이가 토해서 병원에 데려갔다. 아이는 독감에 걸린 거였다.

 심화단어 : **annoying** 짜증스러운 | **get along** 잘 지내다

32 miss [mɪs]

기차를 '놓치고', 서울 생활이 '그립고', 영화의 반전을 '이해하지 못할' 때 miss로 해결되네!

① ~하지 못하다 [to fail to do, take, have, make, or get, etc.]

I mixed up my dates and **missed** the test.

날짜를 헷갈려서 시험을 보지 못했어.

② 그립다

[=to feel the absence of someone or something]

Sometimes I **miss** living in Seoul.

가끔 서울 생활이 그리워.

③ 이해/파악하지 못하다

[=to fail to understand something]

I totally **missed** the point of that meeting.

회의의 요점을 완전히 파악하지 못했어.

이런 뜻도 있어요 : 피하다, 빗나가다, 지나치다 등

~하지 못하다

FILE:32-miss-2

miss의 첫 번째 뜻을 이해하려면 [fail to + 동사]의 뜻을 먼저 알아야 합니다. 그럼 miss를 응용해서 수십 가지 문장을 만들 수 있어요. fail을 '실패하다'가 아닌 '~하지 못하다'로 받아들여 주세요. 우리말 '실패하다'는 너무 거창해서 일상에서 쓰기 무거우니까요. 이제 miss와 연결해 볼까요? miss는 어떤 동작이든 하지 못할 때 씁니다. 아침을 먹지 못할 때도 쓰고[=miss breakfast], 영화를 보지 못할 때도 씁니다[=miss the movie]. 마감을 지키지 못한 상황에도 사용하고[=miss the deadline], 기차를 타지 못한 상황에도 사용합니다[=miss the train]. 지금부터 다양한 예문 속에서 miss를 관찰해 볼까요?

건강을 유지하기 위해 아침마다 비타민을 챙겨 먹고 있는 상황입니다. 하지만 어제 [fail to take vitamins]했네요. 비타민을 챙겨 먹는 데 실패한 거죠. '실패'라는 단어는 역시 무겁죠? '비타민을 못 먹었다'만 보고도 miss를 떠올려 주세요!

A: I think I **missed** my vitamins yesterday.
어제 비타민을 못 챙겨 먹은 것 같아.

B: Well, make sure you take them today!
흠, 오늘은 꼭 챙겨 먹도록 해.

요리 관련 드라마나 다큐를 보면 항상 나오는 대사입니다. "It's missing something." 음식의 맛이 싱겁거나 간을 맞추지 못했다는 뜻이죠. 이번에는 음식 입장에서 조미료를 갖는 데 실패한 셈이네요. 반대로 음식에 더 넣을 것이 없을 정도로 맛이 완벽하다고 할 때는 어떻게 쓸까요? "It's not missing anything."이라고 합니다.

I made soup last week, but I felt like it was **missing** something. I tried adding cilantro, but that didn't seem to help. Finally, I added some chili powder and it tasted much better.
지난주에 국을 만들었는데 (맛을 보니) 뭔가 부족한 느낌이 들었다. 고수를 넣었는데도 소용이 없는 것 같았다. 마지막으로 고춧가루를 넣었더니 훨씬 맛있었다.

영화관에 제시간에 도착하지 못해 영화를 보지 못할 때도 miss를 활용할 수 있습니다. 이런 상황을 우리말로는 '놓치다'라고 표현하죠. 영화를 놓치다! 이외에도 공을 놓치고, 기차를 놓치고, 기회를 놓치는 상황까지 miss로 표현할 수 있네요.

A: Hurry up, we don't want to miss the movie!
서둘러. 영화를 놓칠 수는 없잖아!

B: I'm going as fast as I can!
최대한 빨리 가고 있어!

일하다 보면 종종 마감기한을 지키지 못할 때가 있습니다. 무언가를 하지 못하는 의미이니 miss의 뉘앙스가 느껴지죠. 중요한 마감기한을 못 지키는 맥락에서 [miss + a deadline]을 적극 활용해 주세요!

Last week, I missed an important deadline at work. It was my mistake because I'd written down the wrong date. Luckily, my boss understood and gave me another chance.
지난주에 회사에서 중요한 마감기한을 못 지켰다.[=놓쳤다.] 날짜를 잘못 적은 내 실수였다. 다행히 팀장님이 이해해 줬고 다시 한번 기회를 줬다.

 심화단어 : make sure 꼭 하다, 확실히 하다

miss의 두 번째 뜻은 '그립다'입니다. 로맨스 영화의 단골 멘트인 "I really miss you."의 miss가 바로 이 뜻이죠. 얼핏 쉬워 보이지만, 방심하면 이 miss를 제대로 쓰지 못합니다. 때때로 한국 학습자들은 반쪽자리 miss를 쓰고 있는 것처럼 보입니다. [miss + 사람]은 쉽게 사용하지만, [miss + something]은 입에 붙지 않으니까요. 이때 something 자리에 다양한 말을 넣어도 되는데요. 음식, 나라, 감정, 심지어 동작까지도 올 수 있습니다. 예를 들어, 어릴 적 3년간 미국 생활을 마치고 한국에 돌아온 사람이 이렇게 말할 수 있죠. "I miss living in the US." 미국 생활이 그립다는 뜻입니다. 지금부터 무엇이 그리운지를 살펴봅시다.

한국에서 10년 가까이 살고 있는 미국인의 일기입니다. 연말 연휴가 되면 미국에 있는 가족이 그립겠죠. 함께 보낸 행복한 추억이 많으니까요. miss와 가장 어울리는 단어는 '가족'입니다.

I always **miss** my family around the holidays. I have so many happy memories spent with my family during the holidays. That's why I always try to go home if I can.
연말 연휴가 되면 늘 가족이 그립다. 연휴를 함께 보내면서 쌓은 행복한 추억이 정말 많다. 그래서 가능하면 집에 자주 가려고 한다.

miss는 사람뿐만 아니라 시간을 그리워할 때도 씁니다. [miss + when]을 연결하면 되지요. 친구와 함께 새벽에 일어나 영어학원에서 공부했던 시간을 그리워하는 상황이네요.

A: I really **miss** when we studied together at that English academy. Don't you?
우리 영어학원에서 같이 공부했을 때가 그립지 않아?

B: I don't **miss** getting up at five every morning!
매일 아침 5시에 일어나는 건 전혀 그립지 않아!

해외에서 오래 생활하면 가족 다음으로 음식이 그립다고 해요. 성인 이후에는 식성이 쉽게 바뀌지 않으니까요. 그러니 일상에서 [miss + 음식] 조합을 자주 쓰겠죠?

A: I really **miss** flaming hot Cheetos.
불타게 매운 치토스가 정말 그리워. [=먹고 싶어.]

B: Those sound terrible.
끔찍할 것 같은데.

지금까지 사람, 시간, 음식을 그리워했는데요. 끝으로 감정이 남았네요. 한창 열심히 놀았던 20대, 커리어에 몰입하느라 뜨거웠던 30대가 그리울 수 있죠. 그런 설렘, 들뜸, 기쁨을 miss와 연결 지은 상황입니다.

I feel like I've been **missing** excitement in my life. I do the same thing every day with no change. I think it's time for me to try something new!
내 삶에서 설렘을 그리워하고 있는 기분이 든다. 아무런 변화 없이 매일 같은 일을 하고 있다. 뭔가 새로운 일을 시도할 때가 된 것 같다!

 심화단어 : flaming hot 굉장히 매운

이해/파악하지 못하다

🎧 FILE:32-miss-4

miss의 세 번째 뜻은 첫 번째 뜻과 비슷한 'fail to understand'입니다. 내용, 요점, 콘셉트 등을 이해/파악하지 못하는 거죠. 때는 2009년 초보 영어강사 시절이었습니다. 저는 특이하게 영어를 잘하고 나서 강사가 되지 않고, 강사가 되고 나서 영어를 잘하게 되었는데요. 그만큼 실전에서 부딪치며 영어 실력을 늘려왔던 거죠. 그런데 제가 학생에게 도움을 줘야 하는데, 오히려 제 영어 실력만 늘리기 바빴던 적이 있었습니다. 15년 전에 저를 만날 수 있다면, 이 말을 꼭 전하고 싶네요. "You missed the reason you're here." 제가 그곳에서 영어를 가르치고 있는 이유를 이해/파악하지 못했다는 걸요! 이런 miss를 둘러볼게요.

회의나 대화 중에 이해하지 못한 부분이 있을 수 있습니다. 그런 상황에서 쓰는 영어 문장을 miss로 표현합니다. 내가 파악하지 못한 부분이 있는지 확인차 물어보는 거죠. "Am I missing something?" 물론 맥락에 따라 내가 놓친 부분이 없느냐고 물을 때도 사용합니다.

A: Am I missing something?
내가 파악하지 못한 부분이 있을까?

B: Yes. We stopped working with the client you just mentioned last year.
응. 네가 작년에 말했던 고객사와는 더는 일 안 해.

친구와 대화할 때면 듣는 일보다 말하는 게 더 재미있죠. 간혹 관심 없는 주제는 건너 뛰고 자기가 끌리는 주제만 얘기할 때도 있습니다. 결국 대화의 요점을 파악하지 못하게 되는 상황에 빠지죠. 이럴 때 miss를 떠올려 보세요!

Sometimes when I'm talking with my friends, I miss the point of our conversation. I get distracted by a different topic and just talk about what I'm interested in. It's a bad habit that I'm trying to change.
가끔 친구와 얘기하면서 대화의 요점을 파악하지 못할 때가 있다. 다른 주제가 나오면 집중이 잘 안 되고, 내가 관심 있는 얘기만 하게 된다. 이런 안 좋은 습관을 바꾸려고 노력 중이다.

방금 말한 내용을 순간 까먹을 때가 있죠. 정확히 이해하지 못하면 이런 일이 발생합니다. 어떻게 이해하지 못할 수 있느냐고 다그치는 상황이네요.

A: What's the goal of this company?
이 회사의 목표가 뭐였지?

B: We said it as soon as you walked in. How could you miss it?
네가 들어오자마자 말했잖아. 어떻게 그걸 까먹을 수 있어?

영화는 반전[=twists]을 언제 어떻게 배치하느냐에 따라 재미가 좌우됩니다. 반전을 제대로 이해하기 위해서는 줄거리에 집중해야 합니다. 그렇지 않으면 영화를 보고 나서 허탈해지죠. 이런 상황을 표현할 때도 miss가 제격입니다.

My friend often misses the twists in movies. I think she doesn't really pay attention to the plot so she always feels confused. No matter how many times we explain it to her, she doesn't get it.
내 친구는 종종 영화의 반전을 이해하지 못할 때가 있다. 줄거리에 집중하지 않아 매번 헷갈리는 것 같다. 아무리 친구에게 반전을 설명해도 이해하지 못한다.

 심화단어 : twists (영화의) 반전

33 open [ˈoʊpən]

두 팔을 '벌리고', 우산을 '펼치고', 와인 한 병을 '따다'를 모두 open으로 써요!

① (신체 부위를) **뜨다/벌리다** [=to move into a position that is not closed]

It's hard to **open** my eyes in the morning.

아침에 눈을 뜨기 어렵다.

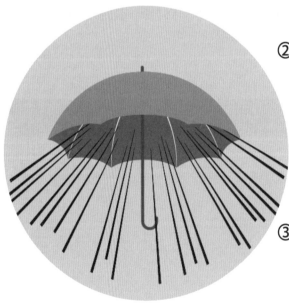

② (물건 등을) **열다/펴다**

[=to unfold something]

Don't **open** your umbrella inside!

안에서 우산을 펼치면 안 돼!

③ (물건 등을) **따다/풀다**

[=to remove the lid, top, or cover of a container]

Can you help me **open** this jar of pickles?

피클 뚜껑 여는 것 좀 도와줄래?

💡 **이런 뜻도 있어요** : 개업하다, 시작하다 등

(신체 부위를) 뜨다/벌리다

첫 번째 활용

🎧 FILE:33-open-2

open 하면 가장 먼저 '문을 열다[=open the door]'가 떠오르는데요. 문을 제외하면 어떤 것을 open할 수 있을까요? 쉽게 떠오르지 않을 거예요. open은 뜻이 쉽고 당연해서 눈이 가지 않는 단어니까요. 하지만 영어권 원어민에게 쉽고 당연한 문장이 한국 학습자에게는 쉽고 당연하지 않을 수도 있습니다. 대표적인 예가 [open + 신체 부위]인데요. 저는 3살 된 조카를 보면 너무 귀여워서 팔이 저절로 벌려집니다. 꼭 안아주고 싶으니까요. 여기서 잠깐, '팔을 벌리다'를 영어로 어떻게 쓸까요? '팔'은 arms인데, '벌리다'는 어떻게 표현할까요? 답은 [open + my arms]입니다. '팔을 열다'가 곧 '팔을 벌리다'가 됩니다. 또한 병원에서 의사 선생님이 환자에게 입을 벌리라고 말할 때도 [open + your mouth]로 쓰죠. 이제부터 [open + 신체 부위] 조합을 살펴보겠습니다. 이는 단어의 조합이라고 대충 읽으면 안 됩니다!

누나가 조카에게 양치를 시키는 장면을 봤는데요. 아이의 저항이 만만치 않더라고요. 위아래 입술을 꼭 다문 채 벌릴 생각을 안 하네요. '입을 벌리다'를 양치질하는 상황을 보며 익혀보세요!

A: Open your mouth.
입을 벌리렴.

B: I don't want to brush my teeth!
양치하기 싫어요!

술을 진탕 마신 다음 날 숙취 때문에 고생했던 경험이 한 번쯤 있을 거예요. 눈을 뜨자마자 머리가 지끈거릴 때가 있죠. '눈을 뜨다'라는 말에 어려운 동사를 쓰지 않아도 괜찮아요. open이면 충분합니다!

A few years ago, I had one of the worst hangovers ever. As soon as I **opened** my eyes, my head started pounding. I just drank some water and went back to sleep.
몇 년 전에 최악의 숙취를 겪었다. 눈을 뜨자마자 머리가 지끈거리기 시작했다. 물을 좀 마시고 다시 잠을 잤다.

친한 친구에게 포옹을 하려면 두 팔을 크게 벌려야겠죠. '입을 벌리다'와 마찬가지로 open과 팔을 연결하면 '팔을 벌리다'가 됩니다. 팔을 벌리고 포옹을 하는 표현까지 같이 배워볼게요.

A: What would you do if your best friend walked through that door?
친한 친구가 저 문을 통해 걸어오면 뭘 할 거야?

B: I would **open** my arms and give her a big hug.
두 팔 벌려 친구를 꼭 안아줄 거야.

 팔만 벌리면 서운하니 '손을 벌리는' 상황도 살펴볼게요. 미국에서는 미식축구의 인기가 어마어마합니다. 그래서인지 어릴 때부터 부모님과 함께 공을 주고받으며 노는 생활이 익숙합니다. 공을 놓치지 않으려면 손을 잘 벌려야겠죠?

When I was a child, I used to play football with my dad. He would throw the ball to me and I would **open** my hands and catch it. Then I would throw the ball back to him.
어렸을 때 아빠와 함께 미식축구를 하며 놀곤 했다. 아빠가 내게 공을 던지면 손을 벌려 공을 잡았다. 그리고 나서 다시 아빠에게 공을 던졌다.

 심화단어 : hangover 숙취 | pound 머리가 지끈거리다

두 번째 활용

(물건 등을) **열다/펴다**

🎧 FILE: 33-open-3

open은 신체 부위에만 쓰지 않습니다. 다양한 물건에도 쓸 수 있는데요. 예전에 한국에 사는 외국인 친구 집에 집들이하러 갔을 때 open을 제대로 배웠던 기억이 납니다. 친구 집은 협소했지만 인테리어가 감각적이었어요. 특히 커튼에 포인트 컬러를 넣어서 지루하지 않았습니다. 그렇게 커튼 얘기를 하다가 '커튼을 걷자/열자'라는 말이 오갔습니다. 이때 외국인 친구는 자연스럽게 "open the curtains"라고 말하더군요. 들었을 때는 직관적으로 이해할 수 있지만, 막상 내가 먼저 떠올려서 쓰려면 어려울 것 같다는 생각이 들었습니다. 이후에도 open을 활용한 여러 상황에 맞닥뜨렸는데요. 우산을 펼 때도 open을 쓰고, 책을 펼 때도 open을 쓰더군요. open을 일상에서 이토록 자주 사용할 수 있다니!

1시간만 더 자고 싶어 아내/남편에게 조르는 상황입니다. 커튼을 걷으면 빛이 들어오고, 빛이 들어오면 침대에서 일어날 수밖에 없으니까요. 커튼을 걷는다고 표현할 땐 기본 동사 open을 써주세요.

A: I'm going to **open** the curtains now.
지금 커튼을 걷을 거야.

B: Can I please sleep for another hour?
1시간만 더 자면 안 될까?

우산을 말리려면 접지 말고 펼쳐서 문 옆에 둬야겠죠. 접힌 우산이 펼쳐지는 장면을 표현할 때 open을 사용합니다. 물론 '펼치다'의 unfold도 있지만, 쉽게 open을 사용해도 괜찮습니다.

A: Where can I put my umbrella?
우산을 어디에 두면 될까?

B: Just **open** it and leave it by the door.
그냥 펼쳐서 문 옆에 둬.

현재 이 책을 종이책으로 읽고 있나요, 전자책으로 읽고 있나요? 종이책은 책을 펼쳐야 읽을 수 있는데요. 이런 상황에서도 open이 가능합니다. 우리말로 '책을 열다'는 어색하지만, 영어로 [open + books]는 자연스럽네요!

I'm someone who still prefers paper books to ebooks. I just love **opening** a brand-new book and the feel of the pages. I've tried reading ebooks a few times, but it's just not the same.

나는 여전히 전자책보다 종이책을 더 좋아하는 사람이다. 그저 새 책을 펼치는 것과 페이지의 그 감촉이 정말 좋다. 전자책을 읽으려고 몇 번 시도해 봤는데, 종이책과는 달랐다.

 커튼, 우산, 그리고 책까지 open할 수 있단 사실을 배웠는데요. 이번에는 활짝 핀 꽃을 떠올려 봅시다. 꽃봉오리 상태에서 꽃잎이 활짝 피어날 때도 역시 open이 제격이겠죠. open의 대상은 무궁무진하네요.

Spring is one of my favorite seasons. I love walking on the street and seeing all the flowers **open** up. They're just so beautiful, especially after a cold winter.

봄은 내가 가장 좋아하는 계절 가운데 하나이다. 길을 거닐며 활짝 핀 꽃을 보는 걸 무척 좋아한다. 특히 추운 겨울이 지나고 핀 꽃은 정말 아름답다.

 심화단어 : by ~옆에

세 번째 활용

(물건 등을) 따다/풀다

🎧 FILE:33-open-4

open의 세 번째 뜻은 '닫혀 있는 것을 열다'입니다. 언뜻 보면 앞에서 배운 뜻과 겹치는 것 같은데요, 차이는 '막히고 닫혀 있는 상태'에 있습니다. 대표적인 예를 들어볼까요? 요즘 들어 소주, 맥주만큼이나 와인을 마시는 사람들이 늘고 있습니다. 와인병은 와인 코르크로 막혀 있죠. 혹은 뚜껑으로 닫혀 있고요. 이걸 따는 동사가 open입니다. 생각해 보니 '병따개'를 'opener'라고 하는 이유가 있었네요. 이처럼 실전 영어에서는 따다, 열다, 펴다, 뜨다에 해당하는 개별 동사를 익힐 필요가 없습니다. open 하나만 알면 수십 가지 상황을 표현할 수 있으니까요.

선물 포장지를 뜯고, 선물 박스를 열 때 모두 open을 씁니다. 선물을 풀기 전에는 '닫힌 상태'이죠. 무언가 닫힌 상태라면 얼마든지 open을 사용할 수 있습니다. 단, 언니와 함께 받는 선물이라면 언니를 기다려야겠죠?

A: Can I open my presents now?
선물을 뜯어봐도[=풀어봐도] 돼요?

B: No, we have to wait for your sister.
안 돼. 언니 올 때까지 기다려야지.

서랍을 여는 장면에서는 open을 떠올리기 쉽지 않습니다. 서랍은 보통 당겨서 여는 느낌이 강하니까요. 그래서 서랍은 [pull out + a drawer], [open + a drawer] 두 가지 표현 모두 사용 가능합니다.

A few weeks ago, I couldn't find my favorite umbrella. I looked everywhere - in my room, kitchen, and even my car. Finally, I **opened** a drawer in my bathroom and I found it.
몇 주 전에 내가 가장 아끼는 우산이 안 보였다. 방, 주방, 심지어 차 안까지 구석구석 찾았다. 마침내 화장실 서랍까지 열었는데 우산이 거기에 있었다.

와인병이 눈에 보일 때마다 'open'을 떠올려 보세요. 그래야 머릿속에 open과 wine 이 연결되고, 실제 써야 할 상황에서 쉽게 떠올릴 수 있어요. 이런 사소한 습관이 영어 를 영어로 생각하게 도와줄 거예요. 영어식 사고는 이게 전부입니다!

A: Let's open a bottle of wine!
와인 한 병 따자!

B: Yes, it's time to celebrate.
응. 축하할 시간이야.

 물병이나 텀블러를 여는 상황에서도 open이 알맞습니다. 안에 든 내용물이 선물, 술, 물인지는 상관없이 open을 쓸 수 있죠. 실제 집에서 텀블러 뚜껑을 열 때마다 open을 크게 말해보세요!

I try to drink about 3 liters of water a day. I have a couple of nice water bottles, but I need to throw one of them away. It's really hard to **open** because I've dropped it a few times.
나는 하루에 물 3리터를 마시려고 노력한다. 좋은 텀블러가 두세 개 있는데, 그중 하나를 버려 야 한다. 몇 번 떨어트렸더니 뚜껑이 잘 안 열리기 때문이다.

 심화단어 : **a drawer** 서랍 | **a couple of** 둘의, 몇 개의 | **throw away** 버리다

34 pick [pɪk]

여행 장소를 '고르고', 팀원을 '뽑고', 과일
일 '따다'를 모두 pick으로 써요!

① 고르다/선택하다 [=to select or choose something]
Let's **pick** a movie to watch tonight.
오늘 밤에 볼 영화를 고르자.

② (사람을) 뽑다/고르다/선택하다
[=to select or choose someone]
I'll **pick** you as my partner.
너를 내 파트너로 뽑을 거야.

③ 꽃을 꺾다/과일을 따다
[=to grab and remove something
from where it's growing]
We're going to **pick** apples next weekend.
다음 주말에 사과를 따러 갈 거야.

💡 **이런 뜻도 있어요** : 집다, 발탁하다, 선출하다 등

고르다/선택하다

pick의 첫 번째 뜻은 '고르다, 선택하다'입니다. 고를 수 있는 대상에는 옷, 전공, 여행지 등 다양한 것이 올 수 있죠. '고르다, 선택하다'는 pick 외에 'choose, select' 등으로 배웠는데요. 세 단어를 구분하면 pick을 언제 쓰는지 정확히 알 수 있습니다. 세 단어의 결정적 차이는 '고민의 양'입니다. pick은 비교적 빠르게 고르는 반면, choose는 조금 더 신중하게, select는 더욱 조심스럽게 고른다는 뉘앙스가 있습니다. 또한 pick에서 select로 갈수록 격식 있는[=formal] 의미가 됩니다. 그러다 보니 pick은 고를 수 있는 대상이 다양하고 범위가 넓지만, choose와 select는 점점 대상이 줄고, 범위가 좁아집니다. 아직 설명이 와닿지 않는다면, 'pick은 대부분 다 고를 수 있고, select는 그럴 수 없다'라고만 알아 두세요!

휴가 여행지를 고르는 상황에서도 'pick'을 사용할 수 있어요. [pick + Bali], [pick + Sydney]처럼 평소 가고 싶었던 장소와 묶어서 기억해 주세요.

A: Where should I go for my next vacation?
다음 휴가는 어디로 갈까?

B: If I were you, I would pick Paris.
나라면 파리를 고르겠어.

사고 싶은 물건을 고를 때도 'pick'을 쓸 수 있어요. 스마트폰을 구입할 때 카메라 성능이 가장 좋은 모델을 골랐네요. [pick + 스마트폰] 조합입니다.

A: How did you decide which phone to buy?
어떤 휴대폰을 살지 어떻게 정했어?

B: I picked the phone with the best camera.
카메라 성능이 가장 좋은 휴대폰을 골랐어.

출근할 때마다 옷을 고르는[=pick] 게 쉽지 않죠. 날씨, 만날 사람, 스케줄 등을 전부 고려해야 하니까요. 앞으로 [pick + my outfit] 또는 [pick + what to wear]를 활용하세요.

Some mornings, it's really hard for me to **pick** my outfit. I have to think about the weather, who I will be meeting, and how much walking we will do. I think that's why I usually end up wearing a t-shirt and jeans.
아침에 종종 옷을 고르는 게 어렵다. 날씨도 고려해야 하고, 누굴 만날지, 얼마나 걸을지도 생각해야 한다. 그래서 결국 티셔츠와 청바지를 입게 된다.

전공도 선택에 따라 직업이 달라질 수 있으니 신중히 골라야겠죠. 이런 중대한 선택을 표현할 때도 충분히 'pick'을 쓸 수 있어요. [pick + a major] 또는 [pick + what to study]로 표현하세요!

When I was a university student, it was really hard for me to **pick** a major. I'd never really thought about what kind of job I wanted to do. Luckily, my school let me take a variety of classes until I made my decision.
대학교를 다닐 때 전공을 고르는 게 정말 어려웠다. 내가 어떤 직업을 원하는지 생각해 본 적이 없기 때문이다. 다행히도 학교는 내가 전공을 결정할 때까지 다양한 수업을 들어볼 수 있게 해줬다.

 심화단어 : If I were you, I would 내가 너라면 ~하겠어

(사람을) 뽑다/고르다/선택하다  FILE:34-pick-3

pick의 두 번째 뜻은 '사람을 뽑다, 고르다'입니다. pick할 수 있는 대상에 사람이 올 수도 있네요. 기본 동사의 정확한 의미를 익히려면, 동사 뒤에 '사람, 물건, 상황' 중에 무엇이 오는지를 확인해야 합니다. 이런 배움이 없이 무작정 외우려고만 하면 오히려 배우는 시간이 더 오래 걸리니까요. [pick + 사람]의 조합을 알았으니, 이제 다양한 예문을 보며 발견하는 일만 남았습니다. 과거 걸그룹 노래 중에 〈Pick Me〉가 떠오르네요. 이런 발견도 영어 공부에 도움이 됩니다!

친구들과 함께 여행 계획을 세우는 상황입니다. 맛집을 찾는 담당, 호텔을 예약하는 담당 등으로 역할 분담을 하죠. 숙소를 예약할 사람을 정할 때 'pick'을 활용할 수 있네요.

A: We need to **pick** someone to book the hotel.
호텔 예약할 사람을 골라야 해.

B: I'll do it.
내가 할게.

미국에서는 대도시를 제외하고는 개인 자동차가 주요 교통수단입니다. 그리고 대리운전 서비스를 제공하지 않아, 술을 마실 때 미리 운전자[=a designated driver]를 정하는 문화가 있는데요. 운전자로 뽑힌 상황을 말할 때 'pick'을 사용할 수 있습니다. 내가 뽑힌 상황이니 수동태 'be picked'를 썼네요.

A: Why was I **picked** to be the designated driver?
내가 왜 (술 안 마시는) 운전자로 뽑힌 거야?

B: Because you drank too much last time.
너는 지난번에 만취했으니까.

어릴 때는 서로 편을 나눠 그룹으로 노는 일이 많습니다. 내가 뽑을 때도, 내가 뽑힐 때도 있죠. 때로는 아무도 나를 뽑지 않는 상황이 생길 수도 있습니다.

As a child, it was a terrible feeling when no one **picked** you to be on their team. It made you feel uncool, unathletic, and unpopular. I'm sure adults don't like it either, but it feels worse when you're a kid.

어렸을 때 아무도 나를 같은 팀으로 뽑지 않으면 기분이 나빴다. 멋이 없고, 운동 신경이 둔하고, 인기 없는 사람이 된 것 같았다. 어른들도 좋아하진 않겠지만, 어릴 때는 더 기분 나쁘다.

일터에서도 [pick + 사람]을 쓸 수 있습니다. 여러 사람 가운데 한 사람을 지정하여 어떤 직책에 임명하는 상황에서도 'pick'을 사용할 수 있습니다.

At the last school I worked at, my boss **picked** me to be the new headteacher. She really wanted me to stay and offered me more money and a promotion. But I'd already decided that I would move to a different city so I had to reject her offer.

내가 마지막으로 일했던 학교에서, 관리자는 나를 새로운 주임 선생님으로 지명했다. 내가 학교에 남길 원했고, 급여 인상과 승진까지 제안했다. 하지만 나는 이미 다른 도시로 떠나길 결정한 상태여서 그 제안을 거절할 수밖에 없었다.

 심화단어 : unathletic 운동 신경이 둔한

꽃을 꺾다/과일을 따다

🎧 FILE:34-pick-4

pick의 세 번째 뜻은 '꽃을 꺾다, 과일을 따다'입니다. [pick + 꽃]의 조합은 꽃을 고르는 뜻을 넘어 '꽃을 꺾다'가 되고, [pick + 과일]의 조합은 과일을 고르는 뜻을 넘어 '과일을 따다'가 됩니다. 또한 영어에서 'picker'는 꽃과 과일 등을 '수확하는 사람 또는 기계'를 말합니다. 왜 pick을 썼는지 쉽게 이해할 수 있겠죠? 이렇듯 기본 동사 하나에 단어만 바꾸면 다양한 의미로 확장됩니다. 이게 기본 동사를 먼저 배워야 하는 이유이기도 하죠. 앞으로 꽃과 과일을 보면 'pick'을 떠올려 주세요!

꽃을 구하려면 가게에서 꽃을 사거나 직접 꽃을 꺾어야 합니다. 도시에서는 꽃을 꺾기가 쉽지 않지만, 시골에서는 꽃을 길러 손수 꺾기도 하니까요. [pick + flowers]에 눈 도장을 찍어주세요.

A: Store-bought flowers are nice, but I think it's better if you **pick** them yourself.
가게에서 산 꽃도 좋지만, 꽃을 직접 따는[=꺾는] 게 나은 것 같다.

B: You're right. I think that would be more romantic.
맞아. 그게 좀 더 로맨틱할 것 같아.

엄마의 생신 선물로 특별한 꽃다발을 준비하는 상황입니다. 꽃집에서 구매하는 대신 직접 꽃을 꺾기로 계획했는데요. 그 계획은 잘 풀렸을까요?

One day, my sister and I went out to **pick** flowers for our mom. It was her birthday so we wanted to make a beautiful bouquet for her. Unfortunately, my sister got stung by a bee so our plan didn't work out very well.
하루는 언니와 함께 엄마에게 선물할 꽃을 꺾으러 나갔다. 생신 선물로 아름다운 꽃다발을 만들어주고 싶었다. 안타깝게도 언니가 벌에 쏘이는 바람에 우리의 계획은 실패했다.

이번에는 과일을 딸 차례입니다. 오렌지 나무에서 오렌지를 'pick'하는 장면을 떠올려 보세요. '과일을 따다'를 표현할 때 꼭 맞는 기본 동사입니다.

A: What are you up to this weekend?
이번 주말에 뭐 해?

B: My grandpa asked me to **pick** oranges from his trees.
할아버지가 나무에서 오렌지를 따자고 했어.

아이와 함께 과일을 따는[=pick fruits] 체험 활동이 인기가 많은데요. 자연과 친해질 기회이면서 동시에 땀을 흘리며 운동도 되는 활동입니다.

I think taking kids to **pick** fruits is a really great activity. It gives them a chance to see where fruit actually comes from and is very tiring. Afterward, your kids will be exhausted and you'll have fresh fruit to eat.
아이를 데리고 과일을 따러 가는 것은 정말 좋은 액티비티인 것 같다. 아이들은 과일이 실제로 어디서 나오는지 알 수 있게 되고, 엄청나게 피곤해진다. 끝나고 나면 아이는 녹초가 되고, 부모님은 신선한 과일을 먹으면 된다.

 심화단어 : **store-bought** (집에서 만들지 않고) 가게에서 산 | **get stung** 물리다, 쏘이다

35 pull [pʊl]

이불을 '당기고', 근육을 '다치고', 장난을
'치다'를 모두 pull로 써요!

① (특정 방향으로) 끌다/당기다 [=to move something in a certain direction]
She **pulled** a tissue out of her purse.
그녀는 지갑에서 티슈를 꺼냈다.

② (근육 등을) 다치다 [=to hurt a body part]
I ran too fast and **pulled** a hamstring.
너무 빨리 달려서 햄스트링 근육을 다쳤어.

③ (장난, 사기, 속임수 등을) 하다/저지르다
[=to do a trick or prank]
My brother really likes to **pull** tricks on me.
동생은 내게 장난치기를 정말 좋아한다.

💡 **이런 뜻도 있어요** : 뽑다, 걷다, 취소하다 등

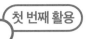

(특정 방향으로) 끌다/당기다

 FILE:35-pull-2

pull의 첫 번째 뜻은 '특정 방향으로 끌다, 당기다'입니다. 이 단어를 본 순간 가게 문에 써 있는 '당겨주세요[=pull], 밀어주세요[=push]'가 먼저 떠오르지 않나요? 실제 손으로 당기는 동작을 하면서 pull을 말하고, 손으로 미는 동작을 하면서 push를 말하면 더는 헷갈리지 않을 거예요. 꼭 알아야 할 pull의 특징은 대부분 pull만으로 문장을 구성하지 않는다는 점입니다. 뒤에 전치사/부사를 곁들여 pull의 동작을 구체적으로 표현하거나, 어디서부터 pull했는지의 기준점을 밝혀주죠. 한 예로 이불을 당겨서 머리에 뒤집어쓰는 장면을 표현해 봅시다. '이불을 당기다'는 'pull the blanket'으로 쓰고, '머리에 뒤집어쓰다'는 'over my head'로 쓰죠. 둘을 연결하면 [pull + the blanket over my head]가 됩니다. '당기다'의 pull이 보이면 뒤에 어떤 전치사/부사가 오는지도 확인해 주세요!

마술사가 모자에서 토끼를 꺼내는 마술을 선보이는 상황입니다. 토끼를 모자 밖으로 [=out of his hat] 당겨서[=pull] 꺼내는 장면이죠. 우리말로는 '꺼내다'라고 표현할 수 있겠네요. pull이 나타내는 동작에 집중해 주세요.

A: Did you see the magician pull a rabbit out of his hat?
마술사가 모자에서 토끼를 꺼내는 거 봤어?

B: Yes! That was incredible!
응! 기가 막히더라!

가족이 호수에 빠진 나를 보트로 당겨서[=pull] 다시 태운[=into the boat] 상황입니다. 끌어당기는 동작에서 'pull'의 뉘앙스가 생생하게 느껴지죠. 전치사 'into'를 넣어 보트에 태우는 문장을 완성했네요.

One summer, I was tubing with my family on a lake. The boat turned too fast and I fell out of the tube. My family brought the boat close to me and **pulled** me into the boat.
어느 여름날에 호수에서 가족과 함께 튜브를 타고 있었다. 보트가 너무 빨리 돌아서 튜브에서 떨어지고 말았다. 가족은 보트를 내게 가까이 가져와서 나를 끌어당겨 보트에 태웠다.

포옹하는 남자친구를 밀어낸 상황입니다. '밀다'는 'push'로 알고 있는데, 왜 'pull'을 썼을까요? 상대 입장에서 밀어내는 동작 같지만, 밀어낸 사람의 입장에서는 자신의 몸을 뒤로 당겼다고 볼 수 있죠. 또한 뒤에 '멀어지는' 뜻의 away까지 있고요. 'pull (yourself) away'에서 yourself를 생략했다고 이해해도 되고, pull away (from me)에서 from me를 생략했다고 봐도 됩니다.

A: Why did you **pull** away when I tried to hug you?
왜 내가 안으려고 했을 때 몸을 빼냈던 거야?

B: Sorry, I just wasn't feeling very well.
미안, 몸 상태가 안 좋았어.

끝으로 pull을 응용한 새로운 표현도 알아보겠습니다. 운전 중 타이어가 펑크가 나 차를 옆에 세운 상황인데요. '차를 세우다'를 영어로는 'pull over'로 씁니다. 예전에 말을 타다가 고삐를 당겨[=pull] 말을 멈췄다는 데서 유래했다는 이야기도 있으니 참고하세요.

A few years ago, I got a flat tire while I was driving. I **pulled** over to the side of the road. Luckily, I knew how to change my tire so I was back on the road shortly.
몇 년 전에 운전하다가 타이어에 펑크가 났다. 차를 길가에 세웠다. 다행히 타이어를 교체하는 방법을 알고 있어서 금방 다시 운전할 수 있었다.

 심화단어 : tube 튜브를 타고 놀다 | a flat tire 바람 빠진 타이어 | shortly 곧, 얼마 안 되어

(근육 등을) 다치다

FILE:35-pull-3

pull의 두 번째 뜻은 '근육 등을 다치다'입니다. 근육을 무리하게 써서 근육이 다친 의미로 해석할 수 있습니다. 운동을 할 때면 꼭 나오는 표현입니다. 저는 체육대학에서 생활체육을 공부하고 배드민턴을 전공했습니다. 당시에 준비 운동을 제대로 하지 않아 근육을 다치는 사람을 자주 목격했어요. 일반적인 근육을 다친 사람[=pull a muscle]부터 햄스트링 근육을 다친 사람[=pull a hamstring]까지 다양했죠. pull과 근육 종류를 함께 쓴다는 것이 처음에는 어색하게 느껴질 수도 있어요. 하지만 운동하다가 다치는 상황을 표현할 때 유용하니 이번에 잘 정리해서 [pull + a muscle] 조합과 친해지길 바랍니다.

스트레칭을 제대로 하지 않으면 근육이 다칠 수밖에 없습니다. 특정 근육이 아닌 일반적인 근육을 말할 때는 'a muscle'로만 표현해도 의미가 잘 전달됩니다.

A: If you don't stretch before you work out, you'll pull a muscle.
운동하기 전에 스트레칭하지 않으면 근육을 다칠 거야.

B: Okay, I'll make sure I stretch.
그래, 꼭 스트레칭할게.

친구가 평소와 다르게 목을 문지르고 있는 상황입니다. 걱정되어 물었더니, 헬스장에서 운동하다가 근육을 다쳤다고 하네요. 정확한 근육 부위 이름을 쓰지 않고 [pull + something]을 써도 괜찮습니다. 맥락상 근육을 다쳤다고 해석되니까요.

A: Why do you keep rubbing your neck?
왜 자꾸 목을 문지르는 거야?

B: I guess I pulled something at the gym the other day.
며칠 전에 헬스장에서 운동하다가 근육을 다친 것 같아.

허리 근육을 다친[=pull a back muscle] 상황입니다. 허리와 등이 부상당하면 일상 생활 대부분이 불편해지죠. 나아지기를 기다리는 수밖에 없겠네요.

One of the worst injuries I ever had was when I **pulled** a back muscle. Everything hurt, whether I was sitting, standing, or laying down. I just took Tylenol and waited for it to get better.

내가 지금까지 겪었던 최악의 부상은 허리 근육을 다쳤을 때였다. 앉아 있든, 서 있든, 아니면 누워 있든, 어떤 자세를 하고 있어도 아팠다. 타이레놀을 먹고 허리가 나아지기만을 기다렸다.

운동선수들이 부상당한 상황입니다. 올림픽 경기 중에 운동선수가 근육을 부상당하는 아찔한 장면이 그대로 중계될 때가 있죠. pull 뒤에 햄스트링을 넣기만 하면 됩니다.

I hate seeing athletes **pull** hamstrings. It looks so painful and there's not much anyone can do in the moment. It's also a long, slow road to recovery, so I really hate seeing that.

나는 운동선수가 햄스트링 부상을 당하는 장면을 보는 게 정말 싫다. 너무 아파 보이고, 그 순간 누구도 해줄 수 있는 게 별로 없다. 또 햄스트링 부상은 회복하는 데 아주 오래 걸린다. 그래서 그런 장면을 보는 게 싫다.

 심화단어 : rub 비비다, 문지르다 | injuries 부상 | road to recovery 회복하는 길(과정)

(장난, 사기, 속임수 등을) 하다/저지르다

FILE:35-pull-4

pull의 세 번째 뜻은 '장난, 속임수 등을 하다, 저지르다'입니다. 어떻게 '당기다'의 pull이 '저지르다'의 뜻으로 확장되었을까요? 정확한 어원을 찾기가 쉽지 않지만, 가장 유력한 유래가 있습니다. 무언가를 당기는 행위에는 아주 조금이라도 '의도와 노력'이 들어가기 마련이죠. 장난, 사기, 속임수 등은 교묘하게 행동해야 하니 '의도와 노력'이 꼭 필요합니다. 그래서 pull의 세 번째 뜻은 'do'와 같은 의미로 '하다'입니다. 단, 의도와 노력의 뉘앙스가 있는 '하다'입니다. 꼭 부정적인 맥락에서만 쓰는 건 아니지만 이번에는 장난, 사기, 속임수와 어울리는 pull을 위주로 배워보겠습니다. pull을 '의도와 노력이 들어간 do'로 이해해 주세요!

데이트 앱으로 사기를 친[=pull a scam] 남자에 관한 이야기입니다. scam은 사람을 속여 돈을 빼앗는 사기인데요, 전화, 온라인, 그리고 실세 만남을 통해서도 일어나죠. 이런 '사기를 치다'를 [=pull a scam]이라고 표현합니다.

A: Did you hear about the guy who **pulled** the Tinder scam?
틴더로 사기 친 남자 이야기 들었어?

B: Yes! He stole lots of money from many different women.
응! 다양한 여성들에게서 돈을 많이 훔쳤더라.

stunt는 서커스에서 나온 단어로 '위험한 행동' 또는 '멍청한 행동'을 말합니다. 예를 들어 소셜미디어 가짜 뉴스를 올리고 얼마나 많은 사람들이 믿는지를 알아보는 행동이나, 고층 빌딩과 빌딩 사이를 외줄 타기로 건너는 행동 등을 말합니다. 이런 행동을 하는 것을 [pull + a stunt]라고 합니다. 의도와 노력이 느껴지네요.

A: I can't believe you'd **pull** a stunt like that!
이런 위험한 행동을 하다니!

B: I'm sorry, I didn't think I'd be caught.
미안, 걸릴 줄은 몰랐어.

할로윈데이에 아이들이 장난을 치는 상황입니다. 이웃집에 계란을 던지거나 나무에 휴지를 던지는 등 다양한 장난을 하죠. 이렇게 골탕을 먹이기 위한 장난을 통틀어 'tricks'라고 하며, 동사는 pull을 사용합니다.

In the US, it's very common to **pull** tricks on Halloween. Kids like to throw eggs at people's houses or toilet paper in their trees. It's not very nice, but Halloween is the one day kids get to be rebellious.

미국에서는 할로윈에 장난을 치는 일이 매우 흔하다. 아이들은 사람들 집에 계란을 던지거나 나무에 화장지를 던지는 걸 좋아한다. 썩 좋은 일은 아니지만 할로윈은 아이들이 반항할 수 있는 유일한 날이다.

만우절은 가벼운 거짓말로 서로 속이면서 즐거워하는 날입니다. scam, stunt와 달리 몰래카메라로 상황극을 하거나, 치약을 와사비 소스로 바꾸는 등 비교적 심하지 않은 장난을 벌입니다. 이런 장난을 하는 행위는 모두 pull과 어울립니다.

April 1st is Fool's Day in the US and it means you get to **pull** pranks on your friends and family. Sometimes people like to pretend they're hurt or missing, other people like to convince people a lie is the truth. I've never really participated because I don't like tricking people.

미국에서 4월 1일은 만우절이다. 이날은 친구와 가족에게 장난치거나 농담을 할 수 있다. 상처를 입거나 사라지는 척하는 장난을 좋아하는 사람도 있고, 거짓말을 사실이라고 설득하는 걸 좋아하는 사람도 있다. 나는 사람을 속이는 걸 좋아하지 않아서 이런 장난을 해 본 적이 없다.

 심화단어 : be caught 걸리다, 잡히다 | rebellious 반항적인 | missing 없어진, 행방불명된 convince 설득하다 | trick 속이다

36 put [pʊt]

식물을 '놓고', 기분이 '좋아지고', 쉽게
'말하다'를 모두 put으로 써요!

① 놓다/두다 [=to move something to a certain place and leave it there]

Please **put** your shoes on the shelf.

신발은 선반 위에 놔주세요.

② (어떤 상황이나 상태 속에) 놓다/처하다
[=to cause someone/something to be
in the stated situation]

Going swimming always **puts** me in a good mood.

수영하러 가면 항상 기분이 좋아진다.

③ (특정한 방식으로) 말하다/표현하다
[=to express something in words]

I'll **put** it in terms you can understand.

네가 이해할 수 있는 용어로 말해 볼게.

💡 이런 뜻도 있어요 : 쓰다, 붙이다, 넣다 등

첫 번째 활용

놓다/두다

 FILE:36-put-2

put의 첫 번째 뜻은 '놓다, 두다'입니다. 물건을 일정한 곳에 놓는 거죠. 새집에 이사를 간 상황에서 꼭 등장하는 단어입니다. 책상을 어디에 둘지[=where to put my desk], 식물을 어디에 놓을지[=where to put my plant] 고민하게 되지요. 물건뿐만 아니라 '옷'도 put할 수 있습니다. 처음 초대받은 집에 가면 옷과 가방을 어디에 두면 좋을지 물어보게 되는데요. put을 활용해서 "Where should I put my coat?"라고 말하면 자연스럽게 들립니다. 앞으로 실전 영어 공부를 하면서 무엇을 put할 수 있는지 나만의 영어 노트에 적어보세요. 그럼 put이 필요한 상황에서 put이 입에서 나올 거예요!

 미술관에 입장하면서 가방을 사물함에 보관하는 상황입니다. 사물함에 넣을 게 있느냐고 묻고 있는데요. 우리말 해석은 '넣다'이지만, 사물함 안에[=in the locker] 물건을 두는[=put] 것이니, 충분히 put으로 표현할 수 있습니다.

A: Do you need to put anything in the locker?
사물함에 뭐 넣어야 할 거 있어?

B: Oh, yes, let me put my bag in there.
오, 응. 사물함에 내 가방을 넣을게.

 친구 집에 초대받아 놀러 간 상황입니다. 처음 방문해서 코트를 어디에 둘지[=put my coat] 몰랐네요. 센스 있게 코트를 받아 옷장에 걸어줬습니다. 옷도 put과 잘 어울리네요!

A: Where should I put my coat?
코트를 어디에 두면 될까?

B: I'll hang it up in the closet for you.
내가 옷장에 걸어줄게.

친구와 파티를 크게 하고 나서 음식이 많이 남은 상황입니다. 남은 음식을[=leftovers] 냉장고에 넣었네요[=put them in the fridge]. 일주일 끼니를 해결할 수 있는 양입니다. 음식도 put할 수 있다는 사실을 알아두세요!

My friends and I had a huge party last weekend. When everyone went home, I **put** the leftovers in the fridge. I think I'll be able to eat them all week.
지난 주말에 친구들과 함께 파티를 크게 열었다. 다들 집에 갔을 때 남은 음식을 냉장고에 넣었다. 다음 주 내내 남은 음식을 먹을 수 있을 것 같다.

새 아파트로 이사해서 가구를 여기저기 배치해야 하는 상황입니다. 침대, 책상, 식물 등을 인테리어와 어울리게 둬야[=put]겠죠. 거의 모든 가구를 put할 수 있다는 점을 꼭 기억해 두세요!

When I moved into my new apartment, I didn't know where to **put** my desk. I didn't want it to be in a dark corner. I finally decided to **put** it next to my window.
새 아파트에 이사했을 때 책상을 어디에 둬야 할지를 몰랐다. 책상을 어두운 구석에 놓고 싶지는 않았다. 결국 창문 옆에 놓기로 했다.

 심화단어 : leftovers 남은 음식 | all week 일주일 내내

(어떤 상황이나 상태 속에) 놓다/처하다 🎧 FILE:36-put-3

put의 두 번째 뜻은 '어떤 상황이나 상태 속에 놓다, 처하다'입니다. 물건을 놓는 것처럼 '사람'도 놓을 수 있는데요. 단순히 사람을 '놓은' 채로 끝내는 게 아니라, 어떤 상황이나 상태 속에 놓아야 합니다. 예를 들어 기분이 좋은 상태나 기분이 안 좋은 상태에 놓는 거죠. 우리말로는 기분이 좋아졌거나, 나빠졌다고 번역하면 됩니다. 복잡해 보이지만 영어 문장을 보면 의외로 쉬우니 예를 들어보죠. 저는 머릿속이 복잡하거나 중요한 결정을 앞둘 때마다 산책을 하는데요, 아무 생각 없이 걷다 보면 저도 모르게 기분이 좋아집니다. 자, 이런 상황에서 put을 써볼까요? "Walking puts me in a good mood." 직역하면 '걷기가 나를 좋은 기분에 놓은 것'입니다. 우리말은 어색하지만, 영어로는 자연스러운 문장입니다. 지금부터 이런 의미의 put을 살펴보겠습니다.

처진 기분을 다시 좋게 해주는 나만의 노래가 하나쯤은 있을 텐데요. 영어에서는 그 곡이 나를 좋은 기분 상태에 놓는[=put me in a good mood] 다고 표현합니다. 주어만 바꾸면 put을 활용해 얼마든지 응용할 수 있는 구조입니다.

A: This song always puts me in a good mood.
이 곡을 들으면 항상 기분이 좋아져.

B: It is a great song.
명곡이지.

취미 활동을 하면 당연히 기분이 좋아질 수밖에 없죠. 취미와 put을 연결하는 문장을 배워봅시다. 사진을 찍는 취미, 악기를 연주하는 취미 등 어떤 취미가 와도 자연스러운 문장이 됩니다.

One of my favorite hobbies is taking pictures of nature. I love to find hidden spots where there aren't a lot of people. Taking beautiful pictures always **puts** me in a good mood.
내가 가장 좋아하는 취미 중 하나는 자연 사진을 찍는 것이다. 사람이 많지 않은 숨겨진 장소를 찾는 걸 좋아한다. 아름다운 (자연) 사진을 찍으면 항상 기분이 좋아진다.

기분이 안 좋은 상황에서도 put을 쓸 수 있어요. 아침부터 차가 막히면 종일 기분에 영향을 받을 수가 있죠. '나를 안 좋은 기분에 놓다[=put me in a bad mood]'로 영어식 사고를 적용하면 됩니다.

A: What's wrong with you?
무슨 일 있어?

B: Sorry. The traffic this morning really **put** me in a bad mood.
미안. 오늘 아침 교통 체증 때문에 기분이 별로 안 좋아.

아침형 인간이 아니라면 아침에 아무것도 하기 싫죠. 혹시 누가 말이라도 걸면 기분이 안 좋아질 수도 있습니다. 아침에 말을 거는 것을 'it'으로 표현한 뒤에, 그것 때문에 기분이 안 좋아질 수도 있다고 표현했네요.

I'm really not a morning person so if someone tries to talk to me when I first wake up, it can **put** me in a really bad mood. I always explain to my roommates that I don't like talking in the morning. I'm usually much more friendly after I've had my shower.
나는 아침형 인간이 아니다. 그래서 일어나자마자 누가 내게 말을 걸려고 하면 기분이 몹시 안 좋아질 수도 있다. 매번 룸메이트에게 나는 아침에 얘기하는 걸 좋아하지 않는다고 설명한다. 보통 샤워를 하고 나면 훨씬 부드러워진다.

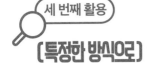

(특정한 방식으로) 말하다/표현하다 FILE:36-put-4

put의 세 번째 뜻은 '특정한 방식으로 말하다, 표현하다'입니다. put에 '말하다[=say]'라는 뜻이 있어서 놀라신 분이 있을 것 같아요. 저도 이런 뜻의 put을 처음 만났을 때 적잖이 충격을 받았던 기억이 납니다. 지금까지 put으로 '물건'을 놓거나 '사람'을 놓을 수 있다고 설명했는데요. 이제는 사람의 '단어와 말'을 놓을 수 있다고 생각해 주세요. 마치 레고 블록을 놓듯이 사람의 입에서 나오는 단어와 말을 놓는 겁니다. 그렇다면 put과 say는 어떻게 구분할까요? put을 say의 의미로 쓰려면 특정한 방식의 단서가 붙어야 합니다. '이렇게' 말하거나 '쉽게' 말하는 등 다른 방식의 뉘앙스가 들어가야 하죠. 오픽 시험에 자주 나오는 '간단히 말해서'라는 영어 표현을 들어 보셨나요? 'simply put'이라고 합니다. 무턱대고 외웠던 표현에 'put'이 숨어 있었네요. 이때 put이 '말하다, 표현하다'입니다.

회사에서 중요한 회의를 앞두고 있는 상황입니다. 정말 중요해서 '중요하다'라는 말을 더욱 강조하기 위해 다르게 표현해야 할 때가 있죠. '이렇게 말해 볼게[=put it this way]'에서 put을 넣어 say의 의미를 전할 수 있습니다.

A: How important is this meeting again?
이번 회의는 또 얼마나 중요한 거야?

B: Let me **put** it this way, if you don't close the deal, you're fired.
이렇게 말할게. 이번 건을 성사시키지 못하면, 해고야.

금요일에 일하지 않으면 생산성이 올라간다는 사실을 알아낸 상황입니다. 사실에 기반한 말은 무턱대고 말하는 것보다 훨씬 설득력이 있죠. 듣는 사람은 '네가 그렇게 말하면[=put it that way]'이란 말과 함께 설득될 수밖에 없습니다. 이번에도 특정한 방식으로 말하는 put이네요!

A: We found that employees are 75% more productive when they don't have to work on Fridays.
직원들이 금요일에 일하지 않으면 생산성이 75% 더 높아진다는 사실을 알아냈어.

B: When you **put** it that way, it sounds like a good idea.
그렇게 말하면, 좋은 생각인 것 같아.

CASE 3

십 대 아이가 어렸을 때 부모님 지갑에서 돈을 훔친 상황입니다. 사실대로 말하고 싶었지만 표현하는 방법[=how to put it]을 몰랐네요. 이렇게 특정 방식으로 말하는 뉘앙스가 느껴지면 put을 활용할 수 있습니다.

When I was a teenager, I stole money from my mom's purse. I wanted to confess the truth to her, but I wasn't sure how to **put** it. I finally just told her that I took the money and apologized, and luckily she forgave me.

십 대였을 때 엄마 지갑에서 돈을 훔친 적이 있다. 엄마에게 사실대로 고백하고 싶었지만, 어떻게 말해야 할지 몰랐다. 그냥 돈을 훔쳤다고 말했고 죄송하다고 했다. 다행히도 엄마가 용서해 줬다.

LEVEL UP
CASE 4

정보 전달에서 가장 중요한 것은 상대방이 이해할 수 있도록 쉽게 말하는 거죠. 특히 회의를 진행할 때는 말하는 방식[=terms]을 팀원들이 이해할 수 있게[=my employees could understand] 표현해야[=put] 합니다.

When I was a manager, I often had to lead meetings. It was important for me to **put** information in terms that my employees could understand. I often had to give instructions in many different ways.

매니저로 근무했을 때 회의를 진행할 일이 많았다. 팀원들이 이해할 수 있는 말로 정보를 전달하는 것이 중요했다. 나는 종종 다양한 방법으로 지시를 전달했다.

 심화단어 : close a deal 계약을 체결하다 | confess 자백하다, 고백하다 | lead 이끌다

손을 '뻗고', 정상에 '도착하고', 친구에게
'연락하다'를 모두 reach로 써요!

① 손과 팔을 뻗다/내밀다 [=to stretch out an arm to grab something]
He **reached** for the butter.
그는 버터를 집으려고 손을 뻗었다.

② 도착하다/달성하다
[=to arrive somewhere or achieve something]
What time will we **reach** grandma's?
할머니 댁에는 몇 시에 도착해요?

③ 연락하다 [=to contact someone]
It's been so hard to **reach** you!
너랑 연락하기 정말 힘들다!

💡 **이런 뜻도 있어요** : 달하다, 이르다, 미치다 등

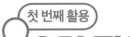

손과 팔을 뻗다/내밀다

 FILE:37-reach-2

reach의 첫 번째 뜻은 '손과 팔을 뻗다, 내밀다'입니다. 지금 읽고 있던 책을 잠시 내려놓고 팔을 앞으로 뻗어보세요. 그 동작이 'reach'의 핵심 의미입니다. reach 다음에는 전치사의 도움 없이 바로 대상이 나올 수 있는데요, "I can't reach the apple."은 팔을 뻗어도 사과에 손이 닿지 않는다는 뜻입니다. 하지만 이번에는 전치사의 도움이 필요한 'reach'에 집중해 보겠습니다. 거울을 꺼내려고 핸드백 '안으로' 손을 뻗는 상황이라면 [reach + into a purse], 나뭇잎에 손을 대려고 자동차 창문 '밖으로' 팔을 뻗는 상황에서는 [reach + out the window]가 됩니다. 팔을 뻗는 위치와 방향에 따라 전치사가 조금씩 바뀌네요. 이런 묘사적인 표현은 개별 단어로 익히려면 시간이 오래 걸려요. 그러니 맥락을 정확히 파악한 뒤에 'reach'가 들어간 문장 단위로 기억하는 것을 추천합니다!

 CASE 1

신분증을 꺼내려고 핸드백에 손을 넣은 상황입니다. 손을 앞으로 뻗지 않고 가방 안으로 넣어도 'reach'를 쓸 수 있네요. 가방 '안'이라는 방향도 명확하니 'into'를 같이 사용하는 게 적절하겠죠.

A: What happened to Cathy?
Cathy는 어떻게 된 거야?

B: She reached into her purse to get her I.D., but the cops thought she was reaching for a gun.
신분증 꺼내려고 핸드백에 손을 넣었는데, 경찰은 총을 잡으려는 줄 알았나 봐.

 CASE 2

버스의 창문 밖으로 팔을 뻗은 상황입니다. 'reach'에 'out'을 더해 팔을 뻗은 방향을 나타낼 수 있네요. [reach + out the bus window]를 문장 단위로 기억해 주세요!

One time, my third grade class took a field trip. One troublemaker tried to **reach** out the bus window and touch the leaves. They cut their hand and had to go to the hospital.
한번은 3학년 모두가 소풍을 떠났다. 말썽을 피우던 친구가 버스 창문 밖으로 손을 뻗어 나뭇잎을 만지려고 했다. (결국) 손을 베여서 병원에 가야 했다.

냉장고 위에 있는 단백질 바를 꺼내는 상황입니다. 냉장고 '안'이 아니라 '위'에 있으니 'up'을 써야 하죠. [reach + up to the top of the refrigerator]로 팔을 어떤 방향으로 뻗었는지가 그려지네요.

A: Can you **reach** up to the top of the refrigerator and hand me a protein bar?
냉장고 위로 팔을 뻗어서 단백질 바 좀 꺼내줄 수 있어?

B: Yes, but why do you keep your protein bars on top of your fridge?
응, 그런데 왜 단백질 바를 냉장고 위에 두는 거야?

식사 예절에 관한 내용입니다. 밥을 먹을 때 손을 뻗어 테이블을 가로지르는[=across] 행위가 무례할 수 있죠. [reach + across the dinner table]을 보는 순간, 그 장면이 눈앞에 생생하게 그려지지 않나요? 이게 묘사적인 표현의 힘입니다!

My parents always told my brothers and I that it was rude to **reach** across the dinner table. If you needed something, you were just supposed to ask for it. I think I still follow that rule to this day.
부모님은 항상 동생과 나에게 식탁을 가로질러 손을 뻗는 행동은 무례하다고 했다. 필요한 게 있으면, 요청해야 했다. 지금까지도 그 규칙을 지키고 있는 것 같다.

 심화단어 : to this day (시간이 흐른 뒤에) 지금까지도, 오늘날까지

도착하다/달성하다 🎧 FILE:37-reach-3

reach의 두 번째 뜻은 '장소에 도착하다, 목표를 달성하다'입니다. 팔을 뻗어 손이 물건에 닿듯이, 팔을 뻗어 어떤 장소에 몸이 도달한다고 생각해 주세요. 그럼 '도착하다'의 뜻을 이해할 수 있습니다. 예를 들어 산 정상에 도착하는 상황에서 [reach + the top of the mountain]을 쓸 수 있죠. 여기서 끝이 아닙니다. 이번에는 방금 도착했던 '산 정상'을 내가 세운 '목표[=goal]'로 바꿔서 생각해 볼게요. '산에 도착하다'가 '목표에 도착하다'로 바뀌고, '목표에 도착하다'는 곧 '목표를 달성하다'로 해석할 수 있습니다. 예를 들어 연말까지 5km 마라톤을 뛰는 목표를 가진 사람이 있습니다. "I hope I reach my goal of running a 5km marathon by the end of this year." 장소에 도착하고, 목표를 달성하는 상황에서 'reach'를 떠올려 주세요!

산 정상에 도착한 상황입니다. [reach + 장소]를 써서 자연스럽게 '도착하다'를 표현했네요. '산 정상'을 영어로 풀어 쓰면 'the top of the mountain'이 됩니다.

My friend and I hiked Gwanak Mountain a few months ago. It was a really hard and long hike. We were so happy when we **reached** the top of the mountain.
몇 달 전에 친구와 나는 관악산을 등산했다. 정말 힘들고 긴 산행이었다. 산 정상에 도착했을 때 우린 정말 기뻤다.

중간 지점까지 도착한 상황입니다. [reach + 장소]를 써서 그 의미를 전할 수 있죠. 기본 동사의 여러 뜻과 모양을 알면 '실전 영어의 절반'을 이해한 것과 다름없어요. 장소에 도착하는 맥락이라면 'reach'를 떠올려야 합니다.

A: Well, I think we've finally **reached** the halfway mark.
음, 드디어 중간 지점에 도착한 것 같아.

B: We're only halfway there?
아직 절반밖에 안 온 거야?

올해 목표는 금연입니다. 담배를 끊는 지점을 목표의 도착점으로 볼 수 있죠. 그래서 목표를 달성할 때도 기본 동사 'reach'를 사용할 수 있어요.

A: I'm planning on quitting smoking this year!
올해 담배를 끊을 계획이야!

B: Good luck on **reaching** your goal.
목표를 이루길 바랄게.

끝으로 어떤 상황에 다다를 때도 'reach'를 활용할 수 있습니다. [reach + a/the point where S + V] 문형을 써서 다다른 상황을 '주어 + 동사'로 설명할 수 있죠. 아래 내용은 부정적이지만, 긍정적인 내용에서도 쓸 수 있어요. 장소, 목표, 상황에 다다를 때 모두 'reach'를 사용해 주세요.

When I was in college, I decided that I wanted to live alone. I'd **reached** a point where I couldn't stand living with roommates any more. I don't understand why some people live with roommates for so long.
대학교 때 나는 혼자 살기로 마음먹었다. 더 이상 룸메이트와 사는 게 참을 수 없는 지경에 이르렀다. 나는 왜 어떤 사람들은 룸메이트와 오래 살고 싶어하는지 이해가 안 된다.

 심화단어 · halfway 중간에

연락하다

🎧 FILE:37-reach-4

reach의 세 번째 뜻은 '연락하다'입니다. 지금까지 손과 팔을 뻗고, 장소나 목표에 도착하는 'reach'를 배웠어요. 이번에는 사람에게 '도착하는' reach입니다. 다만 직접 찾아가서 얼굴을 보지 않고 전화나 온라인으로 연락을 취한다는 뜻인데요. 우리말에 '연락이 닿다'라는 표현과 비슷하죠. 예를 들어 급한 일로 친구에게 계속 전화했는데, 연락이 닿지 않을 때가 있죠. 영어로는 "I've been trying to reach you."라고 합니다. 또한 지인에게 SNS로 연락하라고 말할 때는 "You can reach me on Instagram."으로 표현할 수 있습니다. 둘 다 'reach'를 '연락하다'의 뜻으로 사용했네요. 상황에 따라 단어 하나의 뜻이 계속 바뀌는 기본 동사의 특징입니다.

선생님이 학부모에게 연락을 취하는 상황입니다. 특히 전화로 연락할 때 'reach'를 자주 사용하죠. [reach + 사람]의 문형으로 의미를 전달하세요.

A: Could you let your mom know I've been trying to reach her?
엄마한테 내가 계속 연락 중이라고 알려주겠니?

B: Sure, I'll tell her tomorrow.
그럼요, 내일 전할게요.

과거엔 연락할 방법이 많지 않았습니다. 사람에게 닿는다[=reach]라는 말은 곧 상대에게 연락한다는 뜻이었죠. 이제는 사람에게 연락할 수 있는[=reach people] 방법이 다양해졌습니다.

I remember when it was so much harder to **reach** people. You had to call them on the phone and leave a message if they weren't home. Hopefully they got back to you that day or the next.
사람들에게 연락하기 정말 힘들었을 때가 기억난다. 전화기로 통화해야 하고 집에 없으면 메시지를 남길 수밖에 없었다. 당일 아니면 다음 날에 연락이 오길 바랄 뿐이었다.

'reach'를 응용해서 [reach out + to 사람] 조합으로 쓸 수 있습니다. 연락을 취하는 뜻은 같지만 '조언, 도움, 관심'의 뉘앙스가 더해지네요. 아래 내용은 도움이 필요하면 연락하라는 상황입니다.

A: Feel free to **reach** out to me whenever you're confused.
혼란스러울 땐 언제든지 내게 연락해.

B: Thank you so much.
정말 고마워.

조언이 필요할 때 언제든 연락하라는 상황이네요. 그냥 연락하는 것과 '조언'이 필요할 때 연락하는 것은 다르죠. 조언, 도움, 관심의 뉘앙스가 추가될 때는 [reach out + to 사람]을 활용해 보세요.

My boss told me I could **reach** out to him whenever I needed advice. The cool thing about my boss is that I actually believe him. Not all bosses are supportive, but mine certainly is.
사장님은 도움이 필요하면 언제든 연락하라고 했다. 사장님에 관한 좋은 점은 내가 실제로 사장님의 말을 믿는다는 것이다. 모든 사장님이 힘이 되진 않지만, 우리 사장님은 진짜로 힘이 된다.

 심화단어 : **get back to** 다시 연락하다 | **feel free to** 자유롭게, 언제든 ~하다
supportive 도와주는, 힘을 주는

38 run [rʌn]

버스가 '운행하고', 에어컨이 '작동하고'
가게를 '운영하다'를 전부 run으로 쓰네!

① (대중교통이) 운행하다

[=If a bus, train, etc. runs, it travels somewhere at regular times.]

This bus **runs** all night.

이 버스는 밤새 운행해.

② (기계, 자동차, 에어컨 등이) 작동하다/돌아가다

[=If a machine or engine runs, or if you run it, it is working.]

Why is that car still **running**?

왜 차 시동이 계속 걸려 있지?

③ (가게, 사업 등을) 운영하다/관리하다

[=to manage]

I don't think I would like **running** a cafe.

나는 카페를 운영하고 싶지 않을 것 같아.

💡 **이런 뜻도 있어요** : 흐르다, 출마하다 등

(대중교통이) 운행하다

 FILE:38-run-2

run 하면 사람이 달리고 뛰는 모습이 먼저 떠오릅니다. 여기서 사람 대신 버스를 넣으면 어떤 의미가 될까요? 버스가 달리는 것은 곧 버스를 운행하는 거겠죠. 버스뿐만 아니라 기차, 지하철도 모두 run할 수 있습니다. run은 제가 직접 영어권 원어민과 대화하며 배운 단어입니다. 호주에서 세 번째로 큰 도시인 브리즈번에는 도심 속에 긴 강이 흐릅니다. 그래서 페리를 대중교통수단으로 이용하죠. 실제 브리즈번에 가서 호주 사람에게 물었습니다. 물에서 운행하는 대중교통에도 run을 쓸 수 있느냐고요. (물에서 달릴 수 있는지 물은 셈이죠.) 당연히 쓴다는 답을 얻었고, 페리 안내 방송에서도 계속 run이 나왔습니다. "This ferry runs until midnight. (이 페리는 자정까지 운행합니다.)" 대중교통은 모두 run할 수 있네요!

 버스가 도로를 달린다고 생각하면 run의 의미가 쉽게 와닿을 거예요. 게다가 배차 시간을 말할 때도 어려운 단어를 떠올릴 필요가 없어요. run 다음에 시간을 넣으면 됩니다. [run + every ten minutes]는 10분마다, [run + every half an hour]은 30분마다, 라는 뜻이죠.

A: It looks like this bus runs every five minutes.
보니까 버스가 5분마다 운행하는 것 같아.

B: Oh, good, then we won't have to wait long.
잘 됐다. 그럼 오래 기다릴 필요 없겠네.

 운행 중인 기차가 예정 시간보다 조금 늦게 도착할 때가 있죠. '연착되다'라고 하는데요. 한자어가 들어간 단어라고 해서 지레 겁먹을 필요는 없습니다. '늦게 운행하다'라고 풀어 설명하면 되니까요.

A: I think the train is running a little late today.
오늘 기차가 조금 연착되는 것 같네.

B: That's a bit annoying.
좀 짜증나.

필리핀, 인도네시아같이 여러 섬들이 모여 국가가 된 나라는 페리를 자주 이용하죠. 섬과 섬을 이어주는 대중교통이 그 역할을 톡톡히 하니까요. 인적이 드문 작은 섬은 하루에 두 번만 운행한다고 하네요. 역시 run입니다!

There's a ferry that **runs** between the island I live on and a smaller one nearby. It usually **runs** just twice a day. I like to go there in the morning and then come back in the evening.

내가 사는 섬과 근처 작은 섬을 오가는 페리가 있는데, 하루에 두 번만 운행한다. 아침에 갔다가 저녁에 오는 것을 좋아한다.

한국 지하철은 전 세계적으로 운행 시간을 잘 지키기로 유명하죠. '정해진 시간에 운행하다'를 [run + on time]으로 표현합니다. on time을 절대 까먹지 않을 마법의 문장을 준비했어요. '평소에 약속 시간을 잘 지키세요?'라는 말을 'Are you on time?'으로 쉽게 풀어쓸 수 있답니다! '늦지 마!'도 'Be on time!'이네요.

It's very important that the subway **runs** on time. People rely on it to commute to work or get to other appointments. If the subway is unpredictable, it would be hard to make plans.

지하철이 제시간에 운행하는 것은 대단히 중요하다. 사람들이 출근하거나 다른 약속에 가는 데 지하철을 꼭 필요로 하기 때문이다. 지하철 시간을 예상할 수 없다면, 계획 짜기가 어려울 것이다.

심화단어 : **on time** 제때, 제시간에 | **commute** 출퇴근하다 | **unpredictable** 예측할 수 없는

(기계, 자동차, 에어컨 등이) 작동하다/돌아가다 🎧 FILE:38-run-3

run의 두 번째 뜻은 기계, 자동차 등이 '작동하다/돌아가다'라는 뜻입니다. 기존의 '달리다'라는 의미에서 상상력을 조금 더해볼까요? 기계 입장에서 달린다는 것은 기계가 돌아간다고 볼 수 있습니다. 예를 들어 에어컨은 작동하고, 자동차는 시동이 걸리는 모습이죠. 기계가 쉬지 않고 땀을 뻘뻘 흘리며 달리는 모습을 그려봐도 이해가 되고요. 엊그제 자주 가던 카페가 이틀 동안 휴업한다는 소식을 들었어요. 커피 머신이 작동을 안 해 커피를 만들 수 없다고 하더군요. 이유를 알자마자 직업병처럼 run이 떠올랐습니다. 커피 머신도 run할 수 있으니까요. 일상에서 기계를 자주 접하는 만큼, run도 흔하게 접할 수 있겠네요.

에어컨에서 찬 바람이 나오려면 기계도 바쁘게 움직여야겠죠? 눈에 보이진 않지만 기계가 작동하고 돌아가는 상황에서는 run이 적절합니다. 물론 에어컨을 하루 종일 틀면 전기세가 많이 나올 거예요.

A: Do you think I can leave my A/C **running** all day?
하루 종일 에어컨을 틀어 놔도 괜찮을까?

B: If you want to pay a really expensive electricity bill you could.
매우 비싼 전기 요금을 내고 싶다면, 그렇게 해.

현대 사회에서는 기계가 돌아가는 것이 너무 당연해서 기계의 혜택을 잊고 살아가게 되죠. 집에 냉장고가 없는 삶을 상상해 본 적 있나요? 냉장고가 음식을 보관하기 위해 바삐 돌아가는 모습도 run입니다.

I think one of the worst appliances to break down is the refrigerator. When your refrigerator stops **running,** you have to act quickly to save your food. I think it's something we take for granted in our modern life.
망가지면 큰일 나는 최악의 가전제품은 냉장고인 것 같다. 냉장고가 돌아가지 않으면, 음식을 비축하기 위해 빨리 먹거나 버려야 하기 때문이다. 현대 사회에서는 냉장고의 소중함을 당연하게 여기는 것 같다.

문제없이 사용하던 노트북이 갑자기 작동하지 않는 상황입니다. 스마트폰도 예외 없이 그럴 때가 있죠. 이런 휴대 기계들도 run이 안성맞춤입니다. 주변에서 run을 쓸 수 있는 기계를 찾아보세요!

A: Why did you bring your laptop to work?
회사에 노트북은 왜 가져왔어?

B: It wouldn't **run** this morning so I'm going to take it to a repair shop this evening.
아침에 작동을 안 해서 저녁에 수리를 맡기려고

모든 카페에는 커피머신이 있죠. 커피 기계가 돌아가는 장면에서도 run을 떠올릴 수 있습니다. 이제부터 카페에 갈 때마다 run을 중얼거려 보세요!

When I worked at a coffee shop, our boss told us to turn off the coffee machine at night. He said that it was okay if it **ran** all day, but it needed to cool off in the evening. One time my coworker forgot to turn it off and it was in the repair shop for 2 weeks.
커피숍에서 일할 때 사장님이 밤에는 커피 머신을 끄라고 했다. 낮에는 종일 돌아가도 괜찮지만, 밤에는 열을 식혀야 한다고 했다. 언제 한 번 동료가 커피 머신 전원 끄는 걸 깜빡해서 2주 동안 수리를 맡겼다.

 심화단어 : take for granted 당연한 일로 여기다 | take something to a repair 수리를 맡기다
cool off 열을 식히다

(가게, 사업 등을) 운영하다/관리하다  FILE:38-run-4

run의 세 번째 뜻은 가게와 사업을 '운영하다/관리하다'입니다. 앞서 대중교통이 운행하고, 기계가 작동하는 run을 배웠는데요. 이제는 사업을 운영하다[=run a business]의 run이 남았습니다. 사업이라고 해서 꼭 대단할 필요는 없습니다. 규모는 중요하지 않아요. 최근 몇 년 동안 소자본 창업 붐이 불었죠. 동네에 독립서점이 생기기도 하고, 대로변에 셀프 스튜디오가 등장하기도 했습니다. 이런 가게와 사업을 운영하고 관리할 때 기본 동사 run을 사용합니다. 또한 장사를 하는 자영업자도 run을 쓸 수 있습니다. 주인이 가게를 운영하느라 이리 뛰고 저리 뛰는 장면을 상상하면, 기억하는 데 조금 도움이 될 거예요!

 최악의 서비스, 최악의 맛을 보여준 식당에는 다시 가고 싶은 마음이 안 들죠. 이런 식당도 누군가 운영하긴 하니, run을 쓸 수 있습니다.

A: Whoever runs this place is an idiot.
이 식당을 운영하는 사람이 누구든 멍청할 거야.

B: I agree. They have no idea how to run a restaurant.
맞아. 식당을 어떻게 운영하는지 전혀 모르고 있어.

 무인 코인 세탁소를 운영하는 친구와의 대화입니다. 세탁소 운영이 차질 없이 잘되고 있는지 묻는 상황이죠. run만큼 의미를 잘 전달할 만한 동사는 없습니다.

A: How's running your own laundromat going?
세탁소 운영은 잘 돼가?

B: It's great. I only have to check in once or twice a day.
아주 좋아. 하루에 한두 번만 확인하면 돼.

할머니가 꽃집을 운영했다는 이야기네요. 기본 동사 run을 맥락 없이 '운영하다'라고 외우면 금세 까먹을 거예요. 대신 가족이나 지인 중에 가게를 운영하는 사람을 찾아보세요. 그 사람의 얼굴과 run을 연결하면 오래 기억할 수 있겠죠!

My grandma used to **run** her own flower shop. She was really good at making beautiful flower arrangements. She said it was a tough job, but very fulfilling.
할머니는 전에 꽃집을 운영하셨다. 할머니는 아름다운 꽃꽂이를 굉장히 잘 만드셨다. 힘든 일이지만, 매우 보람 있는 일이라고 말씀하셨다.

내일부터 당장 내 사업을 해야 한다면 어떤 일을 하고 싶으세요? LP바를 운영하고 싶은 사람, 요가원을 운영하고 싶은 사람 등 다양할 거예요. 북 카페를 운영하고 싶은 사람의 이야기를 들어보시죠.

If I had to **run** my own business, I think I would like **running** a book cafe. It would be a really fun and relaxing place for me and I could read as many books as I wanted. If people were rude, I could just kick them out because I'm the owner.
내가 사업을 운영해야 한다면, 북 카페를 운영하고 싶을 것 같다. 북 카페는 내게 재미있고 편안한 공간이면서도 그곳에선 내가 원하는 만큼 책을 읽을 수도 있기 때문이다. 무례한 사람이 있다면, 내가 주인이니 쫓아낼 수도 있다.

🎯 **심화단어** : a laundromat 빨래방, 세탁소 | flower arrangements 꽃꽂이
fulfilling 뿌듯한, 성취감을 주는 | kick someone out 쫓아내다 | rude 무례한, 예의없는

39 save [seɪv]

돈을 '모으고', 시간을 '아끼고', 음식을
'남겨 두다'를 모두 save로 써요!

① 돈을 모으다/저축하다 [=to regularly put money in a bank]

I really need to **save** money this year.

올해는 정말 돈을 모아야 해.

② 시간을 아끼다/절약하다 [=to avoid using time]

We'll **save** time if we take a taxi.

택시를 타면 시간을 아낄 수 있을 거야.

③ 음식을 아끼다/남겨 두다 [=to keep or store food]

Let's **save** these cookies for the party.

이 쿠키는 파티를 위해 남겨 두자.

이런 뜻도 있어요 : 데이터를 저장하고, 생명을 구하고, 불쾌한 일을 피하다 등

돈을 모으다/저축하다 🎧 FILE:39-save-2

---

save와 짝을 이루는 세 가지는 돈, 시간, 음식입니다. 지금부터 그 뜻을 하나씩 알아볼 텐데요. 첫 번째로 [save + 돈] 조합을 자세히 살펴보겠습니다. 돈과 함께 쓰는 save의 핵심 의미는 '지금 쓰지 않고 나중에 쓰겠다'입니다. 누구나 한 번쯤 세계 일주 여행을 꿈꾸듯 저 또한 20대 초반에 세계 일주를 간절히 원했습니다. 닥치는 대로 아르바이트를 했고, 소비를 극단적으로 줄이는 생활을 1년 가까이 했는데요, 그 과정이 [save + 돈]과 꼭 닮았습니다. '지금 돈을 쓰지 않고 나중에 세계 일주를 떠나서 쓰겠다'는 마음이었으니까요. 이렇듯 내가 원하는 것을 이루기 위해 돈을 모으거나 절약하는 상황을 표현하려 할 땐 [save + money]를 떠올려 주세요!

돈을 모으려면 가장 먼저 외식을 줄여야 하죠. 먹는 데 쓰는 돈을 아껴야 합니다. 함께 저녁을 먹자고 말하는 친구에게 휴가를 위해 돈을 모으고 있다고 말하는 상황이네요.

A: Can you come to dinner with us?
와서 함께 저녁 먹을래?

B: Sorry, I'm **saving** money this month for my vacation.
미안, 이번 달에는 휴가 가려고 돈을 모으고 있어.

혼자 지내다 보면 돈을 덜 쓸 것 같은데, 오히려 연애할 때보다 더 많이 쓸 때도 있습니다. 계획해서 소비하지 않고 돈을 함부로[=recklessly] 쓰기 때문인데요. 역시 음식과 쇼핑에 쓰는 돈을 가장 먼저 줄여야겠죠?

I really feel like I need to **save** money these days. Sometimes, as a single person, it can be really easy to spend money recklessly. I need to reduce how often I order food and shop online.
요즘에 정말 돈을 아껴야 할 것 같다. 혼자 지내다 보면 돈을 함부로 쓰기 정말 쉬울 수 있다. 배달 음식을 덜 시켜 먹고, 온라인 쇼핑 횟수도 줄여야겠다.

지금은 스마트폰 가격이 웬만한 노트북 가격을 뛰어넘습니다. 작정하고 돈을 모으지 않는 이상 스마트폰을 구매하기가 쉽지 않죠. 돈을 모으는 이유는 for 뒤에 쓰면 됩니다.

A: Why don't you ever get a coffee with us?
왜 한 번도 우리와 커피를 안 마시는 거야?

B: Because I'm trying to **save** money for a new smartphone.
스마트폰을 사려고 돈을 열심히 모으고 있거든.

다양한 곳에서 돈을 모으는 방법을 배울 수 있어요. 특히 자녀는 부모님에게 돈을 모으는 방법을 배우기도 하죠. 효과만 있다면 함께 생활하면서 눈으로 보고 배우는 게 빠르고 확실한 방법이니까요.

My parents were really good at **saving** money. Even though they raised 4 kids, we always had enough food to eat and clothes to wear. I hope that I can follow the strategies they used to **save** money.
부모님은 돈을 정말 잘 모으신다. 4명의 아이를 키우면서도 우리는 항상 먹을 음식과 입을 옷이 충분했다. 나도 부모님이 돈을 모으는 데 썼던 전략을 따라해야겠다.

 심화단어 : recklessly 함부로, 아무렇게나 | strategies 전략

시간을 아끼다/절약하다

 FILE:39-save-3

save와 어울리는 두 번째 짝은 '시간'으로 [save + 시간] 조합으로 사용합니다. 주어진 시간을 효율적으로 쓰기 위해 사람마다 다양한 행동을 하죠. 예를 들면 저는 지하철을 탈 때 내리자마자 바로 출구와 연결되는 칸에 타고, 갈아탈 때 환승까지 가장 가까운 칸에 타는 습관이 있습니다. 예전에 지하철을 타고 출퇴근할 때 들인 습관인데 생각보다 많은 시간을 아낄 수 있더라고요. 7-4번, 3-2번 플랫폼에 집착하는 제 모습이 그려지나요? 그게 바로 [save + time]입니다!

집에서 요리를 적게 하면 시간을 대폭 줄일 수 있는데요. 그래서 약 일주일 치 식사를 미리 한 번에 미리 준비하는 '밀프렙[=meal prep]'이 생겼죠. 어려운 단어를 쓰지 않고도 [save + 시간] 조합이면 충분히 의미를 전할 수 있어요.

A: I like to save time by cooking all my meals at once.
식사 준비를 한 번에 해서 시간 아끼는 걸 좋아해.

B: But don't you get tired of eating the same thing every day?
매일 같은 걸 먹어서 지겹진 않아?

모든 일을 혼자서 처리하면 돈은 아낄 수 있지만 시간은 아낄 수 없죠. 업무의 일부분이라도 다른 사람의 도움을 받으면 시간을 절약할 수 있습니다. 특히 그게 회계 쪽이면 전문가에게 맡기는 편이 낫죠.

A: We could save time by hiring an accountant.
회계사를 고용하면 시간을 절약할 수 있을 것 같은데.

B: Right, but we'd also be using a lot of money.
맞아, 그런데 돈이 많이 들기도 하지.

시간을 아끼는 가장 좋은 방법은 '이동 동선'을 최소화하는 것입니다. 한번 집을 나선 뒤에 서너 가지 일을 동시에 처리하고 오는 거죠. 시간과 비용을 모두 절약할 수 있는 방법이네요.

Sometimes I like to **save** time by doing as many errands at the same time as possible. I feel like it's a waste of time to come back home between appointments. If I can go from the doctors to a nail appointment to the grocery store, I feel like I've used my time well.

가끔 해야 할 여러 일을 되도록 동시에 처리하면서 시간을 아끼는 걸 좋아한다. 일정과 일정 사이에 다시 집으로 가는 건 시간 낭비인 것 같다. 병원 진료를 보고, 손톱 관리를 받은 다음, 마트에서 장을 보면, 시간을 잘 쓴 기분이 든다.

시간을 아끼는 게 중요할까요, 돈을 아끼는 게 중요할까요? 물론 개인이 처한 상황에 따라 다를 거예요. 우리가 관심을 가져야 하는 것은 돈이냐 시간이냐 대신, [save + 시간/돈]을 모두 쓸 수 있다는 점이 아닐까요?

I often wonder to myself if it's better to **save** time or money. On the one hand, we can't make more time so sometimes it feels better to use money. On the other hand, sometimes the amount of money we spend isn't worth the time we save.

시간과 돈 중에 무엇을 아끼는 게 나을지 궁금할 때가 있다. 한편으론 시간은 더 벌 수 없기 때문에 돈을 쓰는 게 더 나은 것 같기도 하다. 다른 한편으론 우리가 쓴 돈의 양이 아낀 시간만큼의 가치가 없다고 생각할 때도 있다.

 심화단어 : be/get tired of 지겨운 | an accountant 회계사 | errands 일, 심부름
on the one hand 한편으론 | on the other hand 다른 한편으론

음식을 아끼다/남겨 두다

FILE:39-save-4

save의 세 번째 뜻만 '남겨 놓고' 있습니다. 혹시 '남겨 놓다'에서 눈치채셨나요? save의 세 번째 뜻은 '음식을 아끼고 남겨 두다'입니다. 어렸을 때 누나와 음식을 두고 자주 다퉜던 기억이 납니다. 오죽하면 먹다 남은 음식을 서로에게 빼앗기지 않으려고 음식에 포스트잇을 붙여 냉장고에 보관하기까지 했을까요. 지금 생각하면 귀여운 행동이지만, 당시에는 필사적으로 음식을 지켰던 기억이 생생합니다. 이렇게 나중에 먹기 위해 음식을 남겨 두는 것을 영어로 [save + 음식]으로 표현합니다. 예를 들어 피자 한 판을 시켰는데, 두 조각이 남았습니다. 음식을 버리는 대신 나중에 먹으려고 냉장고에 두겠죠? 역시 [save + 피자]로 표현할 수 있습니다. [save + 음식] 조합을 자연스럽게 말할 수 있도록 다양한 예문을 준비했어요.

생일 파티에서 먹는 케이크는 다 먹지 못할 때가 많죠. 포크가 닿지 않은 부분을 나눠서 냉장고에 보관하면 됩니다. 먹다 남은 케이크에는 save가 잘 어울리네요.

A: I can't eat any more cake.
케이크를 더는 못 먹겠다.

B: Well, let's **save** it and put it in the fridge.
그럼 남겨서 냉장고에 넣어 두자.

남은 음식을 영어로 'leftovers'라고 표현합니다. 남은 음식의 종류를 밝히지 않아도 그 뜻을 전할 수 있다는 장점이 있죠. 앞으로 음식이 남으면 [save + leftovers]를 떠올려 보세요!

A: Well, I think I'm done eating.
이제 다 먹은 것 같아.

B: You should **save** those leftovers for lunch tomorrow!
음식을 남겨 뒀다가[=남은 음식은] 내일 점심에 먹으면 되겠다!

남은 음식의 맛이 변하는 건 막을 수 없죠. 그 음식이 피자라면 처음 먹었을 때의 맛을 보장할 수도 없고요. 나중에 먹으려고 음식을 남겨 놓는다는 말을 덩어리로 쓰면 [save it for later]이니, 마치 한 단어처럼 기억해 주세요!

One day, I had a pizza party with my friends. We couldn't eat it all so we decided to **save** it for later. Unfortunately, when we tried to eat it the next morning, it tasted terrible.

하루는 친구들과 함께 피자 파티를 했다. 피자를 다 먹지 못해서 나중에 먹기 위해 남겨두기로 했다. 안타깝게도 다음 날 아침 먹으려고 보니 맛이 형편없었다.

남은 음식[=leftovers]을 나중에 먹는 행동은 음식 낭비를 줄이는 효과가 있습니다. 음식물 쓰레기도 줄여 환경에도 도움이 됩니다. 특히 어렸을 때 이런 규칙[=rule]을 지키면 커서도 그런 습관을 저절로 들이게 됩니다.

When I was growing up, it was very important to **save** leftovers. If you couldn't eat all of your food for dinner, then you had to eat it for lunch the next day. I think this was a good rule because it helped us to not waste food.

어렸을 때 남은 음식을 버리지 않고 두는 것이 굉장히 중요했다. 저녁 음식을 다 먹지 못하면, 다음 날 점심에 먹어야만 했다. 음식을 낭비하지 않게 도와주는 좋은 규칙이었던 것 같다.

 심화단어 : a fridge 냉장고(refrigerator의 줄임말)

40 see [si]

간판이 '보이고', 사람을 '사귀고', 말을 '이해하다'를 모두 see로 써요!

① 보이다 [=to noice]

I think I **see** the sign for the restaurant!
식당 간판이 보이는 것 같아.

② 만나다/사귀다
[=to spend time with sb as part of a romantic relationship]

Are you **seeing** anybody?
요즘 만나는[=사귀는] 사람 있어?

③ 알다/이해하다 [=to understand]

I **see** what you mean.
네 말 무슨 뜻인지 알겠어.

💡 이런 뜻도 있어요 : 배웅하다, 예상하다 등

 **FILE:40-see-2**

see의 첫 번째 뜻은 '보이다'입니다. 얼핏 뜻이 쉬워 보이지만, 정확하게 사용하는 학습자는 많지 않은데요. '보다'와 '보이다'의 차이를 모르기 때문입니다. 의도를 가지고 대상에게 관심을 주는 것을 '보다[=look]'라고 하고, 의도가 없이 대상이 내 시야에 들어오는 것을 '보이다'라고 합니다. 쉬운 예를 들어볼게요. 복잡하기로 소문난 서울 사당역 출구를 나오면 카페가 최소 10개는 보입니다. 이럴 때는 영어로 "I can see a lot of cafes around Sadang station."이라고 하죠. 의도치 않게 카페가 눈에 보이는 상황이니까요. 이제 약속 장소인 사당역 10번 출구 앞에 있는 스타벅스 카페에 찾아갑니다. 수많은 카페 중에서 그 카페를 보는 것은 "Look at that cafe"입니다. 의도를 가지고 카페를 찾아서 관심을 주는 거니까요. 지금부터 눈에 '보이는[=see]' 내용을 살펴봅시다!

 실내가 어두워서 눈에 아무것도 보이지 않는 상황입니다. 내가 의도하고 보는 것이 아닌, 대상이 보이지 않는 거죠. 이럴 때는 see가 알맞습니다.

A: I can't **see** anything in here!
여기 아무것도 안 보여!

B: Let me turn on a light.
내가 불을 켤게.

 길을 걷다가 우연히 친구를 봤을 때도 'see'가 적절합니다. 일부러 친구를 찾아서 보는 상황이 아닌, 친구가 저절로 시야에 들어온 상황이니까요.

The other day, I thought I **saw** my friend on the street so I waved at them. It turned out it wasn't my friend and the person just stared at me strangely. I was so embarrassed.
며칠 전에 길에서 친구를 본 것 같아서 손을 흔들었다. 알고 보니 내 친구가 아니었고, 그 사람은 나를 이상하게 쳐다봤다. 정말 창피했다.

288

보이는 대상이 정해졌어도 'see'를 활용할 수 있습니다. '북두칠성[=the Big Dipper] 을 콕 집어서 봐!'라고 하는 맥락이 아닌, '북두칠성 보여?'라고 묻는 상황이니까요.

A: Can you see the Big Dipper way up there?
저기 북두칠성 보여?

B: I can! It's so beautiful.
응 보여! 정말 아름답다.

모기를 발견한 상황에서도 'see'를 쓸 수 있습니다. 모기를 찾기 위해 보지 않고, 다른 일을 하다가 모기가 보인 상황이니까요. 이제 look과 헷갈리지 않겠죠?

Yesterday, I **saw** a mosquito in my room! I was quite upset because I hate mosquitoes. I sprayed my whole house with bug spray so I hope I don't see anymore!
어제 방에 모기 한 마리가 보였다! 나는 모기라면 질색이라 정말 짜증 났다. 스프레이를 온 방에 뿌렸으니, 더는 모기가 안 보이면 좋겠다!

 심화단어 : the Big Dipper 북두칠성 | **mosquitoes** 모기

만나다/사귀다

FILE:40-see-3

see의 두 번째 뜻은 '만나다, 사귀다'입니다. 눈에 자주 보이면 관심이 가기 마련이고, 그 관심이 시간이 지나 연인 사이로 발전했다고 이해해도 되지요. 쉽게 말해 'see'는 현재 남자친구 또는 여자친구로서 진지하게 만나는 사람이 있느냐고 묻는 뜻입니다. 친구 사이에서 "요즘 만나는 사람 있어?"라는 질문을 할 때가 있죠. 'have a romantic relationship'이라는 복잡한 표현을 떠올리는 대신 'see' 하나로 간결하게 표현할 수 있습니다. "Are you seeing anyone?" 사귀는 사람이 없을 때는 "No, I'm single."로, 사귀는 사람이 있을 때는 "Yes, I'm (seeing someone)."으로 말하면 되겠죠?

요즘 들어 부쩍 외모를 가꾸는 친구에게 묻습니다. 요즘 만나는 사람이 있느냐고요. 기본 동사 'see'를 떠올려 주세요.

A: Are you **seeing** anybody?
만나는[=사귀는] 사람 있어?

B: No, I'm single right now.
아니 없어. 지금은 혼자야.

둘이 만난 지 얼마나 됐느냐고 묻는 상황에서도 'see'를 쓸 수 있습니다. 또한 '사귀다, 만나다'에 해당하는 영어 표현은 다양한데요. 아래 예문처럼 'be together'도 같은 뜻입니다.

A: How long have you two been together?
둘이 사귄 지 얼마나 됐어?

B: We've been **seeing** each other for about three months.
서로 만난 지 3개월 정도 됐어.

최근에 누군가를 사귀기 시작한 상황입니다. 연애 초반이라 더욱 재미있고 설레겠죠. 이번에는 동사 'date'도 등장하네요.

I just started **seeing** someone recently. Our relationship is new so it's still fun and exciting. I hope we can date each other for a long time.
최근에 누군가와 연애를 시작했다. 사귄 지 얼마 되지 않아 재미있고 설렌다. 우리 둘이 오래 만났으면 좋겠다.

요즘 연애는 예전에 비해 더욱 복잡해진 것 같습니다. 서로 사귀는 사이인지 명확하게 정하지 않을 때가 있으니까요. 이럴 때는 한 명은 'see'한다고 생각했지만, 상대는 'see' 하지 않을 수 있겠네요.

Sometimes modern dating can be so complicated. I was **seeing** someone for a few months and I thought we were a couple. But when I asked him about it, he said we were just friends!
요즘 연애는 굉장히 복잡할 때가 있다. 그 사람과 몇 개월 정도 데이트를 해서 우리가 커플인 줄 알았다. 그런데 그 사람에게 우리 관계를 물어봤더니, 그냥 친구라고 말했다!

세 번째 활용
알다/이해하다

 FILE:40-see-4

see의 세 번째 뜻은 '알다, 이해하다'입니다. 처음에는 대상이 눈에 보이는 뜻으로, 다음에는 사람과 사귀게 되는 의미로, 마지막에는 그 대상을 눈이 아닌 머리로 '이해하다'란 뜻으로 확장되지요. 사람의 마음과 생각이 '보인다'라는 말로 받아들여도 좋습니다. 그게 곧 '이해하다'란 말이니까요. 실제 사용하는 예를 볼까요? 회사에서 어떤 프로젝트를 무리하게 추진하는 상황입니다. 시간이 빠듯하여 마감을 지키기 어렵다는 걸 알면서도 밀어붙일 때가 있죠. 실무를 하는 입장에서는 도저히 '이해가 [=see]' 안 가는 상황인데요, 이럴 때는 영어로 "I don't see how we can finish this project on time."이라고 합니다. 이 프로젝트를 제시간에 끝낼 수 있을지 이해하지 못한다는 뜻이죠. understand와 비슷한 의미의 'see'를 자세히 들여다봅시다.

'알다, 모르다'를 'know'가 아닌 'see'로 표현한 대화문입니다. 'know'는 어떤 사실을 이미 알고 있다는 의미로 자주 쓰는 반면, 'see'는 '이해하다'의 의미로 씁니다. 여기서는 'know'로 바꿀 수 없죠.

A: Can't you see why your behavior is making me angry?
네 행동이 왜 나를 화나게 한 건지 모르겠어?

B: Yes, I see now that I was being very selfish.
알아. 내가 매우 이기적으로 굴었다는 걸 이제 알겠어.

상대의 의견을 듣고, 그 내용을 '이해했다고[=see]' 말하는 상황입니다. 'understand'보다 'see'가 더욱 짧고 쉽기 때문에 영어권 원어민은 일상대화에서 'see'를 선호합니다.

A: That's why I think we need to care about the environment.
그래서 우리가 환경에 관심을 가져야 하는 것 같아.

B: I see what you're saying.
무슨 말인지 알겠어.

컬러링 북으로 마음의 여유를 찾는 사람도 있습니다. 이런 취미를 유치하다고 생각하는 사람도 있는데요. 그런 개인의 차이를 이해하는 상황에서도 'see'가 빛을 발합니다.

One of my new hobbies is coloring in adult coloring books. I can **see** why some people might find it childish, but I really enjoy it. There's something so relaxing about coloring.

내 새로운 취미 중 하나는 성인용 컬러링 북을 색칠하는 것이다. 컬러링 북이 유치하다는 사람도 이해는 가지만, 나는 정말 재미있게 하고 있다. 컬러링에는 사람의 마음을 느긋하게 해주는 특별한 점이 있다.

연인과 헤어지고 나면 자신을 돌아볼 기회가 생기죠. 그러면서 어떤 점이 잘못됐는지, 어디서부터 어긋났는지를 이해하게 됩니다. 이런 이유를 이해하는 상황에서도 'see'를 활용할 수 있네요.

I broke up with my girlfriend about 6 months ago. At the time, it was really hard but I can **see** now that we never would've worked out. I'm thankful for the time we had together and I'm looking forward to my next relationship.

약 6개월 전에 여자친구와 헤어졌다. 당시에는 무척 힘들었는데, 이제는 왜 우리가 서로 안 맞았는지를 이해할 수 있다. 우리가 함께한 시간에 대해 정말 고맙게 생각하며, 다음 연애를 기대하고 있다.

심화단어 : care about 관심을 가지다 | work out 잘 풀리다, 좋게 진행되다
look forward to ~를 기대하다

41 set [set]

식탁을 '차리고', 알람을 '맞추고', 날짜를
'정하다'를 모두 set으로 써요!

① (의도와 목적을 가지고) 놓다/세팅하다
[=to put something somewhere intentionally]

Where should I **set** your table?

테이블을 어디에 놓을까요?

② (알람, 시간, 온도 등을) 맞추다
[=to change the time on a clock or the controls]

I **set** my alarm for 6 am every day.

매일 아침 알람을 6시에 맞춰.

③ (날짜, 일정을) 잡다/정하다 [=to decide on]

We need to **set** a date for our business trip.

우리 출장 날짜를 잡아야 해.

💡 **이런 뜻도 있어요** : 목표를 세우다, 준비하다, 모범을 보이다 등

(의도와 목적을 가지고) 놓다/세팅하다  FILE:41-set-2

'놓다, 두다'라고 하면 3가지 기본 동사가 떠오릅니다. 'put, set, fix'인데요. 개별 뉘앙스 차이를 이해하면 set을 정확히 사용할 수 있게 됩니다. put은 '그냥 놓다'입니다. 무언가를 놓는 데 특별한 이유가 없는 거죠. 그에 반해 set은 '목적과 의도를 가지고 놓다'라는 의미가 있습니다. 식탁 위에 숟가락과 젓가락을 놓는 것은 식사를 위해서이고, 숲속에 텐트를 치는 것은 캠핑을 하기 위한 의도이죠. 이렇게 놓는 것은 set이 어울립니다. 끝으로 fix는 '고정시켜 놓다'인데요. 요새는 테이블을 주문 제작해서 콘센트가 붙어 있는 테이블이 많죠. 이처럼 아예 콘센트를 테이블에 고정시켜 놓는 것은 fix가 딱입니다. put, set, fix의 차이를 이해하셨나요? 이제 set의 뜻을 헷갈리지 않고 적재적소에 쓸 수 있을 거예요.

집에서 중요한 손님을 대접하는 상황입니다. 평소와 달리 접시, 수저, 냅킨 등을 보기 좋게 '세팅' 해야겠죠. 이미 우리말에서도 자주 사용하는 말이네요. 손님을 대접할 의도가 있으니 set이 적절합니다.

A: Where should I set the napkins?
냅킨은 어디에 두면 될까?

B: In the middle of the plate would look nice.
접시 중간에 놓으면 멋져 보일 것 같아.

무거운 가방을 메고 만원 지하철을 타면 몸이 훨씬 더 지치죠. 그럴 때면 백팩을 올려놓을 상단 선반을 찾게 됩니다. 집에 도착할 때까지 편안하게 가고 싶다는 '목적'이 있으니 set이 적당하네요.

Sometimes I don't know where to **set** my bag in the crowded subway. I'd like to **set** it on an overhead rack but those aren't always available. I usually just carry it until I can get off.
만원 지하철에서 가방을 어디에 둬야 할지 모를 때가 있다. 선반에 올려놓고 싶은데, 항상 이용할 수 있는 건 아니다. 보통 내릴 때까지 들고 있다.

영어권 대도시에서 유학이나 워킹 홀리데이 생활을 하면 비싼 집값 때문에 셰어하우스에 살게 되는데요. 각종 공과금을 나눠 부담합니다. 고지서를 서로 확인하기 위해 책상에 올려놓는 상황이네요. 그냥 놓는 뉘앙스가 아니죠.

A: I **set** our gas bill on your desk.
가스 요금 고지서를 네 책상 위에 뒀어.

B: Thanks. I'll check it out.
고마워. 확인해 볼게.

 새로운 아파트에 이사하면 물건 놓을 자리를 새로 찾아야 합니다. 아침마다 쓰는 헤어드라이어도 신경 써서 놔야겠죠. 잠깐 놓는 것이 아니니 set이 어울리겠네요.

In my new apartment, I don't have a place to keep my hair dryer. I usually just **set** it on the floor. It looks a little messy, but it's super comfortable for me.
새로 이사한 아파트에서 헤어드라이어를 보관할 마땅한 위치를 찾지 못했다. 보통 바닥에 놓고 쓴다. 좀 지저분해 보이긴 하는데, 정말 편하다.

 심화단어 : in the middle of ~중간에 | an overhead rack 머리 위 선반
carry 들고 있다, 가지고 다니다 | a bill 고지서, 청구서 | messy 엉망인, 지저분한

(알람, 시간, 온도 등을) 맞추다

 FILE:41-set-3

set의 두 번째 뜻은 '맞추다'입니다. 알람, 시간, 온도를 맞출 때 자주 쓰는데요. 제 스마트폰은 언어 설정이 영어로 되어 있어요. 그래서 음성인식 기능을 사용할 때 영어로 말하죠. 특히 파스타 면을 끓일 때마다 사용하는 영어 표현이 있는데요. "Set a timer for 10 minutes."입니다. 타이머를 10분으로 맞추는 거죠. 시간을 세팅하는 상황을 기본 동사 set으로 표현하네요. 또한 '알람을 맞추다'도 [set + an alarm]으로 씁니다. 참고로 알람을 맞춘 시간 앞에는 [set + an alarm for 7 am]처럼 언제나 for를 씁니다. at을 쓰면 알람을 맞추는 동작을 '그 시간에' 한다는 의미이고, for를 쓰면 그 시간에 일어날 알람을 미리 맞춘다라는 뜻입니다. 다양한 영어 예문 속에서 set을 확인해 봅시다.

 CASE 1

예전에 인도네시아 발리에서 새벽마다 요가원을 다닌 경험이 있는데요. 알람을 새벽 6시에 맞추고 첫 요가 수업을 들었습니다. 알람을 맞추는 두 사람의 대화를 볼까요?

A: What time should I set the alarm for tomorrow?
내일 알람을 몇 시로 맞추면 될까?

B: I think 6 am will be fine.
새벽 6시면 괜찮을 것 같아.

 CASE 2

요새는 자명종 시계를 사용하는 사람이 거의 없죠. 대부분 스마트폰 알람 기능으로 알람을 맞춥니다. 알람 소리가 익숙해지면 잘 안 들릴 때가 있는데요. 설정을 바꿔 다양한 소리로 깰 수가 있네요. 이런 상황은 [set my alarm with my phone]으로 표현하네요.

I love setting my alarm with my phone. I can choose what my alarm will sound like and how long I can snooze it. It's so much better than using a clock.
나는 휴대폰으로 알람 맞추는 걸 좋아한다. 알람 소리와 스누즈 버튼 횟수를 설정할 수 있기 때문이다. 시계를 사용하는 것보다 훨씬 좋다.

일의 생산력을 높이기 위해 타이머를 25분으로 맞추고 5분간 쉬는 방법이 있습니다. 이걸 4번 반복하고, 2시간이 지난 이후에는 30분을 쉬는 방식인데요. 이걸 '포모도로 기법'이라고 합니다. 타이머를 맞추는 표현은 역시 [set + a timer]입니다.

A: Will you **set** a timer for 25 minutes?
타이머를 25분으로 맞춰 줄래?

B: Sure, no problem.
응, 문제없어.

미국 사람이 한국에 오거나, 한국 사람이 미국에 가면 가장 헷갈리는 개념이 '온도'입니다. 미국은 화씨를[=Fahrenheit] 쓰고, 한국은 섭씨를[=Celsius] 쓰니까요. 한국 보일러의 온도를 미국 화씨 기준으로 맞추면 큰일 나겠죠?

When I first moved to Korea, I wasn't familiar with Celsius. So sometimes I **set** the thermostat too high. 72 degrees is comfortable in Fahrenheit, but would be crazy in Celsius.
한국에 처음 왔을 때 섭씨온도 단위에 익숙하지 않았다. 그래서 가끔은 보일러 온도를 너무 높게 맞출 때가 있었다. 화씨 72도는 쾌적한데, 섭씨로는 상상할 수 없는 온도다.

 심화단어 : snooze 잠깐 자다, (알람 시간을 미루는) 스누즈 버튼을 누르다 | Celsius 섭씨
a thermostat 보일러, 온도 조절 장치 | Fahrenheit 화씨

(날짜, 일정을) 잡다/정하다

FILE:41-set-4

set의 세 번째 뜻은 달력을 떠올리면 쉽게 이해할 수 있습니다. 날짜별로 다양한 모임과 행사가 잡혀 있을 텐데요. 각종 이벤트를 지정된 날짜로 정한다는 뜻이 set입니다. 한마디로 [set + a date]이죠. 세 가지 예를 보며 set과 친해져 봅시다. 슬슬 결혼 얘기가 오가는 커플에게는 결혼식 날짜를 정하는 게 중요합니다. 영어로 표현해 볼까요? [set + a date for a wedding]입니다. 이직할 회사와 인터뷰 날짜를 잡는 것도 중요한데요, 영어로 표현하면 [set + a date for an interview]이죠. 끝으로 '언제 하루 날 잡아서 대청소하자'라는 말을 심심찮게 들을 수 있는데요, 영어로는 [set + a date for cleaning]입니다. 일정 앞에 쓰는 [set + a date]를 꼭 숙지해 주세요.

6년간의 연애 끝에 결혼을 결심한 커플입니다. 친구가 결혼 날짜를 잡았느냐고 묻는 상황이네요. 이런 상황에서 set이 적절하죠.

A: Have you set a date for the wedding yet?
결혼식 날짜는 잡았어?

B: Yes, May 25th.
응, 5월 25일이야.

평소에 눈여겨보던 회사에서 팀원을 영입한다는 공고가 떴습니다. 급한 마음에 이메일 대신 전화를 걸어 면접 날짜를 잡은 상황이네요. 면접 날짜도 [set + a date for an interview]로 표현할 수 있습니다.

Last year, I called a company to set a date for an interview. It was pretty easy to find a date that worked for both of us. I was nervous at the time of the interview, but I ended up getting the job so it went well.
작년에 어느 회사에 전화해서 면접 날짜를 잡았다. 회사와 내게 적당한 날짜를 무난하게 잡을 수 있었다. 면접을 보는 동안 긴장했지만, 결국 취업에 성공했고, 잘 풀렸다.

파업 날짜를 정하는 상황에도 set이 잘 어울립니다. 이번에는 a date 자리에 2월 1일 [=February 1st]이라는 날짜가 왔네요. set 다음에 바로 구체적인 날짜를 써도 괜찮습니다.

A: Did you hear we set February 1st as the date of our strike?
파업 날짜를 2월 1일로 잡았다는 소식 들었어?

B: No. I'll make sure I'm not at work that day.
아니. 그날은 출근하지 말아야겠다.

마스크 의무화를 시행하고 해제하는 것처럼 정부의 정책 날짜를 지정할 때도 set이 가능합니다. 기본 단어는 가벼운 일상 대화부터 깊이 있는 시사 정보까지 전부 사용하니 가장 먼저 배워야 하죠.

I think it's important that the government **set** a date when everyone can stop wearing masks. In many countries, they stopped wearing masks a long time ago. Not knowing when the mask mandate will end is very stressful.
나는 정부가 마스크 미착용 날짜를 정해주는 게 중요하다고 생각한다. 많은 국가에서는 오래 전부터 마스크 착용 의무를 해제했다. 마스크 의무 착용 기간이 언제 끝날지 모르는 건 엄청난 스트레스다.

 심화단어 : a wedding(ceremony) 결혼식 | a strike 파업 | mandate 지시(의무), 명령

여권을 '보여주고', 사용법을 '가르쳐주고',
정보를 '보여주다'를 모두 show로 써요!

① 보여주다 [=to offer or display to someone]

Let me **show** you the new hat I just bought.

조금 전에 새로 산 모자 보여줄게.

② (방법을) 가르쳐주다

[=to teach someone how to do something]

He'll **show** you how to use the camera.

걔가 카메라 사용법을 가르쳐줄 거야.

③ (정보를) 보여주다 / ~에 따르면

[=to demonstrate or prove]

Our records **show** that you've been
unemployed for six months.

저희 기록을 보니 6개월 동안 실직 중이라고 나오네요.

💡 **이런 뜻도 있어요** : 제시하다, 안내하다, 증명하다 등

show의 첫 번째 뜻은 '보여주다'입니다. 콘서트장에서 티켓을 보여주고, 공항에서 여권을 보여주듯이 가지고 있는 물건을 상대에게 보여준다는 뜻이에요. 물건을 보는 사람을 언급하지 않을 때는 [show + something] 문형으로 쓰고, 영어로는 "You have to show your passport at the gate."라고 합니다. 보여주는 상대를 언급할 때는 [show + 사람 + something] 문형을 쓰고, 영어로는 "You have to show people your passport at the gate."라고 하죠. 물론 [show + something + to + 사람] 문형으로 써도 같은 의미입니다. 단순히 '보여주다'라는 의미도 있지만, 맥락에 따라 '제시하다, 증명하다'라고 번역되기도 합니다. 따지고 보면 여권을 제시해서 자기 국적을 증명하는 상황이니까요. 이런 show의 뜻을 다양한 영어 예문을 통해 확인해 보세요!

 손에 있는 것을 보여주는 상황입니다. 손에 무엇이 들었는지 모르기 때문에 'what is in your hand'로 표현했네요. 직역하면 '손 안에 있는 것'이 되지요.

A: Show me what's in your hand!
손에 있는 거 보여줘!

B: I don't want to.
그러고 싶지 않은데.

 결혼 반지를 보여주는 상황입니다. [show + us + your ring] 순서로 show 다음에 반지를 보여주는 대상을 먼저 썼네요. 영어는 순서가 의미를 결정하니 순서를 꼭 지켜줘야 합니다. 그렇지 않으면 의미가 바뀔 수도 있어요.

A: Please show us your ring!
결혼 반지 보여 주라!

B: Here it is! Isn't it gorgeous?
여기! 근사하지 않아?

공항에서 여권을 보여주는 상황입니다. 단순히 여권을 보여주는 데 그치지 않고, 여권을 제시하는 뉘앙스가 포함되어 있죠. show가 등장한 앞뒤 문장을 확인하면 보다 자세히 이해할 수 있을 거예요.

When you fly internationally, you have to **show** a lot of people your passport. I always feel a little nervous that I'm going to misplace it so I usually just carry it in my hand. I'm looking forward to the day when all of that information will be digital.

국제 항공편을 이용하면 많은 사람들에게 여권을 보여줘야 한다. 항상 여권을 잃어버릴까 봐 약간 긴장돼서 보통은 손에 들고 다닌다. 모든 정보가 디지털화 되는 날을 기대하고 있다.

학교에서 얼굴을 보여주고 싶지 않은 상황입니다. 어떤 일 때문에 고개를 들고 다니기 창피한 거죠. 물건 외에 '얼굴'도 'show'할 수 있다는 사실을 배울 수 있네요. [show my face]를 관찰해 주세요.

One time, I fell down the stairs at school. The next day, I didn't know how I was going to **show** my face. My mom encouraged me and told me that everyone makes mistakes, so I went to school.

한번은 학교 계단에서 굴러떨어졌다. 그다음 날에 (창피해서) 어떻게 고개를 들고 다닐지 몰랐다. 엄마가 날 격려해 주고, 누구나 실수한다고 말해줘서 학교에 갔다.

🎯 **심화단어** : **misplace** 제자리에 두지 않다(그래서 찾지 못함) | **encourage** 격려하다, 권장하다

두 번째 활용
(방법을) 가르쳐주다

FILE:42-show-3

show의 두 번째 뜻은 '방법을 가르쳐주다'입니다. 'show'에 'teach'의 뜻이 있다는 점에 놀라셨을 텐데요. 사실 우리말에서도 '보여주다'를 '가르쳐주다'로 쓰고 있습니다. 예를 들어볼게요. 최근에 백만 원이 넘는 카메라를 샀는데, 카메라를 처음 구매하는 거라 조작이 어려웠습니다. 다행히 사진작가 친구가 있어서 도움을 요청했어요. 카페에서 만난 친구가 카메라를 들고 이렇게 말하더군요. "내가 어떻게 사용하는지 보여줄게."라고요. 영어로는 "Let me show you how to use this camera."라고 합니다. 단순히 카메라의 사용법을 보여주는 상황이 아닙니다. 저는 카메라 사용법을 '배우고' 친구는 카메라 사용법을 '가르쳐주는' 상황이죠. 그럼 [show = teach] 공식이 이해가 됩니다. 끝으로 'demonstrate'도 비슷한 뉘앙스인데요. '시범을 보여주다'라는 뜻입니다. "I will demonstrate how to change the lightbulb." 전구를 갈아 끼우는 방법을 직접 눈앞에서 보여준다는 뜻이죠. 'show, teach, demonstrate'를 한 번에 챙겨가세요!

길을 가는 방법을 묻는 상황입니다. 도착 장소까지 알려주고, 가르쳐줄 사람이 필요하죠. 단순히 물건을 '보여주다'의 show가 아니네요!

A: Do you know anyone that can show me how to get there?
거기까지 가는 방법을 가르쳐줄 수 있는 사람을 알아?

B: I think my brother can help you out.
내 동생이 도와줄 수 있을 것 같아.

그림이 있는 설명서를 선호하는 상황입니다. 글자만 봐서는 가구를 조립하기 쉽지 않죠. 글과 그림이 있는 설명서가 정확히 '가르쳐줄 수[=show]' 있으니까요.

I prefer instructions with pictures. Sometimes it's hard to understand the written directions, but the pictures show you exactly what to do. If I still can't figure it out, I usually try to find a video on YouTube.
나는 그림이 있는 설명서를 더 좋아한다. 글로 적혀 있는 설명은 이해하기 어려울 때가 있는데, 그림은 무엇을 해야 할지를 정확히 가르쳐준다. 그래도 여전히 모르겠으면, 보통 유튜브에서 영상을 찾는다.

새로운 보조원이 합류한 상황입니다. 앞으로 해야 할 일을 가르쳐[=show] 줘야겠죠. show는 보여주고, 알려주며, 가르쳐주는 뉘앙스를 모두 품고 있네요.

A: This is the new assistant. Please **show** her what to do.
새롭게 보조를 해줄 사람이에요. 뭘 해야 하는지 알려주세요.

B: Of course! Just follow me.
물론이죠! 저를 따라오세요.

할머니가 조리법을 가르쳐준 상황입니다. 음식을 만드는 방법을 '보여주기'만 해서는 제대로 배울 수 없죠. 실제로 음식을 만들면서 단계별로 가르쳐줘야[=show] 배울 수 있으니까요.

When I was growing up, my grandma **showed** me how to make cinnamon rolls. They were her specialty and I really wanted to learn how to make them. Now that she's passed, I'm so glad I can still make her famous breakfast which always reminds me of her.
어렸을 때 할머니께서 내게 시나몬 롤 만드는 방법을 가르쳐 주셨다. 시나몬 롤은 할머니가 가장 잘하는 요리였고, 나는 그 조리법을 정말 배우고 싶었다. 지금은 돌아가셨지만, 언제나 할머니를 떠올릴 수 있는 할머니의 유명한 아침 식사를 만들 수 있어서 정말 기쁘다.

 심화단어 : a specialty 식당의 전문 음식, 가장 잘하는 요리

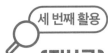

(정보를) 보여주다 / ~에 따르면

 FILE:42-show-4

show의 세 번째 뜻은 '정보를 보여주다, ~에 따르면'입니다. 이번에 소개할 show는 물건이나 사람을 보여주는 것과 차이가 있어요. 보통 새로운 정보를 보여주며, 대부분 연구, 통계, 설문 조사, 시장조사와 함께 씁니다. 즉, 시장조사가 새로운 정보와 소식을 알려준다는 뜻이죠. 예를 들어 주요 고객을 여성으로 알고 있는 회사가 있습니다. 하지만 시장 조사를 해보니 주요 고객이 남성으로 나왔습니다. 이런 상황을 영어로 바꾸면, "The market research shows that our main customers are male."이 됩니다. 시장 조사가 새로운 정보를 보여준 셈이죠. 이렇게 정보를 알려준다는 의미가 'show'의 세 번째 뜻입니다. 참고로 우리말로 '~에 따르면'이라고 써도 괜찮은데요. '연구에 따르면, 통계에 따르면, 설문 조사에 따르면…다라고 해도 자연스럽게 들립니다. 더는 show가 두렵지 않을 거예요!

브랜드를 대표할 광고 모델을 선택한 상황입니다. 시장 조사에서[=the market research] 타겟 고객이 그 연예인을 좋아한다는 정보를 알려줬네요[=show].

A: Why did you choose this celebrity to represent our brand?
우리 브랜드를 대표하는 데 왜 이 연예인을 고른 거야?

B: The market research shows that our target consumers love her.
시장 조사 결과 우리의 타겟 고객이 좋아하는 연예인이더라고

케타민에 대한 연구 결과를 알려주는 상황입니다. 연구에 따르면[=the research shows] 케타민의 치료 효과가 좋다고 하네요. 어려운 의학적인 정보를 말할 때도 기본 동사 show로 충분합니다.

I've heard recently that more people are using ketamine to treat anxiety and depression. I was shocked because ketamine is a very powerful drug. However, the research **shows** that it can be very effective with few side effects.
최근에 점점 더 많은 사람이 불안증과 우울증을 치료하기 위해 케타민을 사용한다고 한다. 케타민은 아주 강력한 약이라 그 소식을 듣고 충격을 받았다. 그러나 연구에 따르면 케타민은 부작용 없이 (치료) 효과가 아주 좋을 수 있다고 한다.

통계에서 정보를 얻은 상황입니다. 통계에서[=statistics] 알려주는[=show] 내용에 따라 회사의 마케팅 전략이 달라지고 있네요. 통계에 관한 복잡한 주제도 show로 처리할 수 있죠.

A: The statistics **show** that people from low-income areas buy more junk food.
통계를 보니까 저소득 지역에 사는 사람들이 정크 푸드를 더 많이 사 먹더라고

B: Then we should market in those neighborhoods.
그럼 그 동네에 마케팅을 해야겠네.

설문 조사에서 얻은 정보를 참고하는 상황입니다. 설문 조사에 따르면[=surveys shows] 젊은 사람들은 결혼과 출산에 관심이 없다고 하네요. 기본 동사 show로 사회 관련 소식도 전할 수 있네요.

Surveys have **shown** that young people around the world aren't that interested in marriage or starting a family. I think that's understandable because the news is always telling us that the world is ending. If we want to encourage people to have kids, we need to provide a more stable environment.
설문 조사에 따르면 전 세계 젊은이들이 결혼 또는 출산에 관심이 없다고 한다. 나는 이런 현상이 납득이 간다. 뉴스에서 연일 세상이 끝난다고 얘기해주니 말이다. 사람들이 아이를 갖도록 장려하려면 보다 안정적인 환경을 제공해야 한다.

심화단어 : represent 대표하다, 대신하다 | market(동사) 상품을 내놓다, 광고하다
start a family 첫 아이를 낳다 | stable 안정된

43 take [teɪk]

사진을 '찍고', 버스를 '타고', 약을 '먹다'
를 모두 take로 써요!

① 사진을 찍다 [=to make a photograph]
We forgot to **take** a picture!
우리 사진 찍는 것을 깜빡했어!

② 교통수단을 타다/이용하다
[=to use or ride a form of transportation]
Let's **take** the bus.
버스를 타자.

③ 약을 먹다/복용하다
[=to consume one's medicine]
Don't forget to **take** your medicine today.
잊지 말고 오늘 약을 챙겨 먹어.

💡 **이런 뜻도 있어요** : 재다, 필요하다, 데리고 가다, 등

사진을 찍다

FILE:43-take-2

take의 첫 번째 뜻은 '사진을 찍다'입니다. take의 핵심 의미는 '잡다'인데요. 먼저 형태가 있는 물체를 예로 들어보죠. 책꽂이에 있는 책을 take하는 경우 책을 잡아 꺼내는 모습이 됩니다. 이런 과정을 '사진을 찍는' 과정에 대입해 볼까요? 마치 책을 잡듯이 카메라에 담긴 장면을 '잡고' 그 상황을 사진으로 바꾸는 겁니다. 그래서 [take + a picture]가 '사진을 찍다'의 뜻으로 발전했다고 볼 수 있죠. 꼭 이런 설명을 이해하지 않아도 괜찮습니다. [take + a picture]를 다양한 상황에서 만나면 '사진을 찍다'가 한 단어처럼 인식되기도 하니까요. 어떤 방식이든 [take + a picture/photo]가 입에서 나올 수 있도록 연습해 주세요!

여행 중에 주변에 있는 사람에게 사진을 찍어 달라고 부탁하는 상황입니다. [take + a picture]를 내가 쓸 수도 있어야 하고, 듣고 이해할 수도 있어야겠죠!

A: Would you take my picture, please?
제 사진을 찍어 주시겠어요?

B: Sure, no problem.
네, 그럼요

이번에는 친구에게 내가 원하는 사진을 찍어 달라고 부탁하는 상황입니다. 예술 작품 옆에서[=next to this piece of art] 사진을 남기고 싶어 하네요. 나를 찍어 달라고 말할 때 'a'가 아닌 'take my picture'로 써도 괜찮죠.

A: Take my picture next to this piece of art.
이 작품 옆에서 나를 찍어주라.

B: They don't let you take pictures here.
여기서 사진 못 찍게 하던데.

사진 찍히는 걸 몹시 싫어하는 상황입니다. 카메라만 보면 울음이 터졌던 언니의 이야기이네요. 특정 대상의 사진이 아닌, 일반적인 사진을 통틀어 말할 때는 [take + pictures]로 사진을 복수 형태로 씁니다.

When we were growing up, my sister hated **taking** pictures. As soon as the camera pointed at her, she started crying. Now we have a lot of funny pictures of her when she was a child.
우리가 어렸을 때 언니는 사진 찍는 걸 정말 싫어했다. 카메라가 언니를 가리키자마자 언니는 울기 시작했다. 그래서 지금은 그때 찍었던 재밌는 사진이 많이 있다.

pictures 대신 photos를 써도 됩니다. pictures는 영화와 TV 프로그램까지 포함하는 넓은 의미이고, photos는 사진 같은 단일 이미지를 의미합니다. 사진을 찍어[=taking photos] 스크랩북을 만들고, 다시 들여다보는 취미가 있다는 내용이네요.

I love **taking** photos! I actually enjoy making scrapbooks and looking back at all the fun times I've had. Sometimes I get overwhelmed by how many pictures I have, though.
나는 사진 찍기를 정말 좋아한다! 찍은 사진으로 스크랩북을 만들고 내가 보냈던 즐거운 시간들을 되돌아보면서 즐기는 편이다. 하지만 찍은 사진이 많아서 버거울 때도 있긴 하다.

 심화단어 : overwhelmed (일이 너무 많아) 버거운, 어쩔 줄 모르는

교통수단을 타다/이용하다  FILE:43-take-3

take의 두 번째 뜻은 '교통수단을 타다, 이용하다'입니다. take의 기본 의미를 '잡다'라고 했는데요. 이번에는 여러 가지 교통수단을 잡으면서 타다, 이용하다'의 의미로 확장된 의미를 살펴보겠습니다. 한국인이 가장 많이 이용하는 교통수단은 버스와 지하철일 텐데요. 각각 [take + a bus]와 [take + a subway]로 쓸 수 있죠. '택시를 타다'는 [take + a taxi]로 표현하고, '기차를 타다'는 [take + a train]으로 표현하죠. 우리나라에서는 흔하지 않지만 강이 발달한 도시에서는 페리를 교통수단으로 이용하기도 합니다. 역시 [take + a ferry]로 take를 씁니다. 또한 버스에 몸을 싣는 묘사적인 표현인 [get + on a bus]도 있고, 급하게 버스를 잡아타는 뉘앙스의 [catch + a bus]도 있는데요. 이번에는 'take'에 집중해 보겠습니다.

버스와 지하철을 타는 것 중에 어떤 것을 선호하는지 묻는 상황입니다. 둘 다 take를 동사로 취하니 'taking'을 버스 앞에서만 썼네요. [take + 버스 or 지하철] 조합을 기억해 주세요.

A: Do you prefer **taking** the bus or subway?
버스를 타는 게 좋아, 지하철 타는 게 좋아?

B: I usually **take** whatever is faster.
보통 더 빠른 걸 타는 편이야.

공항까지 어떤 교통편을 이용할지 묻는 상황입니다. 갈아타지 않고 한 번에 갈 수 있는 버스를 타기로[=take the bus] 계획했네요.

A: How are you going to get to the airport?
공항까지 어떻게 갈 거야?

B: I'm going to **take** the bus.
버스 타고 가려고.

제주도에 놀러 가서 페리를 탄[=take the ferry] 상황입니다. 페리를 탈 기회가 흔치 않아 설레고 있었는데요, 아쉽게도 뱃멀미[=seasick] 때문에 고생을 했네요. 페리도 take와 짝꿍이죠.

The second time I went to Jeju Island, I decided to **take** the ferry. I thought it would be a really unique, once-in-a-lifetime opportunity. Unfortunately, I just got seasick the whole time.

제주도에 두 번째 갔을 때, 페리를 타기로 했다. 일생에 한 번뿐인 특별한 기회가 될 거로 생각했다. 안타깝게도 페리를 타는 내내 뱃멀미를 했다.

외국인이 한국에 와서 대중교통을 이용하는 상황입니다. 처음에는 버스를 타면[=take the bus] 정류장을 지나칠까 봐 지하철을 많이 이용한 모양이네요. 지금은 어떻게 변했을까요?

I used to hate **taking** the bus because I was always afraid I would miss my stop. But I realized that sometimes **taking** the bus was much faster than **taking** the subway. So I made myself **take** the bus until I became an expert.

나는 버스를 타는 걸 정말 싫어했다. 늘 정류장을 놓칠까 봐 걱정했기 때문이다. 하지만 가끔은 버스를 타는 게 전철을 타는 것보다 훨씬 빠르다는 걸 알게 됐다. 그래서 버스를 잘 탈 때까지 일부러 버스를 많이 타려고 했다.

 심화단어 : an once-in-a-lifetime opportunity 평생 한 번 있는 기회 | seasick 뱃멀미

세 번째 활용
약을 먹다/복용하다

🎧 FILE:43-take-4

take의 세 번째 뜻은 '약을 먹다, 복용하다'입니다. take로 사진을 찍고 버스도 탔는데, 이번에는 약을 복용하네요. 우리말은 '약을 먹다'가 자연스럽게 들리지만, 영어에서 [eat + 약]은 어색하게 들립니다. 약에 어울리는 기본 동사는 take로 [take + 약] 조합으로 사용합니다. 약을 뜻하는 단어는 크게 세 가지인데요. 그건 바로 'pills, medications, medicine' 입니다. pill은 보통 물에 삼켜 먹는 알약을 뜻하고, medications는 일반적인 약을 뜻합니다. medicine은 일반적인 약이란 뜻도 있지만, 더 넓은 의미에서 테라피, 수술, 생활 방식을 변화하는 것까지 포함하죠. 이제 결론을 냅시다. 영어에서는 약을 먹는 것과 음식을 먹는 것을 구분해서 'eat' 대신 'take'를 쓴다고요!

특정 약을 먹으면 졸음이 와 피하고 싶은 상황입니다. 약[=medication]을 보자마자 'take'를 써야 할 것 같은 생각이 들도록 [take + this medication]에 눈도장을 찍어 주세요!

A: I hate **taking** this medication, it makes me sleepy.
이 약을 먹는 거 정말 싫어. 먹으면 졸리거든.

B: Well, let's see if we can find a different one for you to take.
흠, 네가 먹을 만한 다른 약이 있는지 한번 알아보자.

비타민을 먹을 때는 약을 먹는 것과 같은 동사를 써요. [take + vitamins]을 기억해 주세요. 아침마다 비타민을 챙겨 먹으면서 [take + vitamins]를 입으로 중얼거리면 기억에 오래 남겠네요!

A: Did you remember to **take** your vitamins this morning?
오늘 아침에 비타민 챙겨 먹는 거 잊지 않았지?

B: Oh, yes, of course!
응 그럼, 당연하지!

약을 규칙적으로 복용하는 것을[=take my pills] 자꾸 까먹는 상황입니다. 어떤 약은 규칙적으로 먹지 않으면 효과가 떨어지기도 하죠. 어찌 보면 기본 동사 공부도 약을 챙겨 먹는 것과 비슷하네요!

Sometimes I'm really bad at following my doctor's orders. I forget to **take** my pills when I'm supposed to and then I always have extras left over. I know it's important to **take** your medicine regularly, but sometimes I forget.
가끔 의사 선생님의 지시를 따르는 걸 정말 못한다. 꼭 먹어야 할 때 약 먹는 걸 깜빡하고는 항상 약을 남긴다. 약을 규칙적으로 복용하는 게 중요하다는 것을 알지만, 깜빡할 때가 있다.

미국에서 병원 진료를 받으면 큰돈이 들어갑니다. 그래서 보통 집에 약을 구비해 놓고 복용하죠[=take medicine at home]. 우리나라처럼 소화제나 해열제 정도가 아닌 아주 다양한 약을 갖추고 있다고 해요.

Visiting the doctors in America is so expensive that a lot of people just **take** medicine at home. If you visit an American's house, their bathroom will probably be filled with various medications. It's easier and cheaper for us to treat ourselves at home than go to the doctor.
미국에서 병원 진료를 받는 것은 굉장히 비싸서 많은 사람들은 대부분 그냥 집에서 약을 먹는다. 미국 집에 가 보면, 분명 화장실에 온갖 종류의 약이 가득 차 있을 것이다. 의사에게 진료받는 것보다 집에서 치료하는 편이 더 쉽고 저렴하기 때문이다.

 심화단어 : see if ~인지 확인하다, 알아보다 | be supposed to ~하기로 되어 있다, ~해야 한다
be filled with ~로 가득 차다

 **44 tell** [tel]

누군가에게 '시키고', 농담을 '하고', 정확히 '알다'를 모두 tell로 써요!

① …에게 ~하라고 말하다/시키다 [=to order or instruct]

I **told** you to save your money.

내가 돈을 아끼라고 말했잖아.

② (농담, 사실, 이야기, 거짓말 등을) 말하다
[=to narrate or relate a story or joke]

Tell us a story, grandma.

할머니 새로운 이야기 들려주세요.[=말해주세요].

③ 알다/판단하다/구별하다
[=to know or decide correctly]

I can **tell** you studied hard.

네가 열심히 공부한 걸 알아.

💡 **이런 뜻도 있어요** : 보여주다, 알려주다, 비밀을 말하다 등

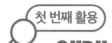 첫 번째 활용

···에게 ~하라고 말하다/시키다 FILE:44-tell-2

tell의 첫 번째 뜻은 '~에게 ~하라고 말하다, 시키다'입니다. '말하다'라는 기본 의미에서 '행동'까지 요구하는 의미로 확장되는데요. 우리말로 바꾸면 '그렇게 하라고 했잖아' 정도가 되겠네요. 예를 들어보겠습니다. 언젠가 친구와 저녁으로 닭갈비를 먹고 있었습니다. 점심을 굶은 친구는 닭갈비를 허겁지겁 먹었죠. 제가 천천히 먹으라고 말했는데도 음식을 먹기에 바빴어요. 결국 닭갈비가 잘 소화되지 않아 체하고 말았습니다. 이런 상황에서 제가 친구에게 한마디 했는데요. "천천히 먹으라고 말했잖아"를 영어로 어떻게 말할까요? "I told you to slow down."으로 말할 수 있습니다. [tell + 사람 + to + 동작]의 구조로 쓰면 되지요. tell의 뜻만 아는 데서 멈추면 안 됩니다. tell이 들어간 구조를 알아야 내 손으로 문장을 만들고 응용할 수 있어요!

 버스를 잘못 탄 상황입니다. 친구가 전철을 타라고 말했는데도, 친구의 말을 무시하고 버스를 고집했네요. 답답한 친구는 '전철 타라고 했잖아'라고 말합니다. 참고로 우리말의 '했잖아'는 '말했잖아'와 같은 의미로 볼 수 있습니다.

A: I think I took the wrong bus.
버스를 잘못 탄 것 같아.

B: I **told** you to take the subway.
내가 전철 타라고 했잖아.

 사장님이 직원들에게 야근을 시킨 상황입니다. [tell + 사람 + to + 동작]으로 쓸 때는 맥락에 따라 지시와 명령의 뉘앙스가 들어가기도 하죠. 간혹 명령하는 말투로 들릴 수 있으니 조심해서 써야 합니다.

A: Why did the boss **tell** us to work late?
왜 사장님은 우리에게 늦게까지 근무하라는 거야?

B: I think the company might be in trouble.
회사 상황이 안 좋은 것 같아.

엄마가 자녀에게 결혼식에 입고 갈 옷을 사라고 말하는 상황입니다. 그냥 말하지 않고 옷을 사라는 '동작'이 들어가죠. 이런 상황을 표현할 땐 [tell + 사람 + to + 동작] 구조를 먼저 떠올려 주세요.

I have to go to a wedding next week. My mom **told** me to buy a new dress, but I don't want to waste my money. I will try to find one on sale.
다음 주에 결혼식에 가야 한다. 엄마가 새 드레스를 사라고 했는데, 돈을 낭비하고 싶지 않다. 할인 판매 중인 옷을 찾아봐야겠다.

친구에게 식당에 가기 전에 먼저 만나자고 말하는 상황입니다. tell을 활용해 말하기와 동작을 연결하면 수십 문장을 응용해서 표현할 수 있습니다. [tell + 사람 + to + 동작]의 구조를 보며, 주변 사람과 여러 동작을 채워서 연습해 보세요.

I met my friend for dinner last week. I **told** her to wait for me at the subway exit, but she went to the restaurant instead. I waited for 10 minutes before she called me and **told** me where she was.
지난주에 친구를 만나서 저녁을 먹었다. 지하철 출구에서 기다리라고 말했는데, 기다리지 않고 식당으로 가버렸다. 친구가 전화해서 어딘지 말해주기 전까지 10분을 기다렸다.

 심화단어 : **be in trouble** 어려움에 처하다 | **on sale** 할인 중인

(농담, 사실, 이야기, 거짓말 등을) 말하다

tell의 두 번째 뜻은 '농담, 사실, 이야기, 거짓말 등을 말하다'입니다. 영어에서는 단어끼리 일종의 '약속'을 맺는데요. 마치 동사가 명사에게 '우리 함께 다니자'라고 약속하는 것과 같습니다. 그래서 tell과 약속한 명사들을 함께 기억하는 것이 좋습니다. 늘 함께 다니니까요. 대표적으로 사실과 거짓이 있습니다. '사실을 말하다'는 [tell + the truth]로 쓰고, '거짓을 말하다'는 [tell + a lie]로 쓰죠. tell은 '농담과 이야기'와도 긴밀한 사이인데요, '농담하다'는 [tell + a joke]로 표현하고, '이야기하다'는 [tell + a story]로 표현하죠. 이제 기본 동사 tell 하나로 무려 4가지 상황에서 쓸 준비를 마쳤습니다. 영어 예문을 보며 하나씩 살펴보죠.

혼날까 봐 무서워서 거짓말을 한[=tell a lie] 상황입니다. tell을 따로 기억하고, a lie를 따로 기억하는 대신 [tell + a lie]를 묶어서 외워주세요. 소리 내어 5번 이상 반복하다 보면 익숙해질 거예요.

A: Why did you tell a lie?
왜 거짓말을 했어?

B: Because I was scared of getting in trouble.
혼날까 봐 무서웠어요.

거짓말을 하는 남편에게 '사실대로 말하라[=tell the truth]'고 다그치는 상황입니다. 이번엔 우리말의 단어와 구조가 영어와 일치하는 덩어리 표현이네요. 단, 대부분의 영어 덩어리 표현은 그렇지 않다는 점도 알아 두세요!

A: You need to tell the truth.
사실대로 말해.

B: OK, but don't get mad at me.
그래, 대신 화내기 없기.

아이들에게 이야기를 들려주는 상황에서는 [tell + a story]를 쓸 수 있습니다. 할아버지와 할머니가 손주에게 이야기를 들려주는 상황에서도 사용하고, 친구에게 재미있는 일화를 말하는 상황에서도 사용할 수 있죠.

My favorite babysitter growing up would always **tell** us stories before bed. She would use our names and make up exciting stories. I have so many good memories from that time.

어렸을 때 내가 가장 좋아했던 베이비시터는 자기 전에 항상 이야기를 들려줬다. 그녀는 우리 이름을 사용해서 흥미진진한 이야기를 지어냈다. 그 시절에 좋은 추억을 많이 가지고 있다.

농담에는 영 재능이 없는 사람의 이야기입니다. tell도 알고 jokes도 알지만, [tell + jokes]를 연결하지 못하는 경우가 있는데요. 앞으로 영어 문장을 보는 '시야'를 넓혀서 단어 하나가 아닌, 여러 단어를 동시에 보는 연습을 해 주세요. 물론 이 책에서 그런 연습을 하게끔 도와드리고 있어요!

I've never been very good at **telling** jokes. I think I get too nervous or self-conscious and I mess up the punchline. I guess the only way to get better is to keep practicing.

나는 농담을 잘해 본 적이 없다. 너무 긴장하거나 남을 의식해서 결정적인 부분을 망친다. 농담을 잘하는 유일한 방법은 계속해서 연습하는 것뿐이다.

🎯 **심화단어 : make up** (이야기 등을) 지어내다 | **self-conscious** 남을 의식하는 | **mess up** 망치다

알다/판단하다/구별하다

tell의 세 번째 뜻은 '알다, 판단하다, 구별하다'입니다. 단어의 뜻을 아는데도 해석이 꼬인다면 그 단어에 내가 모르는 새로운 뜻이 있을 가능성이 높습니다. 대표적인 예가 tell이며, tell을 '말하다'로만 알고 있으면 안 되는 이유이기도 하죠. tell에는 '정확히 알다[=know with certainty]'라는 뜻이 있습니다. 정확히 안다는 것은 확신에 찬 상태를 말하는 것이죠. 그 확신은 자신의 경험, 지식, 근거 등에 비롯됩니다. 예를 들어볼게요. 아이가 엄마에게 간식을 먹지 않았다고 거짓말을 하는 상황입니다. 아이는 거짓말을 할 때마다 손톱을 물어뜯는 버릇이 있는데요. 지금도 아이가 손톱을 물어뜯고 있습니다. 엄마는 이런 상황에서 다음과 같이 말하죠. "I can tell you're lying." 네가 거짓말을 하고 있다는 걸 안다는 뜻입니다. 그러자 아이는 이렇게 대꾸합니다. "How can you tell?" 어떻게 내가 거짓말했는지 확신할 수 있느냐고 하네요. 이런 뜻이 지금부터 우리가 배울 '알다'의 'tell'입니다.

오랫동안 함께 일하면 동료의 표정만 봐도 배가 고픈지 알 수 있습니다. '알다'의 tell을 넣어 쓸 수 있는 패턴으로 [I can always tell when + 주어 + 동사]의 문형이 있는데요. 주어 동사만 바꿔도 내 상황에 맞게 응용할 수 있겠죠.

A: How did you know I was hungry?
내가 배고픈 줄 어떻게 알았어?

B: I can always **tell** when you need a snack.
네가 간식이 필요할 때를 늘 알지.

이번에는 커피가 필요한 타이밍을 정확히 아는[=tell] 상황입니다. 하루 중 가장 정신적으로 스트레스를 받거나 몸이 지칠 때 카페인이 도움이 되기도 하죠. 그 순간을 정확히 아는 것도 팀장님의 능력 중 하나가 아닐까요?

At my last job, my boss could always **tell** when we needed coffee. She would order it randomly, but it was always when we were the most stressed or tired. I still don't know how she did that.
이전 직장에서 팀장님은 우리가 언제 커피가 필요한지 늘 알고 있었다. 팀장님은 시간을 정하지 않고 커피를 주문했는데, 매번 우리가 가장 스트레스를 받거나 피곤한 타이밍이었다. 어떻게 그렇게 했는지 여전히 모르겠다.

여러 후보자 가운데 리더를 고르는 상황입니다. 이럴 때는 '판단하다'란 의미로도 쓸 수 있죠. 본인이 생각하는 기준에 맞아야 판단할 수 있으니까요. 이럴 때는 오히려 'judge[=심사하다]'보다 'tell[=판단하다]'이 어울립니다.

A: How can you **tell** who's ready to be a leader?
누가 리더가 될 준비가 됐는지 어떻게 판단할 수 있나요?

B: I have a few key characteristics I look for.
내가 찾는 몇 가지 중요한 특징이 있어.

무염버터와 가염버터를 구별하기[=tell] 어려운 상황입니다. 버터만 봐서는 소금을 넣었는지 안 넣었는지를 알 수 없죠. 시험 영어에 익숙한 사람은 '구별하다'의 어려운 단어인 'distinguish'가 먼저 떠오를 텐데요. 영어권 원어민 대부분은 일상에서 'tell'을 선호합니다. tell이 쉽고, 짧고, 간결하니까요!

I like to buy unsalted butter for my health. However, my family likes to use salted butter. Sometimes it's hard to **tell** which is which just by looking at it, so I always read the box first.
나는 건강을 위해 무염버터 사는 것을 좋아한다. 하지만 가족은 소금을 넣은 버터를 즐겨 사용한다. 눈으로 봐서는 어떤 것이 무염버터인지 아닌지를 구별하는 게 어려울 때도 있다. 그래서 항상 포장 박스를 먼저 읽는다.

 심화단어 : characteristics 특징

물건을 '만지고', 음식을 '먹고', 감동을
'주다'를 모두 touch로 써요!

① 닿다/대다/만지다 [=to come into contact with something]
You're not allowed to **touch** things at the museum.
박물관에서는 아무것도 만지면 안 돼.

② 먹다/마시다/입에 대다 [=to eat or drink]
She didn't **touch** her breakfast.
아침에 입도 안 댔다.

③ 마음을 움직이다/감동시키다
[=to affect one's emotions]
Your play really **touched** me.
네 연극에 정말 감동했어.

💡 **이런 뜻도 있어요** : 손을 대다, 건드리다, 접촉하다 등

닿다/대다/만지다

 FILE:45-touch-2

touch의 첫 번째 뜻은 '닿다, 대다, 만지다'입니다. 보통 '손'으로 만지는 의미이니 굳이 손[=hand]을 쓰지 않아도 되지요. 예전에 요가를 배운 적이 있는데요. 레슨을 등록하기 전에 1:1 상담을 했는데, 요가 강사님이 묻더군요. 허리를 구부려서 무릎을 굽히지 않고 손이 발가락에 닿을 수 있느냐고요. 저는 질문을 받자마자 직업병처럼 "이런 상황은 영어로 어떻게 하지?" 하며, 머릿속으로 영어 표현을 떠올렸습니다. 영어를 처음 배울 때는 '허리, 무릎, 굽히다, 손, 발가락, 닿다'를 개별 단어로 바꾸기 급급합니다. 하지만 번역이 아닌 완성된 영어 문장을 자주 접할수록 오히려 간단히 표현하는 법에 관심을 가지는데요. "Can you touch your toes?" 이렇게 말하면 훨씬 쉽고 간단하게 표현할 수 있죠. 아쉽게도 요가는 3번 다니고 그만뒀습니다. 그래도 touch를 소개할 수 있는 에피소드가 생겼으니, 다행이네요.

 히피펌을 한 친구의 머리를 보고 반한 상황입니다. 너무 예뻐서 자꾸 손이 가는데요. 불편한 친구는 머리를 만지지 말라고 하네요. 이렇게 머리카락을 손으로 만지는 상황을 표현할 때도 'touch'입니다.

A: Please don't **touch** my hair.
내 머리는 만지지 마.

B: I'm sorry, it just looks so pretty.
미안, 너무 예뻐서 그만.

 유연성을 바로 측정할 수 있는 간단한 방법입니다. 무릎을 굽히지 않고 손이 발가락에 [=toes] 닿는지[=touch] 확인하는 거죠. 어렸을 때 이후로는 닿은 적이 없다고 하네요.

A: Can you **touch** your toes?
발가락 끝에 손이 닿아?

B: I haven't been able to do that since I was a child!
어렸을 때 이후로는 닿은 적이 없어!

어릴 때는 뜨거운 물건과 차가운 물건을 구별하지 못합니다. 본능적으로 피하긴 하지만, 처음 봤을 때는 헷갈리니까요. 호기심이 많은 아이는 이것저것 손을 대보죠. 이런 상황을 보면 'touch'를 떠올려 주세요.

When I was a child, I once **touched** a hot stove. I think I was curious about why it was red. My mom yelled at me to stop **touching** it and ran my hand under cold water.

어렸을 때 가스레인지에 손을 댄 적이 있다. 왜 빨갰는지 궁금했었던 것 같다. 엄마는 만지지 말라고 소리치며 내 손을 찬물에 담갔다.

어렸을 때는 만지면 안 되는 것들이 참 많습니다. 특히 낯선 동물[=strange animals]이나 깨지기 쉬운 물건[=breakable things]을 조심해야 하는데요. 이런 상황을 모두 'touch'로 표현하네요.

I think as children, we're often given a long list of things we're not allowed to **touch**. We can't **touch** our friends or strange animals or breakable things. I think it would be better to teach children what they can **touch.**

어렸을 때는 만지면 안 되는 것들이 많다. 친구, 낯선 동물, 깨지기 쉬운 물건 등을 만져서는 안 된다. 만져도 되는 것을 가르쳐 주는 게 더 낫지 않을까 생각한다.

 심화단어 : curious 궁금한, 호기심이 많은 | breakable 깨지기 쉬운

touch의 두 번째 뜻은 '먹다, 마시다, 입에 대다'입니다. 손으로 물건을 만지듯, 입으로 술과 음식을 만진다고[=touch] 볼 수 있죠. 우리말도 비슷하게 사용하는데요. '술과 음식을 입에도 안 댔다라고 표현하죠. 이렇듯, touch는 부정어와 함께 자주 쓰입니다. 몸살 기운에 입맛이 없을 때 음식을 입에 대지 않고, 새해 결심으로 금주를 시도할 때 술을 입에 대지 않는 것처럼요. 기본 동사의 특징은 '뜻은 쉽지만 말로 떠올리기는 어렵다'는 점입니다. touch를 모르는 사람은 없지만, [touch + 음식]을 연결할 수 있는 사람은 드물 테니까요. 해결책은 간단합니다. [touch + 음식]이 들어간 다양한 영어 예문을 무수하게 접하는 겁니다!

컨디션이 안 좋은 날에는 영 입맛이 돌지 않는데요. 왜 음식을 입에 대지 않느냐고 묻는 상황입니다. 'have'와 'eat'도 좋지만, 부정어[=not]와 함께 'touch'를 활용해 보세요!

A: Why haven't you touched your dinner?
왜 저녁을 안 먹었어?

B: Sorry, I'm just not feeling very well.
미안, 그냥 몸이 좀 안 좋네.

식단 조절을 하며 탄수화물[=carbs] 섭취를 줄이는 상황입니다. 이렇듯 다른 음식이 아닌 탄수화물을 콕 집어서 말할 때는 'touch'가 잘 어울립니다.

I've done my best not to **touch** carbs this month. I've replaced it with vegetables or other processed substitutes. I think my body feels healthier when I don't eat so many carbs.
이번 달에는 탄수화물을 먹지 않으려고 노력 중이다. 탄수화물을 야채나 다른 가공 대체품으로 대신하고 있다. 탄수화물을 많이 섭취하지 않으니 몸이 더 건강해진 기분이 든다.

술에 취하지 않은 정신이 멀쩡한 상태를 'sober'라고 합니다. 술을 자주 마시던 친구가 술을 3년째 입에도 대지[=touch] 않고 있네요. [touch + 술] 조합을 관찰해 주세요!

A: I heard you're sober!
술을 아예 안 마신다며!

B: Yep, I haven't touched alcohol in three years.
응, 술을 안 마신 지 3년이나 됐어.

술을 끊는다는 말은 우리에게 '포기하다'로 익숙한 'give up'을 씁니다. [give up + alcohol]의 조합이죠. 금주를 결심한 이후에 술을 입에도 대지 않은 상황인데요. 구체적인 단어 'touch'를 쓰면 안성맞춤이죠.

Last year, I decided to give up alcohol. I didn't **touch** it for 4 months. I'd like to try again this year and see how long I can go.
작년에 술을 끊기로 마음먹었다. 4개월 동안 술을 입에도 안 댔다. 올해 다시 도전할 생각이고, 얼마나 안 마실 수 있는지 지켜봐야겠다.

 심화단어 : **substitutes** 대체품, 대체물 | **carbs** 탄수화물[=carbohydrate]
sober 술 취하지 않은, 정신이 맑은

마음을 움직이다/감동시키다

 FILE:45-touch-4

touch의 세 번째 뜻은 '마음을 움직이다, 감동시키다'입니다. 손으로 신체 부위를 만지는 touch가 이 번에는 사람의 마음을 touch했네요. 사람의 마음을 만진다는 건 어떤 의미를 가질까요? 사람의 마음을 움직이고, 감동시킨다는 뜻이 됩니다. 뮤지컬을 예로 들어보죠. 뮤지컬은 영화와 달리 현장에서 라이브로 진행됩니다. 배우의 춤, 연기, 노래를 생생한 현장에서 보면 감동이 밀려오고요. 영어로 표 현하면 "Musicals touch me."가 됩니다. '뮤지컬이 나를 만진다'라는 뜻은 곧 '뮤지컬이 내 마음을 움 직이고, 나를 감동시켰다'라는 뜻이죠. 뮤지컬이 아닌 '나'를 먼저 쓰면 "I'm touched by musicals."가 됩니다. 참고로 감동을 주는 비슷한 단어로 move가 있는데요. move 역시 사람의 마음을 '움직이니' 감동시킨다는 뜻이 됩니다. 문득 궁금한 점이 생겼어요. touch와 move 중 어떤 것이 더 크게 감동을 줄까요? 마음을 만지는[=touch] 것보다 움직이는[=move] 게 더 큰 감동을 줍니다!

 뉴스 보도를 보고 감동을 받은 상황입니다. [be + touched + by] 조합을 기억해서 by 뒤에 감동을 준 대상을 넣으면 됩니다. 뉴스, 기사, 보도에 감동을 받을 수 있다는 사 실을 함께 기억해 주세요!

A: I was really touched by the news report last night.
어젯밤 그 뉴스 보도를 보고 크게 감동을 받았어.

B: Oh, the one about the orphans? Me, too!
오, 그 보호 아동 이야기? 나도!

 라이브 음악에 감동을 받은 상황입니다. 눈앞에서 재능이 뛰어난 사람의 노래와 연주 를 들으면 감동하지 않을 수가 없겠죠. 연기, 연주, 노래에도 감동을 받을 수[=touch] 있네요!

I'm often touched by live music. When I see a talented performer singing with passion, I get goosebumps. There's something so wonderful about watching someone do what they love.
나는 라이브 음악에 종종 감동을 받는다. 재능 있는 사람이 열정적으로 노래하는 것을 보면 소 름이 돋는다. 자기가 사랑하는 일을 하는 사람을 보는 것에는 경이로운 무언가가 있다.

친구가 동생을 생각하는 마음에 감동을 받은 상황입니다. 꼭 뉴스 기사나 라이브 연주가 아니어도 일상에도 감동적인[=touching] 일이 많죠. 참고로 touching의 품사는 형용사인데요, 뿌리는 동사 touch이니 의미는 달라지지 않아요.

A: I think it's **touching** how much you worry about your sister.
동생을 생각하는 마음이 정말 감동적인 것 같아.

B: She lives by herself so I have to be concerned about her.
동생이 혼자 살아서 내가 마음을 쓸 수밖에 없어.

전철에서 할머니에게 자리를 양보하는 상황입니다. 자리를 양보하는 따뜻한 장면에서도 감동을[=touch] 받을 수 있죠. 마지막에 'fought[=싸우다]'란 단어가 나오는데요, 실제로 싸운다는 뜻이 아닌, 서로 자리를 양보하는 뜻으로 이해해 주세요.

A few weeks ago, something I saw on the subway really **touched** me. A young man gave up his seat for an elderly woman. They fought about it a little, but finally, the elderly woman sat down.
몇 주 전에 지하철에서 어떤 장면을 보고 크게 감동했다. 젊은 남자가 할머니에게 자리를 양보했다. 서로 양보하겠다고 했지만, 결국 할머니가 자리에 앉았다.

 심화단어 : orphans 보호 아동 | **get goosebumps** 소름 돋다, 소름 끼치다

46 try [traɪ]

데이트 앱을 '사용해 보고', 버블티를 '마셔 보고', 열심히 '애쓰다'를 모두 try로 써요!

① (시험 삼아) 해보다 [=to make an attempt to do something different]

Let's **try** a new restaurant tonight!

오늘 밤에 새로 생긴 식당에 가보자!

② 음식을 먹어보다

[=to make an attempt to eat/drink something new]

You should **try** some of the lamb.

양고기를 한번 먹어 봐.

③ 애쓰다/노력하다

[=to make an effort to do something]

I'll **try** to call you every weekend.

주말마다 연락하려고 노력할게.

💡 **이런 뜻도 있어요** : 재판하다, 테스트하다 등

(시험 삼아) 해보다

try의 첫 번째 뜻한 '시험 삼아 해보다'입니다. 옷 가게에서 옷을 입어본다고 표현할 때 'try'의 뉘앙스를 배울 수 있는데요. '그냥 옷을 입다'에 해당하는 표현은 [put on]입니다. 단어를 하나씩 풀어보면 옷을 내 몸에 닿게[=on] 놓는[=put] 거죠. 반면 옷을 사기 전에 '한번 입어보다'에 해당하는 표현은 [try on]입니다. 이 옷이 내게 잘 맞는지 안 맞는지 시험 삼아 한번 입어보는 뉘앙스가 추가되죠. try의 대상이 옷이면 옷을 입어본다는 뜻이 되고, 대상이 앱이면 앱을 사용해 본다는 뜻이 됩니다. try 다음에 오는 단어에 따라 해석이 조금씩 달라지겠죠? 하지만 핵심 뉘앙스는 변하지 않습니다. 무언가를 시험 삼아 한번 해보는 것!

운동을 한번 해보는 상황에서도 'try'가 어울립니다. 단, 이런 의미에서는 [try + to]를 쓰면 애쓰고 노력하는 의미가 추가되니 [try + ing]를 써야 합니다.

A: I'd like to **try** playing golf this year.
올해는 골프를 쳐보고 싶어.

B: Okay, we'll see if we can find some lessons for you.
그래, 너에게 맞는 레슨을 찾을 수 있는지 보자.

데이트 앱을 한번 사용해 보는 상황이라면 특별한 동사를 떠올릴 필요가 없습니다. 시험 삼아 한번 사용해 본다는 뜻이니 'try'면 충분하죠.

A: Any tips for meeting girls in this area?
이 지역에서 여자를 만날 수 있는 방법이 있을까?

B: I would **try** a few dating apps and see who you match with.
데이트 앱 몇 개를 사용해서 너에게 맞는 사람을 찾아봐.

늘 가던 식당이 아닌 새로운 식당에 도전해 보는 상황에서도 'try'가 어울립니다. 우리 말로 '도전'이라고 해서 'challenge'를 떠올리면 안 되겠죠. [try + 식당]의 조합도 자주 등장합니다.

My friends and I decided to **try** a new place for my birthday. We usually go to the same restaurants so we wanted a change. It was okay, but we still prefer our usual spots.

내 생일을 기념해서 친구들과 함께 새로운 장소에 가기로 했다. 우린 보통 가던 식당들만 가서 이번에는 변화를 주고 싶었다. 나쁘진 않았는데, 우리가 늘 가던 장소가 더 나은 것 같다.

탈모 증상을 보이는 친구에게 다른 샴푸를 써보기를 추천하는 상황입니다. 도움이 될지 안 될지는 모르지만 한번 써보라는 뉘앙스에는 'try'가 적절하죠.

My friend was experiencing hair loss so he asked me what to do. I recommended that he **try** a different shampoo. He said that after a few weeks he started to notice a difference.

머리가 빠지고 있는 친구가 내게 도움을 요청했다. 친구에게 다른 샴푸를 사용해 보라고 권했다. 그는 몇 주 뒤에 차이를 느끼기 시작했다고 말했다.

try의 두 번째 뜻은 '음식을 먹어보다'입니다. try의 첫 번째 뜻과 거의 비슷하지만, [try + 음식] 조합은 정말 자주 사용하기 때문에 따로 정리할 만한 가치가 있습니다. 실전 영어 공부를 접하다 보면 외국인 친구를 사귈 기회가 생기는데요. 그때마다 빠지지 않는 스몰토크 주제가 '음식'입니다. 한국에 거주하는 외국인에게 '그 음식을 먹어봤느냐'고 자연스레 묻게 되니까요. 서양 사람들에게 익숙하지 않은 '닭발을 먹어봤느냐'라는 질문은 "Have you ever tried chicken feet?"으로 표현합니다. 또한 친한 사이에서 음식을 먹어보라고 할 때도 "Try this."로 쓸 수 있죠. [try + 음식]을 꼭 활용해 보세요!

곱창, 닭발, 순대 등은 미국 사람에게 낯선 음식입니다. 이런 종류의 음식을 먹어봤느냐고 묻는 상황에서 'try'를 사용하면 훨씬 자연스럽게 들리죠.

A: Have you ever **tried** chicken feet?
닭발 먹어 본 적 있어?

B: No, they look too creepy to me.
아니, 너무 징그러워 보여.

친구와 다른 음료를 주문한 후에 한번 맛을 볼 때가 있죠. 바나나 셰이크를 한번 마셔보라는 상황에서도 'try'를 씁니다. 바나나 맛이 나는[=banana-flavored] 건 싫다고 하네요!

A: Here, **try** my banana milkshake!
여기, 내 바나나 셰이크를 마셔 봐!

B: Sorry, I don't like banana-flavored things.
미안, 바나나 맛이 나는 건 별로 안 좋아해.

새로 생긴 가게에서 처음 음식을 먹을 때는 약간의 두려움이 있죠. 맛이 없어 실패할 수도 있으니까요. [try + 식당]과 [try + 음식]의 조합이 모두 가능하네요!

The other day, I decided to **try** waffles at a new restaurant near my home. They were served with whip cream and strawberries. They were so light and fluffy, I'll definitely be going back soon.

며칠 전에 집 근처에 새로 생긴 가게에서 와플을 먹어봤다. 휘핑크림과 딸기가 함께 나왔다. 와플이 정말 가볍고 부드러웠다. 꼭 다시 와서 먹어야겠다.

새로운 칵테일을 마셔보고 싶은 상황에서도 'try'를 사용합니다. 머릿속에 [try + 술] 코너를 만들어 구분해 보세요. 기본 동사를 쓴 확실한 영어 표현의 가짓수가 늘수록 스피킹에 자신감이 붙을 거예요.

I wanted to **try** a new cocktail last weekend so I asked my friend to find a bar. She found a really cool bar in the middle of downtown. I told the server what kind of flavors I liked and he made the most delicious cocktail for me!

지난 주말에 새로운 칵테일을 마셔보고 싶어서 친구에게 새로운 술집을 찾아 달라고 부탁했다. 친구는 시내 중심에 있는 정말 괜찮은 술집을 발견했다. 직원에게 내가 좋아하는 맛을 알려줬고, 진짜 맛있는 칵테일을 만들어줬다.

🎯 **심화단어** : **creepy** 오싹하게 하는, 으스스한 | **fluffy** (음식 앞에 써서) 부드러운 | **downtown** 시내(에)

애쓰다/노력하다

FILE:46-try-4

try의 세 번째 뜻은 '애쓰다, 노력하다'입니다. 한국 학습자에게는 이미 익숙한 표현일 텐데요, 그만큼 애쓰고 노력할 일이 많기 때문이죠. 다만 주의할 점이 있습니다. 습관적으로 사용하다 보니 군이 '노력하지 않는' 상황에서도 무심코 쓰게 된다는 점입니다. 원하는 결과를 얻기 위해 노력하는[=make an effort] 뉘앙스에 맞춰 써야겠죠. 예를 들어 볼까요? 내가 원하는 요구에 맞는 일을 구하는 상황입니다. 당연히 노력과 에너지가 들겠죠. 영어로는 "I'm trying to find a job that suits all my needs."로 씁니다. 참고로 동사와 함께 쓰려면 크게 두 가지 형태가 있는데요. [try + to부정사]와 [try + and + 동사]입니다. [try + something]에서는 노력한다는 뉘앙스가 담기지 않으니 구분해서 사용해 주세요!

부모는 자녀에게 좋은 교육을 시켜주려고 노력합니다. [try + one's best]는 군어진 표현인데요, '최선을 다하다'라는 뜻으로 'try'에 노력하다라는 뉘앙스가 들어 있죠.

A: I **try** my best to give my kids a good education.
아이들에게 좋은 교육을 시키려고 최선을 다하고 있어.

B: You're doing a great job!
너 정말 잘하고 있어!

항상 언니와 다투는 자매 이야기입니다. [try + not to]를 써서 '싸우지 않으려고 애쓴다'라는 말을 표현할 수 있죠. not을 중간에 넣은 점도 눈여겨보세요!

A: I want you to stop fighting with your sister.
언니와 그만 싸웠으면 좋겠어.

B: I'm **trying** not to fight, but she's not easy to get along with.
안 싸우려고 애쓰고 있어요. 그런데 언니랑 잘 지내는 게 쉽지 않아요.

[try + and + 동사]의 조합으로 '노력하다'의 뉘앙스를 전할 수 있습니다. 얼핏 '시도하다'로 오해할 수 있는데요. '노력하다'에 가까운 뉘앙스이죠. 시간과 에너지를 들여 그 나라의 새로운 음식을 먹으려고 노력하는 상황입니다.

Whenever I go to a new country, I **try** and eat something new. I think **trying** different foods is a good way to get to know a new culture. Some of my friends think I'm crazy, but I enjoy it.

새로운 나라에 갈 때마다 새로운 음식을 먹으려고 노력한다. 다른 음식을 먹어보는 것은 새로운 문화를 경험할 수 있는 좋은 방법인 것 같다. 나를 이상하게 생각하는 친구도 있지만, 나는 이게 즐겁다.

사람을 좋게 생각하려고[=give people benefit of the doubt] 노력하는 상황입니다. 사람은 누구나 이기적인 면이 있지만, 일일이 반응하는 대신 긍정적인 면을 보려고 애쓰는 거죠.

I **try** to give people the benefit of the doubt. Instead of always assuming that people are bad or selfish, I **try** to give them excuses for their bad behavior. Instead of feeling angry at them, I feel pity and I think that's better for my health.

나는 사람들을 좋게 생각하려고 노력한다. 항상 사람이 늘 나쁘거나 이기적이라고 생각하기보다는 나쁜 행동을 봐주려고[=이해해 주려고] 애쓴다. 그들에게 화내는 대신에 안 됐다고 느낀다. 그게 내 건강에도 더 도움이 된다.

🎯 **심화단어** : assume 추정하다, 가정하다 | the benefit of the doubt 속는 셈 치고 믿다

47 turn [tɜrn]

열쇠를 '돌리고', 고속도로를 공원으로 '바꾸고',
20살의 '나이가 되다'를 turn으로 표현하네!

① 돌다/돌리다 [=to move around]

I'm really struggling to **turn** my head to the left.
머리를 왼쪽으로 돌리는 게 힘들어.

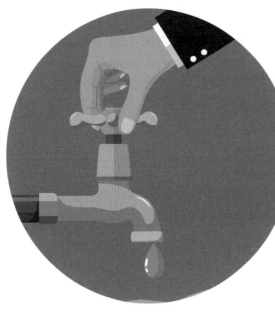

② 바꾸다
[=to change into something different]

I like how they **turned** the old highway into a park.
오래된 고속도로를 공원으로 바꾼 게 마음에 들어.

③ (특정 나이가) 되다/상태가 되다
[=to become]

The milk has **turned** sour.
우유가 상했다.

💡 **이런 뜻도 있어요** : 넘기다, 겨누다, 돌아가다 등

첫 번째 활용
돌다 / 돌리다

 FILE: 47-turn-2

---

turn의 기본 의미는 '돌다, 돌리다'입니다. 문손잡이 같은 사물을 돌리기도 하고, 사람 고개나 몸 같은 신체 부위를 돌리기도 하죠. 이렇게 기억하면 쉽게 쓸 것 같지만, 개별 단어 뜻만 암기해선 실전에서 쓰기 어렵습니다. '무엇이 돌고, 무엇을 돌릴' 수 있는지를 예문과 함께 기억해야 해요. 여기서 끝이 아닙니다. 기본 동사 turn을 깊숙이 음미하려면 우리말 뜻 '돌리다'를 풀어서도 생각해 봐야 하죠. 그럼 '돌다'는 '방향이나 위치가 바뀌는 동작'이란 사실을 깨닫게 됩니다. 여러 예문을 접하며, turn이 어떤 의미로 쓰였는지, 어떤 단어와 어울리는지를 관찰해 보세요!

 열쇠를 돌리는 방향에 따라 문이 열리지 않을 때도 있습니다. 문의 종류마다 구조가 다르기 때문인데요. 이런 상황에서 [turn + the key to the right/left]를 쓰면 적절하죠. 오른쪽으로 돌리고 왼쪽으로 돌린다는 뜻입니다. to가 돌리는 방향을 말해요.

A: This key isn't working!
키가 안 먹히는데!

B: Try turning it to the right.
키를 오른쪽으로 돌려 봐.

 열쇠만 turn하지는 않습니다. 샤워기 핸들도 'turn'이 가능하죠. 차가운 물과 따뜻한 물을 쓰려면 샤워기 핸들을 그 방향에 맞게 돌려야 하니까요. 뜨거운 물을 쓰기 위해 왼쪽 끝까지[=all the way to the left] 돌리는 상황이네요.

A: You have to turn the shower handle all the way to the left for hot water.
뜨거운 물을 사용하려면 샤워기 핸들을 왼쪽 끝까지 돌려야 해.

B: Thanks. I hate cold showers.
고마워. 찬물로 샤워하는 것은 질색이거든.

다음으로 문손잡이를 돌리는 상황입니다. 아무리 손잡이를 돌려도 문이 열릴 생각을 하지 않네요. 결국 창문으로 들어가야 했던 내용입니다. 문손잡이를 이리저리 돌리는 장면을 그리면 더욱 이해하기 쉬울 거예요.

The other day, I forgot my keys. I still tried to **turn** the doorknob, but it didn't move. I had to get into my house through the window.
며칠 전 집 열쇠를 챙기는 걸 깜빡했다. 계속해서 손잡이를 돌리려고 했지만, 꿈쩍도 안 했다. 창문을 통해 집으로 들어갈 수밖에 없었다.

과거에는 기계로 라디오를 들었는데요. 라디오 채널을 바꿀 때 돌리는 손잡이는 영어로 knob입니다. 볼륨을 조절하거나 채널을 바꿀 때 사용하죠. turn할 수 있는 대상은 크기와 상관이 없네요. 이렇게 작은 것도 turn이 자연스럽게 들립니다.

I was driving my dad's car yesterday. I wanted to change the radio station so I tried to **turn** the knob. I think it's broken because nothing happened.
어제 아버지 차를 몰고 있었다. 라디오 방송을 바꾸려고 라디오 손잡이를 돌렸다. 손잡이가 고장이 난 것 같다. 아무런 변화도 일어나지 않았기 때문이다.

 심화단어 : all the way 쭉, 내내 | **doorknob** 문손잡이

무언가를 계속 돌리다 보면 그 대상이 조금씩 바뀌게 됩니다. 예를 들어 한 사람이 앞을 보고 있다가 고개를 돌려 뒤를 보면 시선이 바뀌고, 물이 졸졸 흐르는 수도꼭지를 계속 돌리면 물이 철철 나오게 바뀌는 것처럼요. 슬슬 감이 오시나요? turn에는 'change'의 뜻이 있습니다! 첫 번째 뜻에서 설명했듯이 지금부터 무엇을 바꿀 수 있는가에 집중해 봅시다. 사물, 장소, 사람, 심지어 감정까지도 turn할 수 있는데요. '바꾸다'라는 의미의 turn에는 늘 into가 붙습니다. 또한, into 뒤에는 바뀐 결과가 따라옵니다. 예전에 허구한 날 사업 아이디어를 '말'로만 구상하는 친구에게 언제 말을 '행동'으로 옮길 거냐고 물어본 적이 있습니다. 영어로 표현하면 이렇게 말할 수 있겠죠. "Are you ready to turn your words into action?"[=말을 행동으로 바꿀 준비가 됐어?] 자, 예문을 통해 [turn A into B] 문형을 살펴봅시다!

낡고 오래된 티셔츠를 그냥 버리기 아까운 상황입니다. 더는 쓰지 않는 옷을 사용해서 다른 쓸모 있는 걸로 바꿀 수 있는데요. 이걸 '업사이클링[=upcycling]'이라고 합니다. 무엇이든 A를 B로 바꾸는 상황이라면 [turn + into]가 적절합니다!

A: What should we do with your old t-shirts?
이 낡은 티셔츠들을 어떻게 하지?

B: I think we should turn them into a blanket.
담요로 바꾸면 좋을 것 같은데.

안 쓰는 가구를 새로운 가구로 바꾸는 상황에도 turn을 쓸 수 있습니다. 세상에 하나뿐인 특별한[=unique] 가구를 만드는 거죠. 사다리를 책꽂이로 바꿔보겠습니다.

I wanted to have some unique furniture in my new house. I asked my husband to **turn** an old wooden ladder into a bookshelf. I'm really happy with the result.
나는 집에 좀 특별한 가구를 놓고 싶었다. 남편에게 오래된 나무 사다리를 책꽂이로 바꿔 달라고 부탁했다. 결과물이 정말 마음에 든다.

이번에는 옷과 가구가 아닌 대규모 공사를 진행하는 상황입니다. 술집을 대대적으로 공사해서 카페로 바꾸는 작업이죠. 이렇게 규모가 큰 변화도 얼마든지 [turn + into]로 표현할 수 있네요.

A: I think we should **turn** this bar into a cafe.
이 술집을 카페로 바꾸는 게 좋을 것 같아.

B: That would be a very expensive project.
돈이 굉장히 많이 들어가는 프로젝트일 것 같은데.

[turn + into]는 물건만 바꾸지 않습니다. 취미를 사업으로 바꿀 때도 활용할 수 있죠. 드론을 가지고 놀던 취미를 하나의 사업으로 바꾸는 상황입니다.

I enjoy my drone and the process of shooting videos and taking pictures. Now I'm considering **turning** it into a business. My friends say I have enough talent to succeed.
나는 드론으로 영상과 사진을 촬영하는 과정을 좋아한다. 이런 취미를 사업으로 바꿀까 고민하고 있다. 친구들도 나 정도면 성공할 만한 재능이 있다고 말한다.

 심화단어 : bookshelf 책꽂이 | shoot videos 영상을 찍다

(특정 나이가) 되다/~상태가 되다 🎧 FILE:47-turn-4

turn을 가지고 '돌리고 바꾸더니' 이번에는 '~나이가 되다/~상태가 되다'란 의미로도 씁니다. 이게 바로 단어 하나로 여러 뜻을 전하는 기본 동사의 매력인데요. 한국 학습자라면 "내년에 30살이 된다"는 말을 대부분 "I'll become 30 years old next year."로 쓸 확률이 높습니다. 맥락상 이해는 하겠지만 원어민에게는 어색하게 들리죠. 이럴 때는 영어로 "I'm turning 30 next year."로 표현합니다. 동사 become을 turn으로 교체한 거죠. turn 뒤에 숫자를 넣으면 '~나이가 되다'란 의미가 완성됩니다. 하루빨리 20살이 되고 싶은 학생이 "I can't wait to turn 20."를 말하는 장면은 영화에서 자주 나오는 대사죠. 또한 turn 뒤에 형용사를 붙여 '어떤 상태가 되다'라는 의미로도 쓰입니다. 자세한 내용은 아래 대화문과 텍스트에서 확인해 보시죠.

20대에서 30살이 되던 해의 1월 1일이 아직도 생생하네요. 삶이 엄청나게 변할 것 같았죠. 돌아보면 크게 바뀌진 않았지만, 그래도 앞자리가 바뀌니 두려웠을 거예요. 이렇게 나이를 먹는 상황에서 [turn + 나이] 조합을 적극 사용하세요!

A: Can you believe we're turning 30 this year?
우리가 올해 서른이 된다는 게 믿어져?

B: No! And don't remind me.
말도 안 돼! 생각나게 좀 하지 마.

엄마 생신에 맞춰 형제들과 돈을 모아 차를 선물하는 상황입니다. 2살이 되건, 60살이 되건 전부 [turn + 나이]로 표현할 수 있죠.

My mom will turn 60 next month. My sisters and I are planning to give her a new car. She drives a lot for work and we want her to be safe.
엄마는 다음 달에 60살이 된다. 언니들과 함께 엄마에게 차를 사줄 계획이다. 엄마는 출근 때문에 운전을 자주 하는데, 안전하길 바라는 마음이다.

turn은 특정 나이뿐 아니라 음식이 어떤 상태가 될 때도 씁니다. 음식 맛이 시큼하게 변하면 상했다고 볼 수 있죠. 그래서 [turn + sour] 조합으로 상한 음식을 표현할 수 있어요.

A: This juice tastes funny, doesn't it?
주스 맛이 좀 이상한 것 같은데?

B: I think that has **turned** sour.
아무래도 상한 것 같아.

날씨가 어떤 상태가 되는 것도 turn이 가능합니다. 날씨가 춥거나 더워지는 상황, 밖이 밝거나 어두워지는 상황 모두 [turn + 형용사]로 표현하죠.

The weather **turned** cold overnight. I had to put on a warm jacket to stay comfortable outside. The sudden change in temperature was quite surprising.
날씨가 밤사이에 추워졌다. 밖에서 편하게 있으려면 따뜻한 외투를 입어야 했다. 갑작스러운 온도 변화는 뜻밖이었다.

🎯 **심화단어** : **remind** 다시 생각나게 하다 | **funny** (맛이) 이상한 | **sour** (맛이) 신, 상한
overnight 하룻밤 사이에

48 use [juz]

물티슈를 '사용하고', 시간을 '쓰고', 사람을 '이용하다'를 모두 use로 써요!

① ~로 쓰다/사용하다 [=to take something in order to do something]
Use the scissors to open that package.
가위를 사용해서 상자를 열어.

② (돈, 시간을) 이용하다/다 쓰다
[=to put time/money to a certain purpose]
Make sure you **use** your time wisely.
시간을 꼭 현명하게 써.

③ (부당하게) 사람을 이용하다
[=to take advantage of someone]
Be careful, she's just **using** you for your connections.
조심해. 걔는 인맥 때문에 너를 이용하는 거야.

💡 **이런 뜻도 있어요** : (특정 언어를) 쓰다, (액체 물질을) 소비하다 등

~로 쓰다/사용하다

use의 첫 번째 뜻은 '~로 쓰다, 사용하다'입니다. use를 따로 정리해야 할 필요성을 느껴본 적이 없을 거예요. 쉽고 직관적이며 해석이 어렵지 않으니까요. 하지만 use를 '아는' 단계와 '쓰는' 단계는 엄연히 다릅니다. 다른 사람이 쓴 use를 이해한다고 해서 내가 use로 나만의 문장을 만든다는 보장은 없죠. use의 핵심은 '전치사와 to부정사'에 있습니다. use는 [use + something + 전치사/to부정사]의 문형으로 대부분 전치사와 to부정사를 활용해 use하는 '이유나 목적'을 나타냅니다. 칼을 사용해서 당근을 자른다면 [use + the knife to cut the carrot]이 되고, 영수증을 책갈피로 사용하면 [use + this receipt as a bookmark]가 되며, 그 돈을 여행비로 사용하면 [use + the money for a trip]이 되지요. [use + something]에 그치면 use를 100% 활용할 수 없습니다. 뒤에 오는 전치사와 to부정사를 함께 묶어서 use를 연습해 주세요. 그럼 얼마든지 나만의 문장을 만들 수 있을 거예요!

문이 닫히지 않기 위해 접힌 종이를[=folded piece of paper] 사용하는 상황입니다. to부정사를 통해 종이를 사용하는 이유와 목적을 나타냈네요. use를 익힐 때는 이렇게 문장을 보는 시야를 넓혀 보세요.

A: I can't get this door to stay open.
문을 열어 두려는데 잘 안되네.

B: Here, use this folded piece of paper to keep it open.
여기, 종이 접은 거 사용해서 문을 열어 놔.

물티슈를[=baby wipes] 거의 모든 것에 사용하는 상황입니다. 이번에는 동사를 쓰지 않아도 되는 'for'와 함께 use를 썼네요. [use + something + for]까지 세트로 챙겨가세요.

A: We use these wet wipes for pretty much everything.
우리는 웬만한 데에 다 이 물티슈를 사용해.

B: That's easy enough to remember.
기억하기 쉽겠다.

밀대를[=rolling pin] 운동기구로 사용하는 상황입니다. 하나의 물건을 다른 물건의 용도로 사용할 때 [use + something + as]가 적합하죠. '사용하다'로만 알고 있던 use 를 제대로 쓸 수 있을 것 같네요!

Sometimes I **use** my old rolling pin as a foam roller. Obviously, it's harder than foam so I have to **use** it carefully. However, it works pretty well for me.

나는 가끔 밀대를 폼롤러로 사용한다. 당연히 밀대는 폼보다 딱딱해서 조심히 사용해야 한다. 그러나 내게는 효과가 있다. [=잘 맞는다.]

새로운 결제 시스템을 사용하는 상황입니다. 끝으로 자주 쓰는 use의 문형을 하나 더 소개할게요. [something is easy/hard to use] 패턴입니다. '사용하기 쉽다, 사용하기 어렵다'라는 뜻으로 쓰죠. 어떤 앱이 사용하기 어려우면 "This app is hard to use." 로 쓰고, 어떤 전자기기가 사용하기 쉽다면 "This gadget is easy to use."로 씁니다.

I was a little nervous when everyone started **using** Samsung Pay. It looked so complicated and I was worried I would hold up the line. But it turns out it's really easy to **use** and I should've been **using** it this whole time!

다들 삼성 페이를 사용하기 시작했을 때 나는 조금 긴장했다. 삼성 페이는 굉장히 복잡해 보였 고 내가 (그걸 사용하느라) 줄을 지연시킬 것 같아 걱정됐다. 알고 보니 사용하기 정말 쉬웠고, 여태 쓰지 않았던 게 후회됐다.

 심화단어 : **pretty much** 거의[=almost] | **a rolling pin** (반죽용) 밀대, 방망이
obviously (누가 봐도) 분명히 | **hold up the line** 줄을 지연시키다

[돈, 시간을] 이용하다 / 다 쓰다

 FILE:48-use-3

use의 두 번째 뜻은 '돈과 시간을 이용하다, 다 쓰다'입니다. 돈과 시간은 자주 붙어 다니는데요. 대표적으로 돈과 시간을 'save'할 수도 있고, 'invest'할 수 있으며, 'use'할 수도 있습니다. 물론 'spend'도 마찬가지이고요. 앞으로 돈과 함께 쓰는 동사를 만나면 시간도 쓰는지 찾아보고, 시간과 함께 쓰는 동사를 보면 돈도 함께 쓰는지 찾아보기를 바랍니다. 다음으로 'use up'이 있는데요. 이건 '쓰다'를 넘어선 '전부 쓰다'입니다. 단순히 양치질을 하려고 치약을 쓰는 경우는 [use + toothpaste]이지만, 치약을 전부 다 써서 새로 사야 하는 상황은 [use up + toothpaste]이죠. 완전히 사용해서 끝낸 'use up'이 되는 겁니다. 돈과 시간을 쓰는 use와 무엇이든 다 써버리는 use up을 살펴볼게요!

유산으로 받은 돈을 쓰는 상황입니다. [use + money]의 조합으로, 단순히 돈을 소비하는[=spend] 의미보다 더 넓은 의미로 사용하는 뉘앙스이죠. save와 invest 같이 돈과 어울리는 주변 단어도 함께 가져가세요!

A: I'm not sure how to **use** all the money I got from my inheritance.
유산으로 받은 돈을 어떻게 써야 할지 모르겠어.

B: Make sure you save some and invest the rest.
일부는 저축하고 나머지는 투자하도록 해.

시간을 잘 사용하는 상황입니다. [use + time]의 조합으로, 구체적인 행동을 하며 보내는 시간이 아닌, 전반적으로 시간을 쓰는 뉘앙스가 강하죠. 여러 방해 요소 때문에 집중하기 어렵다는 내용이네요.

I think it can really be a challenge to **use** your time well. Especially nowadays, there are so many distractions all around us. It's so easy to lose hours on YouTube or Instagram.
시간을 잘 쓰는 건 정말 어려운 일인 것 같다. 특히 요즘 들어 우리 주변에는 집중을 방해하는 요소들이 정말 많다. 유튜브나 인스타그램에서 시간을 허비하기가 정말 쉽다.

바디 워시를 다 쓴 상황입니다. 샤워할 때 한 번 쓰는 사용이[=use] 아닌, 전체를 전부 써버렸단[=use up] 뜻이죠. 새로운 바디 워시를 사야 한다는 뉘앙스가 포함되어 있어요.

A: We've finally **used** up all the body wash.
드디어 바디 워시를 다 썼다.

B: Thank goodness. Let's buy a different brand this time!
다행이다. 이번에는 다른 브랜드의 제품을 사보자!

커피 원두를 전부 사용한 상황입니다. 커피 원두를 다 써서[=use up] 새로 사야 하는 내용이 이어질 거라고 예상할 수 있죠. 그게 'use up'의 정확한 뉘앙스입니다.

Last week, I **used** up my favorite coffee beans. I went to the store to buy some more, but they said they no longer carry that brand. I don't know what I'm going to do!
지난주에 내가 가장 좋아하는 커피 원두를 다 썼다. 좀 더 사려고 가게에 갔는데, 그 브랜드를 더는 취급하지 않는다고 했다. 이제 어떻게 해야 할지 모르겠다! [=막막하다]

 심화단어 : inheritance 유산, 상속받은 재산 | a challenge 힘든 일, 어려운 일
distractions 집중 방해 요소 | no longer 더는 아니다

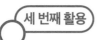

(부당하게) 사람을 이용하다

 FILE:48-use-4

use의 세 번째 뜻은 '부당하게 사람을 이용하다'입니다. 물건, 돈, 시간이 아닌 '사람'을 이용한다는 것은 어떤 의미일까요? 긍정적인 의미일까요, 부정적인 의미일까요? 대부분 '이용해 먹다'로 부정적인 뉘앙스가 강합니다. 예를 들어 상대의 돈을 얻을 목적으로 나를 이용하고 있다면 "He's just using me for my money."로 쓸 수 있어요. 즉, 자기 이득을 위해 다른 사람을 이용하는 거죠. 또한 이용당한 사람의 입장에서도 쓸 수 있는데요. "I felt used."로 '내가 이용당했다는 느낌이 들었다.'라는 뜻입니다. 이용한 사람에 초점을 맞추는 대신 이용당한 '자신'에게 초점을 맞추는 거죠. use 다음에 사람이 나올 때 이런 뉘앙스를 기억해 주세요!

고객을 이용해서 비즈니스를 하는 상황입니다. 고객을 긍정적으로 대하는 뉘앙스가 아닌, 고객을 부정적으로 이용해 먹는 뉘앙스이죠. [use + 사람] 문형을 확인해 주세요!

A: I hate how we're supposed to just use our customers.
우리가 고객을 이용해야만 하는 게 정말 싫어.

B: That's the nature of our job, though.
하지만 그게 본래 우리 일이잖아.

고객을 이용하는 분야에서 일하는 상황입니다. 어쩔 수 없이 거짓된 대화를[=fake conversations] 할 수밖에 없죠. 부정적인 감정과 [use + 사람]을 연결해서 기억하세요!

I could never work in a field where you have to use people. I hate fake people and having fake conversations. But some people are really good at getting what they want and then leaving.
나는 사람을 이용하는 분야에서는 절대 일을 못할 것 같다. 거짓된 사람이 싫고 가짜로 대화하는 것도 질색이다. 그러나 어떤 사람은 아주 능숙하게 그들의 원하는 걸 얻어내고 떠나버린다.

연애를 다른 목적으로 이용하는[=use] 상황입니다. 서로의 유명세를 위해[=for his fame] 연인을 이용하는 거죠. 부정적인 뉘앙스가 느껴지네요.

A: I think Steph is just **using** Bob for his fame.
스테프가 밥의 유명세를 이용하는 것 같아.

B: That's what happens when influencers date each other.
인플루언서들끼리 연애하면 생기는 일이야.

끝으로 자신이 이용당한 상황입니다. 이용당한 사람에게 초점을 맞춰 [feel + used]로 표현할 수 있죠. [use + 사람]을 응용한 문형입니다.

I've had a couple friends who have made me feel **used**. I thought we were building a relationship and getting to know each other. But they were just meeting me to practice their English.
내가 이용당했다는 느낌을 주는 친구들이 몇 명 있다. 서로 관계를 맺고 알아가고 있는 줄 알았다. 그런데 그저 영어 연습을 하려고 나를 만난 거였다.

 심화단어 : get to know each other 서로 알게 되다

영알못도 아는

48개 영어 동사로 프리토킹 깨부수기

부록

반드시 알아야 할 문장 뜻과 패턴

01 work

특정 회사에서 일할 때
work + for + 회사 이름 (삼성, 구글 등)

성공하거나 통할 때
계획, 아이디어 + work

02 move

새로운 도시로 이사할 때
move to + 도시 이름

새로운 나라로 이민할 때
move to + 나라 이름

03 get

제품을 살 때
get + 중고 책, 신발, 스마트폰 등

장소에 도착할 때
get + to + 집, 기차역, 사무실 등

04 attract

사람을 모을 때
attract + 손님, 관광객, 인재 등

다양한 것을 모을 때
attract + 관심, 비판, 논란 등

05 beat

무언가를 때리거나 두드릴 때
beat + 드럼, 사람, 가전제품 등

상대를 이길 때
beat + 상대

06 break

물건이 깨지거나 고장 날 때
break + 접시, 카메라, 컴퓨터 등

습관, 버릇을 버리거나 고칠 때
break + 습관, 버릇

07 bring

물건, 음식 등을 가져올 때
bring + 가위, 선물, 디저트 등

사람, 동물 등을 데려올 때
bring + 친구, 강아지 등

08 build

물건/가구를 조립할 때
build + 물건/가구

근육을 기를 때
build + 근육

09 carry

휴대하거나 가지고 다닐 때
carry + 휴지, 현금, 보조 배터리 등

가게에서 물건 등을 취급할 때
carry + 옷, 신발, 음식 등

10 close

운영, 영업이 끝날 때
학교, 극장, 은행 + close

(신체 부위를) 다물거나 감을 때
close + 입, 눈, 목 등

11 come

어떤 것이 중요할 때
가족, 행복, 커리어 등 + come + first

제품이 특정 색상, 사이즈로 나올 때
제품 + come + in + 색상, 사이즈

12 cut

신체 부위가 베일 때
cut + 손가락, 다리 등

돈 관련된 것을 줄일 때
cut + 금리, 비용, 예산 등

13 do

회사 운영이 잘 될 때
회사 + do + well

숙제를 하거나 조사할 때
do + 숙제

14 drop

무언가를 떨어뜨릴 때
drop + 열쇠, 그릇, 핸드폰 등

무언가를 중단하거나 취소할 때
drop + 요가, 회사, 프로젝트 등

15 fall

넘어지거나 쓰러질 때
fall + 전치사[=as, to, on, off, etc.] + 장소

양, 질, 수 등이 떨어질 때
급여, 온도, 수요 등 + fall

16 feel

특정 기분을 느낄 때
feel + 형용사[=기쁨, 설렘, 책임감 등]

~하고 싶을 때
feel like + (동사 ing) 운전, 요리, 캠핑 등

17 find

돈, 시간을 마련할 때
find + 돈, 시간

(경험하고 나서) 느끼거나 여기거나 생각할 때
find + 사람, 영화, 태도 + 형용사

18 follow

따라가거나 미행할 때
follow + 동물, 사람

무언가를 따를 때
follow + 규칙, 조언, 레시피 등

19 give

좋은 것을 줄 때
give + 사람 + 미소, 포옹, 키스 등

안 좋은 것을 줄 때
give + 사람 + 감기, 두통, 숙취 등

20 go

취미, 액티비티 등을 할 때
go + (동사 ing) 서핑, 스키, 등산 등

무엇이 진행될 때
미팅, 촬영, 인터뷰 + go

21 grow

무언가가 자랄 때
동물, 식물, 머리카락 등 + grow

규모, 수 등이 늘 때
문제, 사업, 도시 등 + grow

22 have

음식과 음료를 먹을 때
have + 케이크, 조개, 와인 등

~할 것이 있을 때
have + 일, 사업, 계획 등 + 동사

23 help

동작을 도와줄 때
help + 사람 + (to) + 동사

어떤 것이 도움이 될 때
커피, 운동, 눈물 등 + help

24 hold

무언가를 쥐고 있을 때
hold + 꽃, 접시, 박스 등

무언가를 빼거나 멈출 때
hold + 음식 재료, 엘리베이터 등

25 keep

계속 동작을 할 때
keep + 동사 ing

특정 상태로 유지할 때
keep + 책상, 과일, 아기 등 + 형용사

26 kill

시간을 때울 때
kill + 시간

(~때문에) 아프거나 힘들 때
머리, 운전, 세금 등 + kill + 사람

27 leave

장소를 떠날 때
leave + (장소)

그만둘 때
leave + 학교, 회사, 군대 등

28 let

사람을 ~하게 둘 때
let + 사람 + 비밀번호 공유, 환불 등 + 동사

사물, 상황 등을 ~하게 둘 때
let + 보험, 의견, 기회 등 + 동사

29 look

사람이 특정 상태로 보일 때
사람 + look + 형용사
사람 + look like + 명사

상황이 특정 상태로 보일 때
상황 + look + 형용사
상황 + look like + 명사, 주어+동사

30 lose

몸과 관련된 것을 잃을 때
lose + 몸무게, 머리카락, 기억 등

중요한 것을 잃을 때
lose + 돈, 시간, 기회 등

31 make

돈을 벌 때
make + 돈

사람에게 어떤 일을 시킬 때
make + 사람 + 동사

32 miss

교통수단을 놓칠 때
miss + 기차, 버스, 비행기 등

그리울 때
miss + 사람, 음식, 상황 등

33 open

(신체 부위를) 뜨거나 벌릴 때
open + 눈, 입, 팔 등

(물건 등을) 열거나 펼 때
open + 책, 우산, 커튼 등

34 pick

무언가를 고르거나 선택할 때
pick + 맛, 영화, 휴가 장소 등

사람을 특정 역할로 뽑을 때
pick + 사람 + as/to be + 역할

35 pull

(근육 등이) 다칠 때
pull + 근육, 허리, 햄스트링 등

안 좋은 행동을 저지를 때
pull + 장난, 사기, 속임수 등

36 put

무언가를 놓거나 둘 때
put + 가방, 음식 등 + 전치사[=in, on, etc.] + 장소

사람이 어떤 기분이 들 때
put + 사람 + in + 좋은 기분, 나쁜 기분 등

37 reach

~를 향해 손, 팔을 뻗거나 내밀 때
reach + (전치사) + 대상

사람에게 연락할 때
reach + 사람

38 run

대중교통이 운행할 때
버스, 전철 + run

(가게, 사업 등을) 운영하거나 관리할 때
run + 카페, 꽃집, 세탁소 등

39 save

돈을 아끼거나 모을 때
save + 돈

시간을 아끼거나 모을 때
save + 시간

40 see

무언가가 보일 때
see + 간판

사귀거나 만나는 사람이 있을 때
see + 사람

41 set

(물건 등을) 놓거나 세팅할 때
set + 냅킨, 테이블, 헤어드라이어

시간과 온도를 맞출 때
set + 알람, 보일러

42 show

가진 것을 보여줄 때
show + 반지, 여권 등

방법을 가르쳐 줄 때
show + 카메라 사용법, 음식 만드는 법 등

43 take

교통수단을 탈 때
take + 버스, 택시, 지하철 등

약을 먹거나 복용할 때
take + 약, 알약 등

44 tell

사람에게 ~하라고 말하거나 시킬 때
tell + 사람 + to + 동사

무언가를 말할 때
tell + 농담, 이야기, 거짓말 등

45 touch

무언가를 만질 때
touch + 머리, 동물, 깨지기 쉬운 물건 등

먹거나 마실 때
touch + 음식, 술

46 try

시험 삼아 해볼 때
try + 식당, 골프, 데이팅 앱 등

음식을 (처음) 먹을 때
try + 와플, 양고기, 버블티

47 turn

A를 B로 바꿀 때
turn A + into B

특정 나이가 될 때
turn + 나이

48 use

돈, 시간 등을 이용할 때
use + 돈, 시간 + to/for (이용 목적)

부당하게 사람을 이용할 때
use + 사람 + to/for (이용 목적)

48개 영어 동사로 프리토킹 깨부수기

초판 1쇄 발행 · 2023년 6월 30일
초판 2쇄 발행 · 2023년 11월 31일

지은이 · 조찬웅
펴낸이 · 김동하

편집 · 이주형
마케팅 · 강현지
펴낸곳 · 책들의정원
출판신고 · 2015년 1월 14일 제2016-000120호
주소 · (10881) 경기도 파주시 회동길 445, 4층 402호
문의 · (070) 7853-8600
팩스 · (02) 6020-8601
이메일 · books-garden1@naver.com
인스타그램 · www.instagram.com/text_addicted

ISBN · 979-11-6416-160-7 (13740)